Mythologie und
phantastische Literatur

Friedhelm Schneidewind
Jahrgang 1958. Lebt in einer kleinen Stadt an der Bergstraße als freier
Dozent (u. a. für Öffentlichkeitsarbeit und Mediengestaltung) sowie als
Leiter einer Mittelaltermusiktruppe, als Autor, Journalist und Verleger.
Veröffentlichte u. a. ein Vampirtheaterstück, Geschichtenbände, Liederhefte,
Lexika und Bücher zu Tolkien.   *www.friedhelm-schneidewind.de*

Friedhelm Schneidewind

Mythologie
und
phantastische Literatur

ldib
Verlag

Bibliografische Information der Deutschen Nationalbibliothek
Die Deutsche Nationalbibliothek verzeichnet diese
Publikation in der Deutschen Nationalbibliografie;
detaillierte bibliografische Daten sind im Internet
über http://dnb.ddb.de abrufbar.

© Oldib-Verlag Oliver Bidlo · www.oldib-verlag.de
Umschlaggestaltung: Oliver Bidlo
Titelbild: *Der gefesselte Prometheus* (1611/12) von Peter Paul Rubens (1577 – 1644)
Satz: Friedhelm Schneidewind, gesetzt aus der Garamond Premier Pro von Adobe
Herstellung: Book on Demand GmbH, Norderstedt

ISBN 978-3-939556-04-6

*»Die zentrale Rolle des Übernatürlichen
in der Fantasy findet sich auch im Mythos,
der Keimzelle aller phantastischen Literatur.«*

Frank Weinreich

Frank Weinreich gewidmet,
einem treuen Freund und Begleiter
in unbekannten Gefilden
und den »Perils of Faërie«

Inhalt

Vorwort

Was immer man genau unter phantastischer Literatur und Fantasy versteht, eines zeichnet diese stets aus: So gut wie immer finden wir darin Topoi oder Motive[1] aus älteren Mythen. Wirklich komplett Neues zu erfinden, ist praktisch unmöglich; die Kunst des Schreibens besteht zu einem nicht unerheblichen Teil darin, Ideen und Motive neu zu verbinden und darzustellen.

In der phantastischen Literatur und Filmkunst gibt es mehr als in jeder anderen fiktionalen Kunst Motive, die uns aus antiken oder mittelalterlichen Mythen vertraut sind: Drachen und dreiköpfige Hunde, Geister und Elementarwesen, magische Schwerter und Kelche ... Und dies ist keine neue Erscheinung: Schon die Kunstschaffenden früherer Epochen verwandten Topoi und Motive, die ihrem Publikum vertraut waren, eigneten sie sich an, verwandelten sie nach ihren Bedürfnissen und ihrem Geschmack. Die meisten von ihnen taten dies ganz bewusst und sehr gezielt, ob sie nun Homer oder Dante hießen, Milton oder Byron, Shakespeare oder Goethe, Maupassant oder E. T. A. Hoffmann. Und viele ihrer modernen Nachfahren halten es genauso: Lewis Carroll und Tad Williams, J. R. R. Tolkien und J. K. Rowling verstehen es meisterlich, alte Mythen und Motive ein- und umzuarbeiten, sie zu zitieren oder zumindest Assoziationen an sie zu wecken. Aber auch in guten Filmen finden sich viele mehr oder weniger versteckte Verweise.

Dieses Buch ermöglicht, bestimmte Topoi und Motive in ihre literarische, mythologische und Wirkungsgeschichte einzuordnen; so ist es leichter, Verweise, Andeutungen und Verknüpfungen zu erkennen und zu verstehen. Es zeigt auch Parallelen zu anderen Werken auf, in denen diese Motive eine wesentliche Rolle spielen, und macht vielleicht neugierig, regt hoffentlich an zum Weiterlesen oder -schauen.

---

1   Als Topos (griechisch: Ort) wird in der Literatur ein vorgeprägtes Bild bezeichnet, ein formelhaftes Denk- und Ausdrucksschema, z. B. die »paradiesische/herrliche Landschaft«, wie wir sie etwa bei Lewis im letzten *Narnia*-Band finden, aber auch eine feste Wendung, stehende Rede oder Formel oder allgemein ein Gemeinplatz. Topoi entstehen dadurch, dass gelungene Textstellen nachgeahmt wurden, bis sie zu einem Klischee werden. Zu den klassischen Topoi der europäischen Literatur gehören die Klage über die Schlechtigkeit der Welt, die Lobpreisung eines Goldenen Zeitalters, die »böse« Stiefmutter und der *locus amoenus* (Lustort) als lieblicher Gegensatz zum *locus terribilis* (Schreckensort). – Ein Motiv (lateinisch *movere*: bewegen, antreiben) ist ein abstrahiertes Grundschema eines Vorgangs oder einer Situation, das sich unter verschiedenen Umständen wiederholen kann. Das Motiv der Liebe zwischen Kindern verfeindeter Familien etwa ist viel älter als Shakespeares *Romeo und Julia* und seither unzählige Male wiederholt worden. Man unterscheidet Situationsmotive (z. B. Dreiecksverhältnis, feindliche Brüder) und Typenmotive (Einzelgänger, Verführerin etc.), Raummotive (Insel, Schloss, Ruine, Wanderung u. ä.) und Zeitmotive (Mitternacht, Geisterstunde u. ä.), formal auch Haupt-/Zentral-/Kern- sowie Neben-/Rand-/Rahmen-/Füllmotive. Ein sich innerhalb eines Werkes immer wiederholendes wesentliches Element wird Leitmotiv genannt. Häufig soll es die Stimmung vorangegangener Situationen wieder anklingen lassen; es wird von manchen als das »emotionale Gedächtnis« eines Textes betrachtet.

Ich kann nicht alle mythologischen Motive oder gar alle relevanten Kunstwerke vorstellen. Weder zu zeigen, *wo überall* sich Motive aus Mythen in Film und Literatur finden, noch, *was* alles mit ihnen gemacht wurde, ist Ziel dieses Buches; an ausgewählten Beispielen zeige ich, *wie* sich ursprünglich mythologische und/oder legendäre Topoi oder Motive in literarische oder filmische verwandeln, manchmal bis fast zur Unkenntlichkeit verfremdet werden und wie sie dabei ihre Bedeutung verlieren oder verändern können.[2] Je mehr das Publikum diese Mechanismen versteht, die Anspielungen und Andeutungen genießen und das Spiel im Text mitspielen kann, umso eher kann es zum aktiven Lesen oder Schauen kommen, kann die Tertiärschöpfung gelingen, eine echte »Nachschöpfung«, die Drittschöpfung im eigenen Kopf.[3]

Nach einer Einführung, in der die Begriffe Phantastische Literatur, Fantasy und Mythos erläutert werden, sind in mehreren Abteilungen Motive und Topoi vorgestellt: aus Himmel, Erde und Anderswelten, aus der Pflanzen- und Tierwelt, aus den Reichen der Fabeltiere und menschenähnlicher Gestalten, aus Götterwelten[4] und der Sammlung besonderer Waffen und Gegenstände. Nach Hinweisen darauf, wo das entsprechende Motiv in der phantastischen Literatur und eventuell Filmkunst besondere Bedeutung erlangt hat, wird seine Geschichte erläutert in Mythologie und Legende, manchmal auch in Religionswissenschaft, Kunst und Literatur.

Damit das Buch auch als Nachschlagewerk genutzt werden kann, finden sich am Ende ein ausführliches Register sowie ein umfangreiches Verzeichnis der erwähnten Literatur. Das ermöglicht beides: das Erforschen von Zusammenhängen und das schnelle Recherchieren. Möge dieses Werk also sowohl nutzen wie auch erbauen!

---

2   Für die umfassende literaturtheoretische und psychologische Diskussion in der Motivforschung sei verwiesen auf die (oft widersprüchlichen) Ausführungen in der Fachliteratur (s. auch Weinreich 2007, 36f).

3   1931 entwickelte Tolkien in einem Gespräch mit C. S. Lewis und Hugo Dyson die Idee vom »Mythos als Erfinden in Bezug auf die Wahrheit« und von seiner schriftstellerischen Tätigkeit als »Nachschöpfen«. Der Leser oder die Leserin soll von einer wirklich guten Geschichte so gefangen werden, dass er oder sie praktisch in ihr aufgeht, vergisst, dass es eine Geschichte ist, sich in dieser Welt zu Hause fühlt; der Autor oder die Autorin hat also eine eigene Welt geschaffen. Diese Vorstellung wurde von Michael Ende in dem Meisterwerk *Die unendliche Geschichte* in einem Höhepunkt der Fantasy-Literatur umgesetzt. Später erweitert Tolkien als gläubiger Katholik seine Ideen dahin, dass das, was er als Autor tue, eine »Sub-Creation« sei, eine »Neben-Schöpfung« oder Nachschöpfung durch den Menschen. Das Gespräch und seine Erkenntnisse von 1931 fasste Tolkien im Gedicht *Mythopoeia* zusammen (auch *Misomyhos* und *Philomyth to Misomyth* betitelt), seine erweiterten Ideen stellte er 1939 an der St. Andrew's University in dem berühmten Vortrag *On Fairy-Stories* vor (*Über Märchen*, veröffentlicht 1947, siehe hierzu ausführlich Weinreich 1999, 2008). – Nun ist diese Sekundärschöpfung aber nicht das Ende der Geschichte eines Textes: Der oder die Lesende (oder Hörende) schafft immer den Text im eigenen Kopf neu; man muss nicht vom Konstruktivismus überzeugt sein, um dies zu erkennen. Schon durch die unterschiedliche Wahrnehmung und Situation wird der Text »neu gelesen«, neu und eigen interpretiert: eine Dritt-, eine Tertiärschöpfung!

4   Anhang I bietet einen Überblick über die wichtigsten Mythen, Religionen und Kulte – dort kann nachgeschlagen werden, eventuell ist es auch sinnvoll, diesen Teil zuerst zu lesen.

Einführung: Phantastik und Mythos

Jene Begriffe, denen wir in diesem Buch immer wieder begegnen werden – Phantastik, Fantasy, Mythos, Sage, Legende – werden in dieser Einführung kurz erläutert; für umfangreiche Ausführungen verweise ich auf das kürzlich in diesem Verlag erschienene Werk *Fantasy. Einführung* (Weinreich 2007). Ich halte mich im Wesentlichen an die darin entwickelten Definitionen.

Phantastik und Fantasy

Die Phantastische Literatur umfasst auf jeden Fall mehr als »pure« Fantasy, egal wie unterschiedlich sie definiert wird. Eine alte und die wohl weiteste Definition bewertet alle fiktionalen Texte als Phantastische Literatur, also alle Texte, die nicht die (wie auch immer verstandene) Realität wiedergeben. Dies ist natürlich kaum haltbar; schon beim fehlenden Unterschied von religiösen und nichtreligiösen Texten taucht ein Problem auf. Wer nicht an die Schöpfungsgeschichte aus der Bibel glaubt, muss diese als phantastische Literatur einstufen.

Wenn man hingegen den Begriff zu eng fasst, fallen Werke und Genres raus, die nach meiner Auffassung dazu zählen müssen. Man kann für Phantastik zur Bedingung machen, dass »*magische Dinge in unsere Welt einbrechen*« (Le Blanc 2003, S. 6). Dies schließt dann sowohl die Science Fiction wie die Fantasy in einer engen Definition aus – Fantasy muss laut Le Blanc in einer fremden Welt spielen und es muss dort Magie funktionieren; aber wann ist denn etwas Magie?[5] Dann existieren Fantasy, Science Fiction und Phantastik nebeneinander, und es gibt jede Menge Abgrenzungsschwierigkeiten. Ist *Conan* Fantasy, wenn er doch auf unserer Welt, in einer früheren Zeit, gelebt haben soll? (Die ähnlich gearteten *Schwerter*-Bücher von Fritz

---

5   Als Magie im weitesten Sinne werden allgemein alle Praktiken bezeichnet, die dazu dienen, den Verlauf von Ereignissen auf übernatürliche Weise zu beeinflussen. Ob etwas als Magie bezeichnet wird, kommt also darauf an, wieweit man die Mechanismen und Zusammenhänge der Welt als natürlich oder nicht (aner)kennt. Der berühmte Schriftsteller Sir Arthur C. Clarke, Autor von *2001: Odyssee im Weltraum* (er setzte die Idee in die Welt, geostationäre Satelliten zur technischen Kommunikation zu nutzen), formulierte 1962 dazu Clarkes Drittes Gesetz: »*Any sufficiently advanced technology is indistinguishable from magic*«: »*Jede weit genug entwickelte Technologie ist von Magie nicht zu unterscheiden*« (Clarke 1984, 37). Isaac Asimov geht noch weiter: »*Arthur Clarke sagte in einem seiner bemerkenswerten und häufig zitierten Kommentare, daß Technologie, wenn sie nur hoch genug entwickelt ist, sich nicht von Magie unterscheiden ließe. Damit hat er ganz offensichtlich recht.*« und ist nach einigen Gedankenspielereien überzeugt, damit habe er »*gezeigt, daß man Magie unter Umständen nicht von ausreichend hoch entwickelter Technologie unterscheiden kann.*« Asimov kommt dann zum Schluss, dass »*man Clarkes Frage umkehren kann: Läßt sich Magie notwendigerweise nicht von weit genug entwickelter Technologie unterscheiden?*«, um diese dann positiv zu beantworten (Asimov 1997, 207).

Leiber sind es auf jeden Fall!) Und was ist mit Mittelerde, das Tolkien klar mit unserer Welt identifiziert (Schneidewind 2006, S. 9 – 13), oder mit den Harry-Potter-Büchern?

Natürlich kann man eine solche Definition auch wieder etwas erweitern, wie Le Blanc und andere es etwa für die Fantasy tun (meist schon um der Praktikabilität wegen):

> *»Die imaginäre Welt muss nun nicht eine komplett von unserer Erde getrennte Welt oder sogar Dimension sein … Ganz im Gegenteil behaupten viele Fantasygeschichten, in unserer Welt zu spielen, nur in einer anderen Zeit. Etwa Robert Howards Conan, dessen Abenteuer ca. 12.000 Jahre vor Beginn der Geschichtsschreibung, aber auf der Erde, spielen. Auch unsere historisch verbürgte Welt kann aber Handlungsort einer Fantasygeschichte sein, wie beispielsweise im Rahmen der vielen Adaptionen der Artusgeschichte seit Thomas Malory, etwa Marion Zimmer Bradleys Nebel von Avalon, nur muss ein Element der Verzauberung hinzutreten. Oder die Geschichten berichten, dass es parallele Realitäten gibt, auf die man von unserer Welt aus zugreifen kann. Das können einige relativ kleine, umgrenzte Orte wie die Zauberschulen Hogwarts und Beaux Bâtons aus den Harry Potter-Romanen von J. K. Rowling sein oder es handelt sich um komplette Welten, die auf der anderen Seite der Ekliptik liegen, wie die so genannte Gegenerde Gor von John Norman. Oder sie können auf einer anderen, mehr oder weniger unbestimmten Realitätsebene gefunden werden wie das Narnia von C. S. Lewis. Tolkiens Mittelerde schließlich ist der bekannteste Vertreter einer Phantasiewelt, die mit der unseren angeblich identisch und doch imaginär ist … Wichtig ist in dem Zusammenhang, dass die imaginären oder ›zweiten Welten‹ über Kohärenz und Ernsthaftigkeit verfügen, dass in ihnen Gesetzmäßigkeiten herrschen, die sie von ›Wunderländern‹ wie der chaotischen Welt unterscheidet, in die Lewis Carrolls Alice gerät.«* (Weinreich 2007, S. 24 f)

Selbst mit diesen logischen Klimmzügen scheint mir eine solch enge Definition weder plausibel noch sonderlich praktikabel. Nach Le Blancs Definiton ist Phantastik am ehesten bei Lovecraft zu finden …

Für mich ist Phantastik oder Phantastische Literatur nur ein Oberbegriff; hierzu zähle ich mit Weinreich alle *»jene literarischen Werke, die die Grenzen der empirisch nachvollziehbaren Wirklichkeitsdarstellung überschreiten … Damit fallen unter das Label ›phantastische Literatur‹ so divergierende Untergattungen wie das Kunstmärchen, das Hausmärchen, die Fabel, die imaginäre Reise, die Science Fiction und viele andere sowie eben auch die Fantasy«* (Weinreich 2007, S. 18).

Um genauer einzugrenzen, womit ich mich in diesem Buch befasse, verwende ich im Folgenden die Definition aus Gero von Wilperts *Sachwörterbuch der Literatur*:

»Sammelbegriff für alle Literatur außerhalb relig.-myth. Kontexts, die die realist. Ebene überschreitet zugunsten des Irrealen, Surrealen, Wunderbaren, Übernatürlichen, Zauberhaften, Unheimlichen, Bizarren, Grotesken, Okkulten, Traumhaften, Unbewußten, Halluzinatorischen, Visionären, Gespenstisch-Geisterhaften oder deren versch. Kombinationen. Sie geht dabei oft vom Realen aus und eröffnet plötzlich oder allmählich e. phantast. Gegenwelt, die die Realität verfremdet und übernatürl. Mächte und Wesenheiten postuliert, teils als märchenhafte Fluchtwelt vor der als unerträgl. empfundenen Alltagswelt, als Öffnung des Lebens zu den dunklen Seiten, als reines Gedankenspiel der Phantasie oder Ausgeburt der Daseinsangst. P.L. umfaßt daher endlose Sonderformen von Schauerroman, Gothic Novel, Gespenstergeschichte und Fantasy bis zur Science Fiction.«   (Wilpert, S. 679)

Damit bin ich nicht weit weg von Weinreichs »weiter« Definition der Fantasy, und das ist kein Wunder. Denn im Bereich des Phantastischen nimmt die Fantasy in der modernen Welt einen immer größeren Stellenwert ein: *»Die Gattung Fantasy in Buch, Film, Spiel, Musik oder Kunst stellt einen wichtigen und unabtrennbaren Bestandteil der Populärkultur dar, der als solcher Teil des Lebens und Fühlens einer nicht geringen Anzahl von Menschen ist.«* (Weinreich 2007, S. 9) Die Wahl von Tolkiens *Der Herr der Ringe* zum beliebtesten Buch der Deutschen (und in zahlreichen anderen Ländern) zeigt dies ebenso wie die Erfolge einschlägiger Filme in den letzten Jahren.

Was ist nun Fantasy als eines der beiden wichtigsten Genres der Phantastischen Literatur? Weinreich liefert eine weite Definition, die sich *»auf das Übernatürliche als zentrales inhaltliches Erkennungsmerkmal des Genres konzentriert. Demnach gehört zum Genre der Fantasy jede fiktionale Erzählung – was Film, Musik, Kunst (plus Comics) und Spiele (Computer-, Brett- und Rollenspiel) einbezieht –, die das Übernatürliche als Handlungsbestandteil aufweist.«* (Weinreich 2007, S. 10)

Fantasy sind dann auch *»die Bibel, der Koran und eine ganze Reihe anderer Erzeugnisse menschlicher Wissens- wie Erzählkultur«*, und das ist *»von zwingender Folgerichtigkeit, da in allen Religionsschriften die Existenz des Numinosen, des Transzendenten, der Metaphysik ebenso erklärt wie vorausgesetzt wird und sie oftmals zudem typische Fantasymotive aufweisen«* (Weinreich 2007, S. 31). Dies geht noch weiter als die Definition von Wilpert, der den religiös-mythischen Kontext ausschließt, und umfasst neben der klassischen Fantasy alle religiösen und mythischen Schriften. Damit nun nicht auch das *Gilgamesch-Epos*, das *Nibelungenlied* und das *Buch Mormon* in der Fantasyabteilung landen, ist es nötig, eine weitere Eingrenzung vorzunehmen. Diese liegt in der *Begrenzung des Wahrheitsanspruches*: In der Fantasy gilt er nur für die erschaffene fiktionale

Welt. Kaum jemand dürfte ernsthaft am Bahnhof King's Cross nach dem Bahnsteig 9 ¾ suchen, kaum jemand ernsthaft Gottesdienste für Tolkiens Valar abhalten.

In religiösen Schriften und ihren Auslegungen wie auch in vielen philosophischen Werken wird hingegen eine Aussagekraft über die reale Welt, die Welt jenseits der Schrift, des Filmes oder des Gemäldes, behauptet. Besonders gilt dies in

> »pseudophilosophischen Schriften wie beispielsweise den Werken von Vertretern des höheren Aberglaubens aus dem Bereich der Esoterik, oder den jüngeren, sich von der allgemeinen Pseudowissenschaftlichkeit abkehrenden und dem Jenseitigen zuwendenden Arbeiten Erich von Dänikens, oder einigen Auswüchsen die um die – ebenso – pseudowissenschaftlichen Arbeiten von Baigent & Leigh und den Gral, das Kreuz, Maria und was auch immer entstanden sind. In all diesen Fällen ... werden Behauptungen über den transzendentalen Charakter von Dingen oder Umständen als Tatsachenbehauptungen aufgestellt. Und das behaupten Werke der Fantasy allenfalls als Stilmittel von sich, nicht aber in ernsthafter Weise.« (Weinreich 2007, S. 34)

Fantasy im engeren Sinne definiert Weinreich nun wie folgt:

> »Fantasy ist demnach ein literarisches (sowie mehr und mehr auch cineastisches und in weiteren Ausdrucksformen auftretendes) Genre, dessen zentraler Inhalt die Annahme des faktischen Vorhandenseins und Wirkens metaphysischer Kräfte oder Wesen ist, das als Fiktion auftritt und auch als Fiktion verstanden werden soll und muss.« (Weinreich 2007, S. 37)

Fantasy wird neben der Science Fiction den Hauptteil der Literatur bilden, die in diesem Buch betrachtet werden. Auch wenn zwischen diesen beiden die Grenzen fließend sind und nicht selten bewusst verwischt werden[6], so ist doch der Hauptunterschied klar:

> »Science Fiction trifft unter Umständen wildeste Annahmen über die Entwicklung der physischen Realität, während Fantasy Aussagen über die metaphysische Realität trifft. Das Übernatürliche ist immer Teil und Thema einer Fantasyer-

---

6   Oft schlägt scheinbare Fantasy in SF um bzw. entpuppt sich durch (spätere) Erklärungen als solche, etwa in Bradleys Darkover-Romanen oder in McCaffreys Serie über die Drachen von Pern, zu der die Autorin selbst auf ihrer Internetseite erklärt (auf die Frage »Are your books considered to be fantasy or science fiction?«): »I write science-fiction, (s-f for short). Fantasy usually contains some form of magic. I stick to newtonian logic.« (http://annemccaffrey.net/index.php?page_id=40; 15.01.2008). Einzelne Romane können durchaus als Fantasy erscheinen, sind aber im Gesamtzusammenhang Science Fiction. Das kann auch innerhalb eines Romans geschehen, etwa wenn bei Hohlbein aus der Fantasy-Welt in *Die Töchter des Drachen* im Fortsetzungsband *Der Thron der Libelle* pure Science Fiction wird. Anders gelagert ist beispielsweise *Otherland*, bei dem Tad Williams in einem Science-Fiction-Roman sehr geschickt Fantasy-Elemente verwendet.

zählung. [...] Das Übernatürliche ist also in der Fantasy vorhanden und es ist wirksam – es ist eine Tatsache mit dem ontologischen Anspruch auf Faktizität, auch wenn es mit dem realweltlichen Vokabular und Erkenntnisstand nicht erklärt und rational verstanden werden kann.« (Weinreich 2007, S. 27)

Natürlich sind viele dieser Kriterien zeit- und kulturabhängig. Ob etwas eine religiöse Schrift ist oder nicht, kommt auf die Umstände an. Was ist mit den Werken von L. Ron Hubbard, die von Scientology teilweise als Grundlage für pseudoreligiöse Argumentation herangezogen werden? Sind die Schriften von Däniken Science Fiction? Wie bewerten wir die Werke von Jules Verne und Hans Dominik, deren Zukunftsdarstellungen teilweise längst von der Realität überholt wurden? Ist das noch Science Fiction? Oder wird manches, etwa bei der *Reise zum Mittelpunkt der Erde*, im Laufe der Zeit zur Fantasy?

Horrorliteratur von Fantasy abzugrenzen ist nicht immer leicht:

»Als Spezifikum des Horrors kommt nun – im Unterschied zur sonstigen Phantastik – hinzu, daß die fiktionalen Personen auf die für sie unmöglichen oder unwahrscheinlichen Ereignisse nicht nur verwirrt, sondern auch mit Angst, ja sogar mit Panik und Grauen reagieren. [...] Daß dieser Bruch nicht das Werk als Ganzes betreffen muß, sondern auf einzelne Episoden beschränkt sein kann, macht eine generelle Zuordnung schwierig. Man kann Macbeth (selbst in der hervorragenden Filmfassung von Polanski) nicht wegen einzelner Szenen des Übernatürlichen generell als Horror-Werk klassifizieren. [...]
Horror ist eine Gattung der Phantastik, in deren Fiktionen das Unmögliche in einer Welt möglich und real wird, die der unseren weitgehend gleicht, und wo Menschen, die uns ebenfalls gleichen, auf diese Anzeichen der Brüchigkeit ihrer Welt mit Grauen reagieren.« (Hans D. Baumann, S. 108 f)

Wie bei der Abgrenzung zur »Dark Fantasy« versagen die Kriterien häufig; Lovecraft etwa hat Horror, Fantasy und Science Fiction geschrieben, und oft verschwimmen die Grenzen. Horrorliteratur muss nicht einmal zur Phantastischen Literatur gehören[7].

---

7 *»Alle Werke des Horros gehören zum Bereich der Phantastik, aber nicht alle Phantastik ist Horror«* – diese Behauptung von Hans D. Baumann (S. 96) und anderen halte ich für falsch. Man denke nur an Psychothriller oder Krimis, die mit ganz »diesseitigem« Schrecken auskommen, an manche Werke von Kafka oder Poe, an Orwells *1984*, SF-Stories von Hahn und Pukallus. Es bedarf nicht des Übernatürlichen, um Horror zu erzeugen, unsere Welr ist teilweise schrecklich und schreckenserregend genug. Baumann selbst relativiert seine Einschätzung: *»In seltenen Fällen stellt sich Horror auch dann ein, wenn Übernatürliches keine nennenswerte Rolle spielt. Auch hier wieder ist es Kafkas tödliche Sachlichkeit angesichts des Entsetzens, die ein Beispiel liefert. ... Das Grauen ist hier eine Folge des Selbstverständlichen.«* (S, 108)

Schwierig ist manchmal auch die Abgrenzung von Fantasy zum Märchen. Im Gegensatz zu diesem (wie auch Satire und Parodie) gilt für Fantasy und Science Fiction, dass sie ihre Welt als »wahr« präsentieren und in sich schlüssig sein müssen:

> *Wahr sind die Erzählungen in dem Sinne, dass das Erzählte als real präsentiert wird und Ansprüchen an werkimmanente Konsistenz und Folgerichtigkeit genügt: Was der Autor, die Autorin da erzählen, ist innerhalb der Geschichte wahr und entspricht den Gesetzmäßigkeiten dieser Welt ... Wobei die Folgerichtigkeit besonders zu betonen ist ...«* (Weinreich 2007, S. 28)

Und das wird sie auch, von Tolkien und C. S. Lewis, Poul Anderson, Issac Asimov und Frederic Pohl, um nur einige bedeutende Autoren aus beiden Genres zu nennen. Die Konsistenz, die Folgerichtigkeit verletzt zu haben, ist einer der Hauptvorwürfe vor allem gegenüber Filmen; Anderson hält deshalb 90 % aller SF- und Fantasyfilme für Schrott (Anderson, »Pfusch«). Dies unterscheidet auch diese Genres und andere wie etwa die Horrorliteratur von rein parodistisch angelegten Werken oder Satiren wie Carrolls *Alice im Wunderland* oder Swifts *Gullivers Reisen*. Im Einzelfall mag es Zuordnungsprobleme geben, etwa beim Scheibenwelt-Zyklus von Terry Pratchett oder der Dämonen-Reihe von Robert Asprin, aber für unsere Betrachtungen ist dies unbedeutend: Alle diese Werke sind auf jeden Fall Phantastische Literatur – und fast alle beziehen einen großen Teil ihrer Wirkung aus klassischen Topoi und Motiven, vor allem aus alten Mythen.

Mythen und Sagen

» *Die zentrale Rolle des Übernatürlichen in der Fantasy findet sich auch im Mythos, der Keimzelle aller phantastischen Literatur.«* (Weinreich 2007, S. 39)
Die Definition, was ein Mythos ist, ist nicht eindeutig; dies zeigt der Eintrag im Duden-Fremdwörterbuch (2001): »*Mythos (auch) Mythus, der; -, ...then <gr.-lat.>: 1. überlieferte Dichtung, Sage, Erzählung o. Ä. aus der Vorzeit eines Volkes (die sich bes. mit Göttern, Dämonen, der Entstehung der Welt, der Erschaffung des Menschen befasst). 2. Person, Sache, Begebenheit, die (aus meist verschwommenen, irrationalen Vorstellungen heraus) glorifiziert wird, legendären Charakter hat. 3. falsche Vorstellung.«* Häufig bezeichnet man als Mythen nur jene Texte, die sich auf Gottheiten, phantastische Wesen oder Geschehnisse beziehen; viele jedoch verstehen darunter jede volkstümlich tradierte Geschichte, so dass auch Schauspielerinnen oder Werbefiguren zu modernen Mythen werden können. Im engeren Verständnis, das diesem Buch zugrunde liegt, ist ein Mythos *»eine Erzählung, die mittels symbolischer Begrifflichkeit die Welt in ihrer materiellen vor allem aber auch spirituellen Verfasstheit«* zu erklären versucht (Weinreich, S. 44).

So verstanden, gehören Mythen zu den geistigen Grundlagen des menschlichen Seins und beeinflussen die Kultur und die Handlungen von Menschen oft viel mehr, als einzelnen bewusst sein mag. Es scheint unbestreitbar, dass Mythen einerseits Konstanten des menschlichen Lebens, der menschlichen Gesellschaften sind und andererseits solche Konstanten wiedergeben, sie darstellen. Dass es Mythen sehr unterschiedlicher »Qualität« gibt – man vergleiche etwa den Prometheus-Mythos, der sich in immer neuen Gestalten bis hin zu Frankensteins Monster und dem »mad scientist« der Science Fiction findet, oder den Vampir-Mythos mit modernen Mythen, die manchmal nur für Jahrzehnte diesen Status haben[8] –, spielt für das einzelne Individuum kaum eine Rolle. Jeder Mensch ist von den Mythen seiner Gesellschaft und (Sub-)Kultur betroffen; er kann sich deren u. U. fatalen Wirkungen umso eher entziehen, je mehr er sich ihrer bewusst ist – und er kann umgekehrt umso leichter darin auch eine Heimstatt finden.

Ob Mythen eine der modernen wissenschaftlichen Vernunft unerreichbare, tiefere Weisheit in sich bergen oder eher Ausdruck kindlich-primitiven, magisch-mystischen Denkens sind, das vom aufgeklärten Bewusstsein schließlich überwunden wird, ist eine zentrale Frage in der Mythenforschung und immer noch heiß umstritten. Seit der griechischen Antike, die den »Mythos« im Sinne einer »unwahren Erzählung« dem »Logos« entgegengestellt hat, ist die Diskussion um das Verhältnis von Mythos und Vernunft bzw. Logik nicht erloschen, wird um die »Wahrheit« des Mythos und sein Verhältnis zu Philosophie und Wissenschaft gestritten. Vielen gelten Mythen als unwahre, »phantastische« Geschichten.

Das war vor Jahrtausenden – und ist in manchen Kulturen noch heute – »*in einer vorrationalen Welt, die noch ohne zu zweifeln an Götter und die Wirkkraft transzendenter Kräfte glaubte, natürlich ganz anders und der Mythos hatte eine dem Logos gleichrangige Bedeutung für das Leben. Der Mythos war ein anderes Wissen als der Logos, aber er war als solches eine undisputierte Wissensform ...; der Mythos erklärte zufriedenstellend, warum alle Ingenieurs- und Handwerkskunst nicht half, wenn die Götter beschlossen, die Flotte im Sturm zu versenken und die ewige Stadt einer Hungersnot zu überantworten.*« (Weinreich 2007, S. 43 f)

Wahrscheinlich gehören Mythen zu den ersten Erfindungen der Menschen, manche machen an ihnen sogar das Menschsein fest. Als unsere Vorfahren erkannten, dass sie anders waren als ihre Umgebung, brauchten sie Erklärungen für dieses Anderssein; geworfen in die Einsamkeit und eine feindliche Natur, suchten sie Trost und Hoffnung. Ob die ersten Versuche nun animistischer Natur waren oder relativ schnell die Vorstellung

---

8   Oder sogar nur für ein paar Monate: »*... offenbar ist Bayern München in der laufenden Saison ein Mythos, kein Gegner aus Fleisch und Blut*« (Frankfurter Rundschau, Daniel Theweleit, 1.10.2007). – Vom Mythos und der Legende Kennedy, ja sogar von dessen »Mythologie« schreibt die Frankfurter Rundschau am 29.1.2008.

von Gottheiten entstand, wird kaum zu klären sein. Dass aber am Anfang der Kultur und der Religion mythische Erzählungen standen, ist kaum zu bezweifeln. Und viele behaupten, dass genau diese den Menschen vom Tier unterscheiden: als erste Stufe der Transzendenz. Der französische Schriftsteller Vercors schrieb 1951 zu diesem Thema einen ganzen Roman ... Und recht schnell dürften aus den ersten mythischen Erzählungen Religionen und Mythologien geworden sein.[9]

Lange blieb der Mythos ein notwendiges Hilfsmittel der Welterklärung:

>*Als >Sachtext< diente der Mythos ursprünglich dem besseren Verständnis der Welt in einer besonderen Form. Er erzählte zwar vermeintliche Fakten, wenn er von Göttern und Dämonen und ihrem Einfluss auf das Leben der Menschen berichtete, seine eigentliche Rolle war jedoch nicht, die sicher auch schon damals nicht ganz ohne Zweifel angehörten Geschichten über Stier- und Löwenmenschen, fliegende Pferde und schlangenleibige Kriegerinnen zu kolportieren. Vielmehr ging es im Mythos immer darum, durch die phantastische Erzählung Sinn zu vermitteln und den schutzlos in der Welt treibenden Menschen mit eben dieser Welt zu versöhnen, die ihm sein Leben in Form von Naturkatastrophen, Krankheiten, Hungersnöten, feindlichen Nachbarn und despotischen Herrschenden gleichermaßen zum Rätsel wie zur Hölle machen konnte.*<*   (Weinreich 2007, S. 40)

Wir werden aber nie wissen, inwieweit die Menschen wirklich an ihre Mythen »geglaubt« haben – gab es damals auch »Fundamentalisten«, die alles wörtlich nahmen, und aufgeklärte Geister, die die Mythen eher als Metapher verstanden? Die erste uns bekannte Entmythologisierung nahm im fünften vorchristlichen(!) Jahrhundert der Philosoph Prodikos von Kos vor, der lehrte, dass die Götter personifizierte Naturerscheinungen wie Sonne, Mond, Wind und Wasser seien.

>*Der Mythos war als Welterklärungsmuster, aber auch als Therapeutikum angetreten. Die Welt zu erklären, vermochte er aber vielleicht niemals wirklich. Denn was wurde wohl wirklich geglaubt in dem Sinne, dass Menschen überzeugt gewesen wären, im Mythos Fakten vermittelt zu bekommen? Glaubten die Menschen wirklich, Himmel und Erde seien aus dem Körper Tiamats entstanden? Glaubten sie, dass das Feuer ihnen von Prometheus geschenkt worden sei? Das muss ungewiss bleiben. Aber ich denke, die Menschen begriffen immer schon, dass die Ordnung dem Chaos abgerungen werden muss und dass eben*

---

9   Unter Mythologie versteht man zweierlei: Hier ist gemeint eine Gesamtheit von zusammengehörenden Mythen; Mythologie nennt man aber auch die Lehre vom Mythos und/oder einzelnen Mythen.

deshalb das Leben immer auch Kampf ist. Und sie verstanden intuitiv, dass der
Gebrauch von Feuer und Technik sie der umgebenden Natur unwiderruflich
entfremdete, dass es aber für den haarlosen Zweibeiner keine Alternative zu
Technik geben würde.« (Weinreich 2007, S. 56)

Als Therapeutikum wie als Metapher wirken Mythen auch heute; religiöse Führer wie der Papst und der Dalai Lama sind sich dessen bewusst und nutzen dies ebenso wie Werbeindustrie und Politik. Dies ist nichts Neues: Schon oft wurden die »Stoffe der Alten« politischen Zielen angepasst. So wurde aus der Treue Gunthers zu Hagen im *Nibelungenlied* zuerst die Treue des Deutschen Reiches zu Österreich-Ungarn und als letzte Konsequenz die Treue der Deutschen zu ihrem Führer. Man unterwarf den Mythos seinen Zielen, schmiedete aus der Treue des Königs zu seinem Volk ein Blut- und Bodenideal, das dem ursprünglichen Stoff in keiner Weise gerecht wird. Aber auch im positiven Sinne wurden Mythen in den letzten Jahrhunderten von zahlreichen Autorinnen und Autoren adaptiert – gelungene Beispiele sind die Werke von Tolkien und Rowling.

Wir müssen uns bewusst sein, dass wir über viele ältere Mythen nur wenig wissen, schon gar nicht, ob und inwieweit sie mehr waren als Erzählungen, ob und wie sie eventuell religiöse Vorstellungen widerspiegel(te)n. Meist verfügen wir bei den alten Mythen nur über Momentaufnahmen; sie sind Querschnitte zu einem willkürlichen Zeitpunkt, die, wie etwa bei den Eddas, oft genug auch noch künstlerisch bearbeitet oder verfremdet wurden. Aus solchen »Scheiben gefrorener Zeit« die wahre Natur dieser Mythen, vielleicht sogar die Religion oder den Glauben der damals lebenden Menschen zu erschließen, ist, wenn nicht unmöglich, so zumindest problematisch – und stets fragwürdig. Aus den Eddas entnehmen zu wollen, was die Menschen Jahrhunderte vorher glaubten, ist so, als würde im 23. Jahrhundert jemand den christlichen Glauben aus einem Buch von Hans Küng zu erschließen versuchen. Aus den vorhandenen literarischen Zeugnissen auf die Gestalt eines religiösen Ritus schließen zu wollen, ist ohne die Hinzunahme archäologischer Artefakte kaum möglich und birgt auch dann noch große Schwierigkeiten; von vielen der in der Kunst und im Handwerk dargestellten Figuren wissen wir heute weder Namen noch Funktion.[10]

Welche Stellung die überlieferten Mythen innerhalb einer bestimmten Religion einnahmen, versucht man oft mit Hilfe des Vergleichs mit anderen Völkern zu klären. Doch

---

10 Dass man sich auf die Mythen (und auch auf literarische Zeugnisse!) nicht verlassen sollte, ist übrigens eine sehr alte Erkenntnis, auch wenn sie immer wieder in Vergessenheit gerät. So stellt etwa der griechische Chorlyriker Pindar (Pindaros, 522 oder 518 bis ca. 446 v. Chr.) bereits 476 v. Chr. in seiner ersten *Olympischen Ode* fest: »*Fürwahr, es gibt der Wunderdinge viel; | Doch täuschen oft auch Fabeln | Mit Lügen ausgeschmückt | Der Menschen Seelen über Wahrheit selbst. | Die Charis, die den Sterblichen anmutig alles macht, | Gibt jenen Sagen wert und macht Unglaubliches | Glaublich gar oft*« (übersetzt von Goethe).

ist hierbei größte Vorsicht angeraten, denn durch scheinbar offensichtliche Parallelen zwischen den religiösen Vorstellungen verschiedener »urtümlich« lebender Völker ist der Lösung des Problems nicht gedient. Der Vergleich zwischen kulturell und in der Entwicklung verschiedenen Völkern ist eine der schwierigsten und gefährlichsten Formen der kulturellen Forschung, liegt doch gerade in den scheinbar offensichtlichen Parallelen oft auch der größte Unterschied verborgen.

Die Frage, ob Mythos Fiktion oder eine Wahrheit voller tieferer Weisheit sei, ob er als »das stets mögliche Andere des Logos« dessen tatsächliche oder angebliche Herrschaft zu untergraben droht oder ein notwendiges Korrektiv, vielleicht sogar eine bessere Alternative ist, kann letztlich keine Wissenschaft und keine Kunst, muss jeder und jede für sich selbst entscheiden. Unabhängig von ihrer Beantwortung muss man sich mit den alten Mythen auf »moderne« Art auseinander setzen, sie zeitgemäß interpretieren – und ihnen doch ihre Würde, ihre Bedeutung lassen, sie in unsere Zeit auf eine Weise transportieren, dass die zeitlos gültigen Aussagen dieser Geschichten auch dem Menschen von heute erkennbar werden und ihn ansprechen, ohne für reaktionäre Zwecke missbraucht zu werden – denn wer die Mythen beherrscht, beherrscht das Denken! Auch deshalb liegt mit diesem Büchlein eine Anleitung vor, in modernen Geschichten die Spuren alter Mythen zu finden und zu erkennen, wie diese ge- und eventuell auch missbraucht werden.

Schließlich gibt es große Ähnlichkeiten zwischen Mythos und phantastischer Literatur, speziell der Fantasy: »*Der Mythos ist ebenfalls eine auf das Übernatürliche zwingend zurückgreifende Erzählung, die allerdings Anspruch auf externe Wahrhaftigkeit erhebt oder zumindest zu ihrer Entstehungszeit erhob ... [...] Der Mythos entspricht somit der weiten Definition von Fantasy*« (Weinreich 2007, S. 40) – wie dies ja auch für viele religiöse Texte gilt! Und dass sich in den modernen Texten viele Topoi der alten Mythen finden, ist auf den ersten Blick erkennbar: »*Es ist auch in der modernen Fantasy kaum eine Figur zu finden, die nicht in den alten Mythen auftaucht; seien dies Drachen bei Harry Potter, Zwerge in Mittelerde, lebende Mumien bei Conan, Pegasi in Erl, Riesen bei Thomas Covenant, schönste Elfen im Albenland, mörderische Dunkelelfen im Geborgenen Land oder durchgeknallte Zentauren als Q-Ersatz in der Zentralen Untergrund-Polizei und Step-Aerobic-Feen in der Bekanntschaft von Jon-Tom Meriweather – alles ist in den Mythen schon einmal da gewesen ...*« (Weinreich 2007, S. 40) – wie und woher es kommt, dies aufzuzeigen ist ein Hauptanliegen dieses Buches.

Auf dem Weg von den alten Mythen über ältere literarische Texte hin zur Moderne werden wir über einige besondere Formen stolpern: Sagas, Sagen und Legenden. Eine Sage – das Wort wurde von den Brüdern Grimm geprägt, denen die Sagenforschung viel zu verdanken hat, angelehnt an das Althochdeutsche *saga*, »Gesagtes« – ist eine zunächst auf mündlicher Überlieferung basierende, meist kurze Erzählung fantastisch erscheinender Ereignisse, die als wahr berichtet werden oder zumindest einen wahren Kern haben sollen und oft auf einem historischen Hintergrund beruhen. Gegenüber dem Märchen erhebt die Sage also einen Realitätsanspruch. Das Grimmsche Wörterbuch (Bd. XIV, 1893) spricht von der *»kunde von ereignissen der vergangenheit, welche einer historischen beglaubigung entbehrt«* und von *»naiver geschichtserzählung und überlieferung, die bei ihrer wanderung von geschlecht zu geschlecht durch das dichterische vermögen des volksgemüthes umgestaltet wurde«.*

Verfasser sind in der Regel keine bekannt, die Sagen werden häufig im Lauf der Zeit ausgeschmückt und umgestaltet. Stoff oder Motiv einer Sage werden manchmal von anderen Völkern und Kulturen übernommen (Wandersagen), meist aber mit landschaftlichen und zeitbedingten Eigentümlichkeiten und Anspielungen vermischt. Nicht selten werden Pflanzen und Tiere vermenschlicht, und häufig tauchen übernatürliche Wesen auf wie Elfen, Zwerge, Riesen und Drachen.

Natursagen erklären seltsame Naturerscheinungen oder -ereignisse. Geschlechtersagen behandeln die Entstehung und Geschichte eines bekannten Geschlechts. Heldensagen schmücken die Abenteuer eines Helden oder einer Heldin aus und ergeben oft Sagenkreise wie den um Artus und Merlin. Ätiologische Sagen erklären, warum etwas ist, wie es ist. Sagen sind deshalb häufig mit einem Ort oder einer Datierung verbunden.

Während Volkssagen sprachlich und stilistisch eher anspruchslos sind, gibt es in der Kunstsage, die wie das Kunstmärchen von einem Autor oder einer Autorin stammt, alle Formen literarischer Verfeinerung.

Als Legende (lateinisch: das zu Lesende) wird ursprünglich die Lebens- und Leidensgeschichte eines oder einer Heiligen bezeichnet, meist aufgezeichnet oder erzählt mit erbaulicher oder lehrhafter Absicht. Ab dem 13. Jahrhundert wurden Legenden im Geschmack der ritterlichen Gesellschaft verfasst, so genannte »höfische Legenden«. Im Gegensatz zu Sagen haben Legenden nicht unbedingt einen (unmittelbaren) Wahrheitsanspruch. Die Legende etwa von der Zähmung des Wolfes von Gubbio durch Franziskus von Assisi war wohl schon bei ihrer Entstehung metaphorisch gemeint und bezog sich auf einen Raubritter. Den nannte man den »Wolf von Gubbio«, Franz brachte ihn von seinen Untaten ab. Diese Legende ist also eine poetische Verarbeitung eines historischen Vorfalls zu einer Fabel.

In den meisten protestantischen Kirchen gibt es keine Heiligenverehrung und somit auch keine Legenden (sieht man von ein paar traditionellen wie der vom Nikolaus ab). Luther hat die Legende als »die Lügende« angegriffen. Im allgemeinen Sprachgebrauch wird Legende für eine unglaubwürdige Geschichte oder Erzählung gebraucht, aber auch für eine Person oder Sache, die so bekannt geworden ist, dass sich »Legenden« um sie gebildet haben wie John F. Kennedy, Marilyn Monroe und Elvis Presley.[11]

Wie die Sagen sind viele der alten Sagas anonym, bei einigen kennen wir die Verfasser, und manche sind wahre Kunstwerke. Das isländische Wort Saga bedeutet Bericht oder Erzählung; Saga war auch ein Name der Göttin Freya. Ursprünglich wurden so die oft auf historisch belegbare Stoffe zurückgehenden Erzählungen, genealogischen Berichte, Biographien, Chroniken und Heldenlieder der altisländischen Literatur bezeichnet, die man einteilen kann in Königs-Sagas, Isländer-Sagas, Lügen-Sagas, Bischofs-Sagas, Vorzeit-Sagas und Ritter-Sagas, heute wird der Begriff inflationär auch auf moderne Literatur angewandt. Das Spezifische am so genannten Saga-Stil ist seine sachliche und präzise Prosa-Form; berichtet wird ganz realistisch-direkt, ohne lyrische Erhabenheit. Diese Art zu berichten entwickelte sich wohl zwischen dem 12. und 14. Jahrhundert, als die Erzählungen über Norwegerkönige und männliche oder weibliche Heldengestalten aus Island und Skandinavien zunächst mündlich weitergegeben wurden, wenn sich die Menschen in der langen Winternacht ums Feuer versammelten. In dieser Zeit genossen Erzähler hohes Ansehen, denn in ihren Worten fanden die Zuhörer ihr Leben, ihre Ängste, ihre Träume, ihre Ideale und vor allem: ihre Wünsche.

Im Gegensatz zu den Mythen wurde den Menschen in den Sagas die Welt zwar nicht erklärt, ihnen aber ein gesicherter Platz in der Undurchschaubarkeit ihrer Existenz zugewiesen und ihnen die Gültigkeit ihrer Regeln und Rituale verdeutlicht. Wann genau man diese Erzählungen schriftlich fixierte, ist nicht bekannt; von den Originalmanuskripten ist keines überliefert. Abschriften und Sammlungen in zum Teil überarbeiteten und ausgeschmückten Fassungen finden sich ab dem 13. Jahrhundert. Viele der Autoren sind unbekannt; unter denen, deren Namen überliefert sind, ragt Snorri Sturluson heraus: der Verfasser der Heimskringla-Saga, die als typische Königs-Saga die norwegischen Herrscher bis ins Jahr 1177 beschreibt, und der »jüngeren« Edda, die eine Mythologie der vergangenen nichtchristlichen Zeit schildert. Da das Altnordische und das Altisländische nahezu identische Sprachen sind, bezeichnet man die mittelalterliche isländische Literatur manchmal auch als altnordische Literatur. Zahlreiche Autoren wurden durch die isländischen Sagas beeinflusst, darunter Tolkien, Eddison und Poul Anderson.

Wir werden ihnen auf unserer Wanderung durch die Motivlandschaft der Phantastischen Literatur immer wieder begegnen, wie auch zahlreichen Mythen. Mögen sie uns danach vertraut genug sein, um sie in anderen Verkleidungen zu erkennen!

---

11   Die ARD sendete 2007 eine Dokumentationsreihe mit dem Titel »Legenden«, in der Jackie Kennedy-Onassis, Marlon Brando, Lale Andersen, Heinz Rühmann, Peter Alexander und Alexandra vorgestellt wurden.

Kapitel 1: Sonne, Mond und Sterne

Schon immer haben Menschen den Himmel als etwas ganz Besonderes wahrgenommen. Sonne, Mond und Sterne wurden in vielen Mythen und Religionen personalisiert oder vergöttert. Dies blieb so in den Märchen, und in der phantastischen Literatur finden wir zahlreiche Beispiele, wie diese alten Mythen in neuem Gewand umgesetzt werden.[12]

Der Alt- und Großmeister der Fantasy, John R. R. Tolkien, schuf im *Silmarillion* eine eigene Kosmogonie, in der auch die Entstehung von Sonne und Mond beschrieben wird: Einst kam es zur Verdunkelung der Welt, weil Melkor, der große Feind, die Lampen der Ainur ausgelöscht hatte.[13] Die Valar setzten eine Maia namens Ariën in das Schiff Anar, mit dem sie seither über den Himmel fährt, um der Welt zu leuchten. Deshalb ist die Sonne bei den Elben auch bekannt als Sonnenschiff, Galeone oder Barke der Sonne, als Schiff aus Gold und Schiff des Morgens. Eine Verdunkelung von Sonne und Mond und das neue Entfachen werden auch im finnischen *Kalevala*[14] beschrieben.

Dabei greifen dieses Epos und auch Tolkien auf uralte Motive zurück. Die Sonne als Gottheit oder als Symbol einer solchen wird seit alters her verehrt und symbolisiert in vielen Religionen die lebensspendende Kraft. Die Babylonier verehrten die Sonne, und im Mithras-Kult war die Sonnenverehrung wesentlicher Bestandteil. Meist wird die Sonne personalisiert und es gibt etwa gleich viele Sonnengötter wie -göttinnen. Die

---

12 Beispielsweise in *Unten am Fluss* von Richard Adams: Der Sonnengott Frith verspricht dem Stammvater der Kaninchen, El-ahrairah, dass sein Volk überleben werde, wenn es stets schlau und voller Listen sei, der Mond symbolisiert das »Schwarze Kaninchen von Inlé«, den »Sensenmann« der Kaninchen.

13 Die Ainur, »die Heiligen«, sind die ersten vom Allgott/Schöpfergott Ilúvatar erschaffenen Wesen in Tolkiens Kosmogonie. Diejenigen, die auf die Erde hinab gestiegen sind, um sie zu regieren, unterteilen sich in die großen Mächte, die Valar, und die minderen, die Maiar. Melkor/Morgoth ist einer der mächtigsten, Luzifer vergleichbar, und bestrebt, die Welt zu beherrschen und nach seinem Willen zu formen.

14 »Kalevala« ist eine poetische Bezeichnung für Finnland und bedeutet »Land des Kaleva«. Das so genannte Gedicht schildert in 50 Gesängen die Abenteuer der drei sagenhaften Helden Väinämöinen, Ilmarinen und Lemminkäinen. Das Werk entstand erst im 19. Jahrhundert als Sammlung alter Lieder epischen, lyrischen und beschwörenden Inhalts aus dem 7. bis 19. Jahrhundert, die mündlich überliefert worden waren. Zahlreiche solcher Lieder wurden von dem schwedisch-finnischen Schriftsteller Zakarias Topelius dem Älteren zusammengestellt und 1822 veröffentlicht. 1835 gab der finnische Gelehrte Elias Lönnrot (1802 – 1884) eine erste Fassung mit etwa 12.000 von ihm überarbeiteten Zeilen heraus, 1849 die endgültige Fassung mit fast 23.000 Zeilen, die schnell als das »finnische Nationalepos« verstanden und in mehrere Sprachen übersetzt wurde. Das *Kalevala* bedeutete einen Wendepunkt in der Entwicklung der finnischen Sprache und Kultur, begründete ein neues Selbstbewusstsein der Finnen und ein anderes Verständnis ihrer Geschichte und Kultur; Finnland wurde über seine Grenzen hinaus als eigenständige Kultureinheit bekannt. – Im 47. und 48. Gesang wird ausführlich beschrieben, wie Sonne und Mond verdunkelt und ein neuer Mond und eine neue Sonne vom Obergott Ukko entzündet werden, wie Sonne und Mond gefangen gehalten und wieder befreit werden.

einzige weibliche Obergottheit einer lebenden Großreligion ist die japanische Sonnengöttin Amaterasu. Saule, die Sonnengöttin der baltischen Völker, ist zugleich Göttin des Todes und »Himmelsbäuerin«. Wurusemu, die Sonnengöttin der Hethiter, wurde auch Arina genannt. Xatel-Ekwa, die ungarische Sonnengottin, reitet auf drei Pferden durch den Himmel. Im Tengrismus, dem alten Glauben der türkischen und mongolischen Völker Zentralasiens, wurde bei den Nordtürken die Sonnengöttin Gün Ana als die erste Großmutter der Menschen verehrt. Im Hinduismus gibt es gleich mehrere Sonnengötter. Surya gilt den Drawiden in Südindien als böse und bei den Munda in Zentralindien als gut. Vishnu, »der Alldurchdringende«, ist zugleich Schöpfer des Universums. Baldur, der nordische Gott des Lichtes und der Freude, wird von Loki ermordet, kehrt aber nach der Götterdämmerung zurück, um mit seinem blinden Bruder die Welt zu beherrschen (ein Motiv in den Romanen von Catherine Webb).

In der Mythologie vieler Völker fährt eine Sonnen- oder Lichtgottheit am Tag auf ihrer Barke durch die Himmelswasser nach Westen und bei Nacht durch die Wasser der Unterwelt unter der Erde zurück nach Osten, wo der Kreislauf am Morgen erneut beginnt. So stellen es ägyptische Zeichnungen dar.

Der älteste Sonnengott der Ägypter war Ra/Re, von dem die frühen ägyptischen Könige ihre Herkunft ableiteten. Über Jahrhunderte war seine Verehrung staatlich angeordnet, um 1500 v. Chr. verschmolz er mit dem thebanischen Gott Amun zu Amun-Re als oberstem Gott. Pharao Amenophis IV. (um 1350 bis 1334 v. Chr.), der Gatte der Nofretete, wollte den Sonnengott Gott Aton als universellen, allgegenwärtigen Geist und einzigen Schöpfer der Welt durchsetzen; deshalb nannte er sich Echnaton: der dem Aton wohlgefällig ist. Er verlegte die Hauptstadt in eine neugeschaffene Stadt und unterdrückte mit Gewalt Priester und Volk. Sein Schwiegersohn Tutanchamun (ca. 1352 bis

1325 v. Chr.) verlegte die Hauptstadt zurück nach Theben, rief die alte polytheistische Religion wieder ins Leben und brachte dem Land eine lange Friedenszeit. Von dieser kurzen Periode abgesehen war Ra der einzige wichtige Gott, der in Ägypten durchgehend verehrt wurde. Auch Horus, meist als Falke oder falkenköpfiger Mensch dargestellt, war ein Sonnengott der Ägypter. Als Harpokrates verehrten ihn die Griechen und Römer; die gemeinsame Verehrung mit Isis und Osiris (als Serapis) gehörte ab dem 1. Jahrhundert v. Chr. zu den populärsten Formen der römischen Religion und war weit verbreitet in Mysterienkulten. Diese Gestalten finden sich häufig in der modernen Fantasy, so bei Zelazny und Hohlbein.

In anderen Mythologien fährt die Sonne in einem Wagen über den Himmel, so bei mehreren indianischen Kulturen. Bei den Germanen brauchte man nach Baldurs Tod ein anderes Licht; daher setzten die Asen die schöne Menschenfrau Sunna/Sunnu an den Himmel. Dort lenkt sie den Sonnenwagen, gezogen von den Pferden Arvak und Alsvid, und wird gejagt vom Riesenwolf Sköll, der sie bei der Götterdämmerung einholen und verschlingen wird (nach anderen Darstellungen verschlingt sie der Fenriswolf). Sunna taucht im zweiten Merseburger Zauberspruch auf, der wohl im 10. Jahrhundert aufgeschrieben wurde, aber einige Jahrhunderte älter sein könnte. Bei den Griechen überquerte der Sonnengott Helios, Bruder der Selene, Göttin des Mondes, und der Eos, Göttin der Morgenröte (auch Aurora genannt), jeden Tag mit seinem goldenen Wagen den Himmel und schenkte den Göttern wie den Sterblichen Licht. Am Abend versank er im westlichen Ozean, von wo er in einer goldenen Schale zu seinem Palast im Osten zurückfuhr. Nur er konnte den wilden Pferden gebieten, die seinen feurigen Wagen zogen. Als sein Sohn Phaëthon ihn überredete, den Wagen über den Himmel fahren zu dürfen, kam er dabei um. Der Koloss von Rhodos, eines der sieben Weltwunder, stellte Helios dar.

Der Sonnenwagen von Trundholm (Dänemark), eine Skulptur aus der älteren Nordischen Bronzezeit (um 1400 v. Chr.) und damit etwa so alt wie die ägyptische Darstellung aus Theben. Er bestätigt die weite Verbreitung einer Vorstellung vom Sonnenwagen.

Foto eines Modells, das das
Deutsche Museum München
in seinem Shop verkauft.

Später verschmolz die Figur des Helios mit (Phöbos) Apollon, dem späteren Sonnengott Griechenlands. Wie der Zwillingsbruder der Artemis, Gott der Künste, der Musen, des Ackerbaus und des Viehs, des Lichts, der Wahrheit und der Heilkunst so nebenbei auch noch die Erde erleuchtete, ist nicht bekannt, von einem Wagen wissen wir bei ihm nichts. Bis in die Neuzeit aber wurde er mit der Sonne gleichgesetzt, so etwa in dem spätmittelalterlichen Sprichwort »Post nubila Phoebus«, wörtlich übersetzt: »Nach den Wolken [erscheint] Phoebus«, oder in heutiger Sprache: Auf Regen folgt Sonne.

Das Bild des Sonnenwagens blieb in der Literatur über die Jahrhunderte präsent: »*Er schlummert ein, und schläft in Einem Zug | Noch immer fort, da schon des Sonnenwagens Flug | Den Himmel halb getheilt.*« (Christoph Martin Wieland, *Oberon*, 1780) – »*Nah schon, will der Sonnenwagen | wieder einen Kreis vollenden.*« (Richard Dehmel, *Wendekreislauf*, in: *Erlösungen*, 1891).

In dem siebenbürgischen Märchen *Das Borstenkind* finden wir das komplette Bild mit Sonnenwagen und freundlichen Sternen:

> »*Die Königstochter grüßte wie eine Unglückliche und sprach: ›Liebe Sonne, kannst du mir nicht sagen, wo und wie weit noch das Ende der Welt ist?‹ Da sah die liebe Sonne gleich, daß die Fremde ein schwerer Kummer drücke, und sprach mitleidig: ›O mein armes Kind, das weiß ich wohl, aber das ist sehr weit! Wenn du bis morgen warten kannst, so will ich dich hinführen!‹ Aber die Königstochter bat so flehentlich und sprach: sie dürfe keinen Augenblick ruhen, bis sie hinkomme. Da sagte die Sonne: ›Wenn das so ist, so will ich dir meinen Wagen und meine Rosse geben; fahre nur hier auf der Nachtsbahn fort, und meine Kinder, die Sterne, werden dir den rechten Weg zeigen! Wenn du beim Abendstern bist, so hast du nicht mehr weit zum Ziele, dann springe nur ab, und meine Rosse kommen mit dem Wagen schon zurück ...‹ Die Königstochter dankte freundlich der milden Frau, setzte sich auf den Sonnenwagen und fuhr in einem den Himmel entlang. Sie kam zuerst zum Morgenstern; der kam gleich dienstfertig heran und zeigte der Königstochter den rechten Weg, und nun kam sie zu allen Sternen, die wir am Himmel sehen, und jeder war willfährig und behilflich; endlich gelangte sie zum Abendstern; dieser wohnte in einem einsamen Häuschen am Meere; er war eben eingeschlafen und wunderte sich nicht wenig, als er den glänzenden Sonnenwagen sah, der doch vor kurzem dagewesen. Sogleich sprang er aus dem Bett und ging hinaus; da stieg eben die Königstochter aus dem Wagen, und alsbald flogen die Sonnenrosse auf dem Nachtwege zurück, damit die liebe Sonne am Morgen ihre Fahrt zur rechten Zeit antreten könne.*«
> (Haltrich)

In *Borstenkind* spielt auch der »freundliche Mond« eine Rolle. Der Mond oder die Mondin kommt in der Phantastischen Literatur viel häufiger vor als die Sonne. Natürlich gibt es auch hier Geschichten, in denen die Entstehung erklärt wird, so wieder bei Tolkien: Das Mondschiff wird wie das der Sonne von einem der Maia gelenkt; die Phasen werden dadurch erklärt, dass Tilion saumselig und unzuverlässig ist (*Silmarillion*).

Im Märchen *Der Mond* der Brüder Grimm entdecken vier Brüder, die aus einem Land kommen, »*wo die Nacht immer dunkel und der Himmel wie ein schwarzes Tuch darüber gebreitet*« ist, auf ihren Reisen »*auf einem Eichbaum eine leuchtende Kugel ..., die weit und breit ein sanftes Licht ausgoß. Man konnte dabei alles wohl sehen und unterscheiden, wenn es auch nicht so glänzend wie die Sonne war*«. Man erklärt ihnen: »*Das ist der Mond, unser Schultheiß hat ihn für drei Taler gekauft und an dem Eichbaum befestigt. Er muss täglich Öl aufgießen und ihn rein halten, damit er immer hell brennt.*« Die Brüder stehlen den Mond, hängen ihn in ihrem Land auf, und nicht nur alle Menschen sind glücklich: »*Die Zwerge kamen aus den Felsenhöhlen hervor, und die kleinen Wichtelmänner tanzten in ihren roten Röckchen auf den Wiesen den Ringeltanz.*« Als die Brüder sterben, gibt es allerdings Probleme: Jeder bekommt sein Viertel des Mondes mit ins Grab, auf der Erde herrscht wieder Dunkelheit in der Nacht, in der Unterwelt hingegen Aufruhr. Die Toten werden munter und hauen auf den Putz. Deshalb reitet Petrus, der Türhüter des Himmels, »*durch das Himmelstor hinab in die Unterwelt. Da brachte er die Toten zur Ruhe, hieß sie sich wieder in ihre Gräber legen und nahm den Mond mit fort, den er oben am Himmel aufhing.*« Nach diesem Märchen entstanden u. a. die Oper *Der Mond* von Carl Orff (Uraufführung 1939 in München) und der Film *Das Märchen vom Mond* von Renate Schmal (1997).

Sehr häufig wechseln in der Fantasy Kräfte mit dem Mondlauf oder es sind bestimmte Dinge nur zu gewissen vom Mond abhängigen Zeiten möglich. So sind manche Buchstaben oder Runen bei Tolkien und bei McKiernan nur bei einer bestimmten Mondphase sichtbar, und manche Übergänge und Zauber funktionieren nur zu bestimmten Mondzeiten, wie bei Peter Freund und bei Joy Chant.

Dies ist auch oft in Märchen so. In dem argentinischen Märchen *Der Spiegel, der ins Jenseits führte* gelangt eine junge Frau durch einen Spiegel in einer Vollmondnacht ins Totenreich zu ihrem Mann, wird von ihm schwanger, kehrt zurück und gebärt in unserer Welt ein Kind (Uther, *Himmel und Hölle*).

In vielen Mythologien werden dem Mond besondere Kräfte zugeschrieben, wie sie sich in den Gezeiten oder in der (zumindest subjektiv wahrgenommenen) Empfindlichkeit mancher Menschen auf Vollmond widerspiegeln. Seit einigen Jahren haben Mondkalender wieder Hochkonjunktur. Manche Mondanhängerinnen »*tanzen ... auf den Kiesbänken der Isar um ein Lagerfeuer. Gerne auch nackt. ›Sich monden‹, nennt Luisa*

Francia das. >Alle tun ihrem Körper Gutes, indem sie sich sonnen. Warum ... tut niemand etwas für seine Seele und mondet sich?<<[15]

Früher bot sich der Mond als »Taktgeber« an; viele Menschen beteten ihn an und richteten ihr Leben nach seinem Rhythmus aus. Frauen haben auf der Grundlage der Menstruation ihren natürlichen Kalender, der dem Mondzyklus ähnlich ist. Es ist nicht unwahrscheinlich, dass frühe Mondkalender wie etwa in China oder bei den Juden (auch) auf dieser Erkenntnis basierten. *»Die Menschen glaubten schon seit ihren frühesten Kulturen, daß die geheimnisvolle Magie der Schöpfung dem Blut innewohne, das Frauen in offensichtlicher Harmonie mit dem Mond von sich gaben und das manchmal im Mutterleib verblieb, um zu einem Kind zu >gerinnen<. Männer betrachteten dies Blut mit heiliger Furcht; sie sahen es als Essenz des Lebens, die unerklärlicherweise ohne Schmerzen vergossen wurde und männlicher Erfahrung ganz fremd war«,* stellt Barbara G. Walker in ihrem Lexikon *Das geheime Wissen der Frauen* fest.

Dies mag ein Grund dafür sein, dass die Mondin bzw. Mondgöttin in vielen Religionen weiblich ist. Viele Göttinnen sind neben anderen Funktionen auch Göttin des Mondes, einige sind hauptsächlich als Mondgöttin bekannt, und oft vermischen sich verschiedene Göttinnen oder teilen sich die Funktion, da der Mond als zunehmend, voll und abnehmend oft auch mit den drei Altern einer Frau gleichgesetzt wurde: junges Mädchen/Jungfrau, reife/erfahrene Frau und Greisin.

Artemis, in Rom Diana, war eine der Hauptgöttinnen des griechisch-römischen Pantheons, Wächterin der Quellen und Flüsse, Herrin der Jagd, Hüterin der wilden Tiere der Natur und der Ernte und der Geburt, war, obwohl jungfräuliche Göttin und Beschützerin der Jungfrauen, zumindest ursprünglich auch die Göttin wilder Orgien und der ungehemmten Sexualität und Promiskuität. Als Mondgöttin wurde sie häufig

---

15 Dennis Buchmann: »Mondsüchtig. Wie ein Planet das Leben bestimmt«, Frankfurter Rundschau, 19.9.2007. Der ausführliche Artikel zeigt, wie verbreitet in unserer »aufgeklärten« Gesellschaft mythologische und/ oder esoterische Vorstellungen sind: *»91 Prozent der Bundesbürger glauben laut einer Forsa-Umfrage, dass der Mond Einfluss auf den Menschen hat. Nicht alle von ihnen tanzen im Silberlicht nackt über Wiesen, aber immer mehr lassen ihrem Glauben Taten folgen: Mondkalender weisen ihnen den Weg durch Jahr und Tag. [...] Obwohl der Mond für die Wissenschaft nur der leblose Erdtrabant ist, lassen sich immer noch zahlreiche Menschen von ihm verzaubern. Ein Mond-Markt liefert ihnen passende Produkte. Das Autorenpaar Johanna Paungger und Thomas Poppe hat seinen Mondratgeber >Vom richtigen Zeitpunkt< 2,5 Millionen Mal allein in deutscher Sprache verkauft, in 22 weitere wurde er übersetzt. [...] Die Wolfshöher Privatbrauerei im fränkischen Neunkirchen bewirbt ihre Spezialität halbjährlich mit einer Vollmond-Bier-Party. Und die Bauern der Ökomarke Demeter bauen auf >kosmische Rhythmen< bei der Bestellung ihrer Felder. [...] Manche Menschen kommen in Vollmondnächten gar nicht erst zur Ruhe. Das liegt weniger am Mond als an den Menschen: Self-Fulfilling Prophecy nennen Wissenschaftler das Phänomen. Schläft man einmal bei Vollmond schlecht, wird dem Erdtrabanten gerne die Schuld gegeben. Beim nächsten Mal erinnert man sich an jene unruhige Nacht – und kann wieder nicht schlafen. Heute glaubt die Hälfte der deutschen Frauen, dass der Mond Einfluss auf ihren Schlaf hat, bei den Männern sind es 27 Prozent. Vor 50 Jahren waren es 23 Prozent der Frauen und 21 Prozent der Männer.«*

mit Selene/Luna und Hekate gleichgesetzt oder ergänzte diese als »Göttin des zunehmenden Mondes«.

Selene (»Licht«, »Glanz«) war in der Mythologie der frühen Griechen die Göttin des Mondes und Schwester des Sonnengottes Helios. Analog zu dessen Sonnenwagen lenkt sie ihren von zwei weißen Ochsen oder Pferden gezogenen Mondwagen über den Himmel. Ist sie nicht sichtbar, besucht sie ihren Liebhaber, den jungen Jäger oder Hirten Endymion, den sie, wie manche sagen, in ewigen Schlaf versetzte, damit er sie nicht mehr verlassen kann, oder der, wie andere behaupten, dauernd schläft, weil das der Preis für die ewige Jugend war, die sie ihm beschaffte. Später wurde Selene, die auch Meme (»der Mond«) genannt wurde, mit Hekate und Artemis gleichgesetzt oder ergänzte sie als »Göttin des Vollmondes«, als die erfahrene, reife Frau; ihr entspricht die römische Luna. Unter diesem Namen ist die Mondin auch noch in neuere Zeit bekannt, man denke nur an die Operette *Frau Luna* des Komponisten Paul Lincke, uraufgeführt 1899, deren Highlights »Das ist die Berliner Luft, Luft, Luft« und »Schlösser, die im Monde liegen«, noch heute bekannt sind.

Hekate, die älteste der Mondgöttinnen, kam wohl aus Thrakien zu den Griechen und verkörpert die dunkle Nacht. Sie ist zugleich Göttin der Erde und Herrin über die Totengeister und wird manchmal Selene und Artemis als »Göttin des dunklen Mondes« ergänzend zur Seite gestellt, manchmal auch gleichgesetzt. Als alte Zauberin ergänzt sie die Dreiheit der Göttinnen Demeter und Persephone und ist die Herrin der Magie, Zauberei und Hexenkunst. Zu ihrem Gefolge gehören zahlreiche weibliche Schreckgespenster wie die Empusen und Lamien (s. S. 135), und manche schreiben ihr drei Köpfe zu: Schlangen-, Pferde- und Hundekopf –, mit denen sie in drei Richtungen gleichzeitig sehen kann.

Die Griechen kannten noch mehr Mondgöttinnen; die griechische Mythologie bestand ja ursprünglich aus zahlreichen regionalen lokalen Götterkulten, die erst um 700 v. Chr. in drei klassischen Mythensammlungen – der *Theogonie* des Dichters Hesiod sowie der *Ilias* und der *Odyssee* des Dichters Homer – niedergelegt und zu einem differenzierten Pantheon ausgearbeitet wurden.

Helena, die »Leuchtende« und »Schöne«, war eine sehr frühe Vegetationsgöttin in Griechenland und wahrscheinlich auch die Mondgöttin. Ihre Gestalt soll so perfekt gewesen sein, dass die ersten griechischen Töpfer ihre Schalen auf ihren Brüsten formten. Sie gilt als Vorbild und Namensgeberin der schönen Helena, die den trojanischen Krieg auslöste. Ihr gleichzusetzen ist nach Auffassung des Mythenforschers Robert Graves die sehr frühe Mondgöttin Helle als »Urgöttin« Böotiens. Von den Eroberern des Landes, den »Hellenen«, zu ihrem Stammvater Hellenos umgedeutet, lebt sie fort u. a. in der Sage der Helle, der Tochter der Nephele, die in den Hellespont fiel und diesem den Namen gab. Eine andere Mondgöttin in der Mythologie der frühen Griechen war Perse oder

Perseis, Gemahlin des Sonnengottes Helios und Mutter der aus der Odyssee bekannten Zauberin Circe. Mit ihr gleichgesetzt wurde von Dichtern auch Phiebe/Phoibem, die »Glänzende«.

Die Maya verehrten die Mondgöttin Tlazolteotl, links auf dem Schmuckstück zu sehen, die Etrusker Zirna. Ob es bei den Germanen eine Mondgöttin gab, ist fraglich; manche identifizieren Sinhtgunt aus dem zweiten Merseburger Zauberspruch mit dem Mond, dort heißt es »sinhtgunt, sunna era suister«, also »Sinhtgunt [der] Sunna ihre Schwester«. Da aber unklar ist, ob mit Sunna die Sonne oder nur »die Schöne« gemeint ist, wird diese Stelle sehr unterschiedlich interpretiert. In der Fantasy tritt die Mondin besonders romantisch als Person in Erscheinung in der Geschichte *Die Frau, die den Mond liebte* von Elizabeth A. Lynn (in: Salmonson 1981).

Männliche Mondgötter gibt es in der phantastischen Literatur kaum, und auch in den Mythologien und Religionen sind sie selten. Im Tengrismus wurde bei den Nordtürken Völkern der Mondgott Ay Ata oder auch Ay Dede als erster Großvater der Menschen verehrt, es gab aber auch die Mondgöttin Aykiz. Der Mondgott der baltischen Völker, Meness, vergewaltigte einst die Tochter der Sonnengöttin Saule. Daraufhin fügte diese ihm die Narben im Gesicht zu, die man heute noch sieht, und verbannte ihn aus ihrer Gegenwart. Die Massai erzählen, die Sonne und der Mond hätten sich einst geprügelt. Während die Sonne ihre Verletzungen verberge, indem sie so hell scheine, dass ihr niemand ins Gesicht sehen könne, zeige der Mond stolz seine Narben. Die Ägypter verehrten den Mondgott Thoth, die Sumerer Nanna, die Babylonier Sin.

Personifiziert wird der Mond bis in die christliche Mystik hinein, wenn etwa Franziskus von Assisi die Himmelsmächte als Schöpfung Gottes besingt: »*Gelobt seist du, Herr, wegen Schwester Mond und der Sterne, im Himmel hast du sie klar, köstlich und schön formiert.*« Oft war der Mond in den Mythen aber auch gar nicht personifiziert. So sahen die Babylonier im ihm »die Frucht, die von sich selbst erzeugt wird«, und auch bei den Germanen ist der Mond in der Regel nur ein Licht, das bei der Götterdämmerung vom Fenriswolf oder einem anderen Wolf verschlungen wird. Sehr früh begann schon eine Entmythologisierung des Mondes: Im fünften vorchristlichen Jahrhundert etwa lehrte der Philosoph Prodikos von Kos, dass die Götter personifizierte Naturerscheinungen wie Sonne, Mond, Wind und Wasser seien.

Häufig sah man im Mond auch Gestalten wie den Mann im Mond – und der spielt sowohl im Märchen wie in der Fantasy eine bedeutende Rolle. Tolkien verwendet den Mann im Mond sehr oft. In der *Geschichte von Sonne und Mond* erzählt er, in das Mondschiff, das die Mächte an den Himmel gesetzt hatten, sei ein alter Elbe geschlüpft, der sich dort ein Türmchen gebaut habe, von dem aus er die Erde betrachte; er werde auch der Mann im Mond genannt (Tolkien 1986). In dem Brief vom Weihnachtsmann von 1926 (von 1920 bis 1939 schrieb Tolkien jedes Jahr einen solchen Brief an seine Kinder) wird erzählt, dass der Mond durch ein Feuerwerk, das der Nordpolarbär veranstaltet hat, in vier Teile zerbrochen und der Mann im Mond in den Küchengarten des Weihnachtsmanns gefallen sei. 1927 besucht er den Weihnachtsmann am Nordpol, trinkt und isst zuviel, schläft ein, und die Drachen auf dem Mond trauen sich hervor und verursachen durch zuviel Rauch eine Mondfinsternis. Auch in drei frühen Gedichten Tolkiens spielt der Mann im Mond eine Hauptrolle, wie auch im posthum veröffentlichten Kinderbuch *Roverandom*. Der Mond ist hierin eine schöne weiße Welt, mit weiten schimmernden Flächen in Blau und Grün und hohen spitzen Bergen. Der Mann im Mond, ein alter Mann mit langem, silbernem Bart, lebt in einem hohen weißen Turm am Rand einer weißen Klippe mit seinem geflügelten Hund Rover. Im Dunkeln leuchtet er aus eigener Kraft ganz schwach. Er kann zaubern und verjagt hin und wieder den großen Weißen Drachen, der sonst eine Mondfinsternis verursacht. Im Gegensatz zur Erde, die als flache Scheibe dargestellt wird, ist der Mond wie in Wirklichkeit rund; auf der stets dunklen Rückseite spielt der Mondmann mit den Kindern, die in ihren Träumen hierher kommen.

Tolkien greift damit auf uralte Vorstellungen vom Mann (oder auch der Frau) im Mond zurück. In vielen Kulturen wird im Mond ein Gesicht oder eine Figur gesehen, in der Regel ein Mondmann, eine Mondfrau oder eine Mond-Göttin, die ebentuell auch auf die Erde herabkommen kann. Shakespeare lässt im *Sommernachtstraum* die Schauspieltruppe den Mond von einem Mann mit Hund darstellen: »*Der Mann da mit Latern und Hund und Busch von Dorn – den Mondschein präsentiert*«; das zeigt, wie alt und verbreitet dieses Bild ist. Ludwig Bechstein (1801 – 1860) erzählt im *Märchen vom Mann im Monde* die wohl in Europa bekannteste Geschichte, wie der Mann auf den Mond kam:

> »*Vor uralten Zeiten ging einmal ein Mann am lieben Sonntagmorgen in den Wald, haute sich Holz ab, eine großmächtige Welle, band sie, steckte einen Staffelstock hinein, huckte die Welle auf und trug sie nach Hause zu. Da begegnete ihm unterwegs ein hübscher Mann in Sonntagskleidern, der wollte wohl in die Kirche gehen, blieb stehen redete den Wellenträger an und sagte: ›Weißt du nicht, dass auf Erden Sonntag ist, an welchem Tage der liebe Gott ruhte, als er die Welt und alle Tiere und Menschen geschaffen? Weißt du nicht, dass geschrieben steht im dritten Gebot, du sollst den Feiertag heiligen?‹ Der Fragende*

aber war der liebe Gott selbst; jener Holzhauer jedoch war ganz verstockt und antwortete: ›Sonntag auf Erden oder Mondtag im Himmel, was geht das mich an, und was geht es dich an?‹ – ›So sollst du deine Reisigwelle tragen ewiglich!‹ sprach der liebe Gott, ›und weil der Sonntag auf Erden dir so gar unwert ist, so sollst du fürder ewigen Mondtag haben und im Mond stehen, ein Warnungsbild für die, welche den Sonntag mit Arbeit schänden!‹

Von der Zeit an steht im Mond immer noch der Mann mit dem Holzbündel, und er wird wohl auch so stehen bleiben bis in alle Ewigkeit.«

Eine ganz ähnliche Vorstellung liegt der berühmten Geschichte *Peterchens Mondfahrt* von Gerdt von Bassewitz (1878 – 1923) zugrunde. Der Mondmann ist dort zudem ein Riese und grausamer Menschenfresser und freut sich über Besuch der beiden Kinder, die auf den Mond geflogen sind, um dem Maikäfer Sumsemann sein fehlendes Beinchen zu besorgen: *»Zwei Menschlein kamen zu mir herauf. | Mit Haut und Haaren freß' ich sie auf! | Tausend Jahr' hab' ich nichts gegessen! | Tausend Menschen könnte ich fressen! | Schlachten will ich sie, langsam braten | Am Spieß; sie werden mir wohl geraten! | Ich lasse sie backen hundert Stunden; | Dann sollen mir ihre Gliederlein munden!«*

Ein inzwischen in der Realität erfolgreich bestandenes Abenteuer ist der Besuch des Mondes, Thema früher Science-Fiction-Romane (Verne 1865, 1870) und auch eines der ersten Filme überhaupt: des 14-minütigen Streifens *Die Reise zum Mond* von George Mèliés nach Jules Verne, der am 1. September 1902 in Paris uraufgeführt wurde.

Auch in der älteren Phantastik ist diese Reise Thema. Dabei kamen ausgefallene Methoden zum Einsatz, bei Francis Godwin in *The Man in the Moone* (1638) etwa abgerichtete Vögel. Besonders skurril ist eine Technik, die sich der Degenfechter und Dichter Cyrano de Bergerac einfallen ließ. In seinem ersten utopischen Roman (1648) bindet er sich Fläschchen mit Tau um; als dieser morgens gen Himmel gezogen wird, bringt er ihn zum Mond. Im zweiten, unvollendeten utopischen Roman (1650) findet die Reise zum Mond mittels Raketen statt und die Reise zur Sonne mit Hilfe eines »thermo-dynamischen Staustahlantriebs«[16]. Jules Vernes Reisende werden zum Mond mit einer riesigen Kanone geschossen, *Peterchens Mondfahrt* findet auf dem Rücken eines Maikä-fers statt (und dann mit der Mondkanone), und Münchhausen (s. Bürger) klettert bei der ersten seiner zwei Mondreisen an einer Riesenbohne empor, allerdings nicht zurück:

> *»... fiel mir ein, daß die türkischen Bohnen sehr geschwind und zu einer ganz erstaunlichen Höhe emporwüchsen. Augenblicklich pflanzte ich also eine solche*

---

16 Cyrano sitzt in einem hölzernen Kasten mit einem gläsernen Ikosaeder als Aufsatz und zwei Öffnungen oben und unten. Das Sonnenlicht erhitzt die Luft, die nach oben entweichen will, aber wegen der zu kleinen Öffnung gestaut wird und das Gerät nach oben treibt.

Bohne, welche wirklich emporwuchs und sich an eines von des Mondes Hörnern von selbst anrankte. Nun kletterte ich getrost nach dem Monde empor, wo ich auch glücklich anlangte. [...] Nun wollte ich wieder zurückkehren, aber ach, die Sonnenhitze hatte indessen meine Bohne aufgetrocknet, so daß daran schlechterdings nicht wieder herabzusteigen war. Was war nun zu tun? – Ich flocht mir einen Strick von dem Häckerling, so lang ich ihn nur immer machen konnte. Diesen befestigte ich an eines von des Mondes Hörnern und ließ mich daran herunter. Mit der rechten Hand hielt ich mich fest, und in der linken führte ich meine Axt. Sowie ich nun eine Strecke hinuntergeglitten war, so hieb ich immer das überflüssige Stück über mir ab und knüpfte dasselbe unten wieder an, wodurch ich denn ziemlich weit heruntergelangte. Dieses wiederholte Abhauen und Anknüpfen machte nun freilich den Strick ebensowenig besser, als es mich völlig herab auf des Sultans Landgut brachte. Ich mochte wohl noch ein paar Meilen weit droben in den Wolken sein, als mein Strick auf einmal zerriß und ich mit solcher Heftigkeit herab zu Gottes Erdboden fiel, daß ich ganz betäubt davon wurde.«

Beim zweiten Mal gerät er eher zufällig auf unseren Trabanten:

»Den achtzehnten Tag, nachdem wir bei der Insel Otahiti vorbeigekommen waren, führte ein Orkan unser Schiff wenigstens tausend Meilen von der Oberfläche des Wassers weg und hielt es geraume Zeit in dieser Höhe. Endlich füllte ein frischer Wind unsere Segel, und nun gings mit unglaublicher Geschwindigkeit fort. Sechs Wochen waren wir über den Wolken gereiset, als wir ein großes Land entdeckten, rund und glänzend, gleichsam eine schimmernde Insel. Wir liefen in einen bequemen Hafen ein, gingen an das Ufer und fanden das Land bewohnt. Unter uns sahen wir eine andere Erde mit Städten, Bäumen, Bergen, Flüssen, Seen usw., das, wie wir vermuteten, die Welt war, die wir verlassen hatten. – Im Monde – denn das war die schimmernde Insel, an der wir gelandet hatten – sahen wir große Gestalten, die auf Geiern ritten, von denen jeder drei Köpfe hatte.«

Die Mondreisenden der letzten Jahrhunderte bewegen sich durchaus in mythischer Tradition, werden doch immer mal wieder Himmelfahrten oder -reisen beschrieben. In der chinesischen Mythologie etwa fliegt die Heldin Chang mit Hilfe des Krauts der Unsterblichkeit zum Mond.[17]

---

17 Märchen und Mythen von Sonne und Mond finden sich u. a. bei Diederichs, Hetmann (*Mondhaus und Sonnenschloss*), Uther (*Die schönsten Märchen von Sonne, Mond und Sternen*) und bei Krahé.

Natürlich ist die Science Fiction nicht ohne Sterne, Planeten, Kometen u. ä. denkbar, dort gibt es aber selten mythologische Bezüge außer in der Namensgebung: Venus, Mars usw. sind nach römischen Gottheiten benannt. Eine große Rolle spielen die Planeten in der Astrologie und in der Alchemie; dies spiegelt sich dann immer wieder auch in der Phantastischen Literatur wider. Besonders die (in der Regel unheilvollen) Einflüsse von Wandersternen oder Planeten sind ein beliebtes Thema, so mehrfach bei Lovecraft, bei Leiber (*Der Wanderer*) und bei Freund.

Personifiziert werden Sterne eher selten. Manchmal bekommen sie unterschiedliche Entstehungsgeschichten. Bei Tolkien wurden viele Sterne vom Schöpfergott Ilúvatar am Anfang erschaffen, zahlreiche andere setzte später die Königin der Valar, Varda/Elbereth, an den Himmel, um den Elben bei ihrem Erwachen zu leuchten. Ein einziger Stern aber ist, wie Sonne und Mond, jemand, der in einem Schiff am Himmel entlang fährt: Earendil der Halbelbe, genannt der »Flammifer von Westernis«, der »Abendstern« und der »Morgenstern« (die Venus). Diese zentrale Figur in der Mythologie von Mittelerde beschrieb Tolkien bereits 1913 (24 Jahre, bevor *Der Hobbit*, und 41 Jahre, bevor *Der Herr der Ringe* erschien). In der späteren Mythologie rettet Earendil, der Vater von Elrond und Vorfahr von Aragorn und Arwen, die Elben und Menschen, indem er die Ainur gegen Melkor zu Hilfe ruft, und wird dafür an den Himmel gesetzt. Er ist der bedeutendste Stern, sein Licht schenkt Galadriel in einer Phiole (dem Sternenglas) Frodo.

In *Peterchens Mondfahrt* sind die Sterne wie im Märchen *Borstenkind* (S. 26) und vielen anderen Märchen freundlich und hilfsbereit. Als der Kampf gegen den Mondmann fast verloren scheint, als auch die Hilfe des Donnermanns, des Wassermanns und des Sturmriesen, also der guten Naturkräfte, nichts geholfen hat, sind es die Sterne, die Anneliese und Peter retten, indem sie den Unhold blenden:

> *»Ein weißes Leuchten ging vom Himmel nieder, und neben den Kindern standen, in einer Geschwindigkeit, die man nicht ausdenken kann, ihre beiden Sternchen mit gegen den Mondmann hoch erhobenen Händen. Blendendes Licht strahlte von diesen Händen gegen die weit aufgerissenen Augen des Unholdes, als er eben die Kinder packen wollte. Er stutzte, als sei er mit einem Hammer vor den Schädel geschlagen, taumelte zurück, ließ die Axt fallen und fuhr sich mit beiden Händen an die Augen. ›Nanu – was ist das? – bin ich blind? Ich sehe nicht mehr, wo die Kröten sind!‹«*

Sowohl in der Phantastik wie in der Mythologie spielen Sternbilder häufig eine größere Rolle als einzelne Sterne; auch für die Astrologie sind sie von Bedeutung. In der Antike nahm man an, dass die erkennbaren dauerhaften Sterngruppen um einen festen Punkt am Himmel, den nördlichen Himmelspol, rotierten.

Man nannte solche Gruppen Sternbilder und benannte sie z. B. nach Göttern, Sagengestalten oder Tieren. Wegen der Bewegung der Erdachse (Präzession) beschreiben die Himmelspole allerdings innerhalb von 25.800 Jahren einen Kreis, so dass die Sternbilder, die unsere Vorfahren sahen, nicht unbedingt identisch sind mit denen, die wir sehen. Zudem hatte jede Kultur ihr eigenes System und eigene Benennungen. Doch lassen sich viele Ähnlichkeiten finden.

Unsere Sternbilder gehen zum Teil auf mesopotamische Benennungen zurück. Schon die Babylonier kannten zwölf verschiedene Sternbilder, die sie zum Tierkreis zusammenstellten. Ihnen sollen laut Homer und Hesiod der Orion und der Große Bär bekannt gewesen sein. Im 4. Jahrhundert vor Christus beschrieb Eudoxos von Knidos in seinen *Phainomena* (*Himmelserscheinungen*) die Fixsterne, Planeten und 47 Sternbilder samt ihrer Mythen. Claudius Ptolemäus (um 85 bis etwa 165 nach Christus) fasste im *Almagest* das gesamte Wissen seiner Zeit zu den Sternen und das nach ihm benannte Ptolemäische System zusammen; er führte schon 1.025 Sterne und 48 Sternbilder auf.

Im ptolemäischen Weltbild ist die Erde das Zentrum des Universums, das aus konzentrischen Kugeln oder Sphären besteht, auf denen sich die Himmelskörper bewegen.
Jeder Planet hat seine eigene Sphäre, in der Reihenfolge (von innen nach außen)

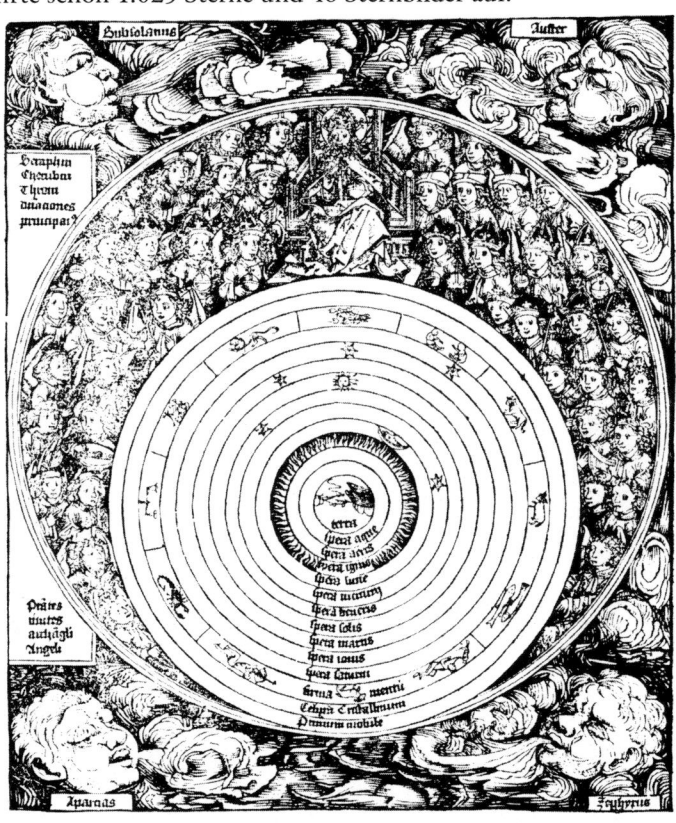

Die Sphären des Himmels nach dem System des Ptolemäus: Die Erde in der Mitte, umgeben von den Schalen der Planeten und darüber der »Himmel über den Himmeln«

Schedelsche Weltchronik, 1493

Mond, Merkur, Venus, Sonne, Mars, Jupiter, Saturn, dann kommt die Sphäre der Fixsterne. Eine neunte Sphäre sollte das Vorrücken der Tagundnachtgleichen auf der Ekliptik erklären, eine zehnte Sphäre, die »Haupttriebkraft« (lateinisch *primum mobile*) alles in Bewegung halten und steuern. Darüber lag der »Himmel über den Himmeln«. Das System wurde im Verlauf der Jahrhunderte immer komplizierter.

Die Araber fügten im Mittelalter zahlreiche Sternnamen hinzu, die bis heute erhalten blieben, wie Rigel (»Fuß«). Das System wurde im Verlauf der Jahrhunderte immer komplizierter, konnte aber nie zufriedenstellend alle Planetenbewegungen erklären und wurde im 16. Jahrhundert durch das kopernikanische Weltbild abgelöst. Dieser Umbruch setzte aber keineswegs die mythologischen Vorstellungen über Sterne und Sternbilder außer Kraft; bis heute halten sich viele mythologische und astrologische Ideen. Ein großer Teil der Bevölkerung »glaubt« an Astrologie, obwohl diese zumindest als Vorhersagemethode als widerlegt betrachtet werden kann[18], und die Macht der Gestirne taucht in der Fantasy immer wieder auf.

Besonders Himmelserscheinungen wie Kometen oder auch Meteore werden in der Literatur gerne als Zeichen genutzt; sie haben im Volks- und Aberglauben eine große Bedeutung als Vorboten von Unheil[19]. Goethe verdeutlicht das im *Goetz von Berlichingen*:

»METZLER: *Hast du den großen Kometen gesehen?*
LINK: *Ja. Das ist ein grausam erschrecklich Zeichen! Wenn wir die Nacht durch ziehen, können wir ihn recht sehen. Er geht gegen eins auf.*
METZLER: *Und bleibt nur fünf Viertelstunden. Wie ein gebogner Arm mit einem Schwert sieht er aus, so blutgelbrot.*
LINK: *Hast du die drei Stern' gesehen an des Schwerts Spitze und Seite?*
METZLER: *Und der breite wolkenfärbige Streif, mit tausend und tausend Striemen wie Spieß', und dazwischen wie kleine Schwerter.*

---

18 z. B. 2006 durch eine dänische Studie an rund 15.000 Personen (www.spiegel.de/wissenschaft/mensch/0,1518, 413020,00.html, eingesehen 09.09.2007). Laut der *Gesellschaft zur wissenschaftlichen Untersuchung von Parawissenschaften e. V.* GWUP werden mit Astrologie in Deutschland jährlich etwa 150 Millionen Euro umgesetzt und glauben 26 % der Deutschen, »*das Sternzeichen bzw. das Geburtshoroskop eines Menschen*« habe einen »*Einfluß auf den Verlauf des Lebens*« (www.gwup.de/themen/texte/astrologie/, zitiert am 09.09.2007).

19 Manchmal sind die Befürchtungen aber auch berechtigt. 2007 machte ein Meteor in Peru Schlagzeilen: Nach dem Einschlag am 15. September litten Hunderte von Menschen an Übelkeit, Erbrechen, Kopfschmerzen und Atemwegsbeschwerden; das Vieh verweigerte die Nahrungsaufnahme. Aus dem über 5 Meter tiefen Krater etwa 1.300 Kilometer südlich von Lima stiegen beißende Dämpfe auf, die als mögliche Ursache der Erkrankungen angesehen werden. Sie könnten Schwefel, Arsen oder andere giftige Substanzen enthalten und durch eine Wechselwirkung zwischen den Elementen in dem Meteoriten und der Erdoberfläche entstanden sein. (www.spiegel.de/wissenschaft/mensch/0,1518,506516,00.html, eingesehen 20.09.2007).

LINK: *Mir hat's gegraust. Wie das alles so bleichrot, und darunter viel feurige helle Flamme, und dazwischen die grausamen Gesichter mit rauchen Häuptern und Bärten!«*

Manchmal auch sollen Kometen von positiven Ereignissen künden, wie es der berühmte Märchendichter Hans Christian Andersen in seinem Märchen *Der Komet* beschrieb:

>*»Und der Komet kam, schimmerte mit seinem Feuerkern und drohte mit seinem Schweif; er ward betrachtet aus dem reichen Schloß, aus der armen Hütte, aus dem Menschengedränge auf der Straße und von dem einsamen Wanderer, der über die wegelose Heide schritt. Ein jeder hatte seinen Gedanken dabei. >Kommt und seht das Zeichen des Himmel! Kommt und seht den prachtvollen Anblick!< sagte man, und alle beeilten sich, zu sehen. [...] >Das Kometenjahr ist ein gutes Weinjahr!< sagte er. >Man kann den Wein mit Wasser verdünnen, ohne das es jemand merkt. Die Weinhändler sollen die Kometenjahre sehr lieben.<«*

Dass solche mythischen Vorstellungen heute noch ganz konkrete Auswirkungen haben, wurde 1979 deutlich, als in einer Luxusvilla in Rancho Santa Fe bei San Diego (Kalifornien) die Leichen von 39 Mitgliedern der Sekte »Heaven's Gate« (Himmelstor) gefunden wurden, gestorben an einer Mischung aus Schlafmitteln, Alkohol und Opiaten. Die Sekte lehrte, der Komet Hale-Bopp sei ein außerirdisches UFO, das die Mitglieder ins Himmelreich bringen werde.

Eine Personifizierung sowohl eines Sternbildes wie eines Kometen findet sich in *Peterchens Mondfahrt*, als Peter und Anneliese auf dem *Großen Bären* reiten:

>*»Da kam ihnen etwas durch die Nacht entgegen. Ein riesengroßer, leuchtender Klumpen, näher und näher! Es sah aus wie ein Kopf mit einem wehenden, weißen Bart, der viele hundert Meilen lang war. Ein Komet war es, der um den Mond herumgeflogen war und ihnen nun auf seiner Reise begegnete. Gut nur, daß sie auf dem großen Bären ritten, denn sonst wäre diese Begegnung sehr gefährlich gewesen. Als nämlich der Komet immer näher kam, sahen sie, daß er seinen Weg gerade auf sie zu nahm. Plötzlich aber stieß der Bär ein drohendes Gebrüll aus und schnaubte ganze Ströme von Funken vor sich her, während er seine furchtbaren Zähne zeigte. Da wich der Komet schnell aus und sauste neben ihnen vorbei; sonst hätte er sie ganz gewiß über den Haufen geflogen. Unheimlich sah er aus. Einen Kopf hatte er wie glühendes Eisen mit flatternden Haaren von grünem Feuer. Schwefelgelbe, stechend helle Augen hatte er, keine Arme und Beine, sondern nur den langen, wohl tausend Meilen langen Flammenbart hinter sich her. So schoß er vorüber, hier, wo es keinen Weg und Steg*

mehr gab in der großen Nacht, und die Kinder merkten schon, wie gut es war, daß die Nachtfee ihnen ein so gewaltiges Reittier gegeben hatte, vor dem selbst der Komet Angst bekam.«

Auch Sternschnuppen, also Meteore, sind beliebt als (Vor-)Zeichen besonderer Ereignisse. Bei den Ägyptern gab es die Vorstellung, dass mit jedem Mensch ein Stern geboren werde und eine Sternschnuppe den Tod dieses Menschen anzeige. Nach einem alten Aberglauben geht ein Wunsch, der gedacht und nicht ausgesprochen wird, während man eine Sternschnuppe fallen sieht, immer in Erfüllung. Im höchst moralischen Märchen *Die Sterntaler* der Brüder Grimm werden die fallenden Sterne selbst zur Wunscherfüllung. Nachdem das arme Mädchen alles an noch ärmere Menschen abgegeben hat – das letzte Stückchen Brot, seine Mütze, sein Röcklein und sogar sein Hemdlein – wird es vom Himmel belohnt: *»Und wie es so stand und gar nichts mehr hatte, fielen auf einmal die Sterne vom Himmel, und waren lauter blanke Taler; und ob es gleich sein Hemdlein weggegeben, so hatte es ein neues an, und das war vom allerfeinsten Linnen. Da sammelte es sich die Taler hinein und war reich für sein Lebtag.«*

Auf dem Tierkreis, dem Zodiakus, umrunden die damals bekannten sieben »Wandelsterne« die Erde: Mond, Mars, Merkur, Jupiter, Venus, Saturn und die Sonne.
französische Miniatur, 15. Jahrhundert

Kapitel 2: Unser blauer Planet

Immer wieder spielen in Märchen und der Fantasy Teile unseres Planeten eine wichtige Rolle: Abgründe und Höhlen, Gipfel und Berge, Quelle, Flüsse, Teiche und Seen, Kanäle und Brunnen und das Meer. Oft ist es aber auch die Magie der Erde selber, die beschworen wird, meist in Verbindung mit dunkler oder weiblicher Kraft. Dies findet man sehr häufig, beispielsweise im zweiten Band der *Erdsee*-Trilogie von Le Guin und bei der deutschen Hohlbeinpreisträgerin Evelyne Okonnek.

Die Erde wird meist als Göttin betrachtet und kann dann viele Funktionen haben: als Lebensspenderin, als dunkle Kraft ... dies zeigt sich u. a. daran, dass die Griechen mehrere Erdgöttinnen hatten. Inwieweit die erste große Erdgöttin der abendländischen Mythologie, die griechische Gäa/Gaia, eine Inkarnation darstellt oder eine Variante einer allgemein verehrten Muttergöttin, ist ebenso umstritten wie die Frage, ob es jemals einen monotheistischen Kult einer solchen gab. Als gesichert gilt, dass eine Muttergöttin in vielen antiken Kulturen eine wichtige Rolle spielte, oft auch gespalten in die drei Alter einer Frau: junges Mädchen/Jungfrau, reife/erfahrene Frau und Greisin. Manche Göttinnen nahmen je Bedarf auch eine der drei Rollen ein. Ob diese »Große Mutter« aber als Urgöttin oder als die Erde selbst angesehen wurde, ist oft unklar.[20]

Die griechische Gaia ist eine Art Urmutter, eine Tochter des Chaos. Sie gebar ihrem eigenen Sohn Uranos, dem Himmel, die ersten Götter, darunter die Titanen. Sie brachte ihren Sohn, den Titanen Kronos, dazu, seinen Vater zu bekämpfen. Er entmannte Uranos, und aus dessen Blutstropfen schuf Gaia die Giganten und die Erinnyen/Furien. Gaias letztes und schrecklichstes Kind war der 100-köpfige Typhon, den Zeus im Ätna gefangen setzte, wo er heute noch Feuer und Lava speit. Während Gaia für die eher dunkle, brutale Seite der Erde steht, ist Demeter, die große Erdgöttin, die Beschützerin des Getreides und der Ernte. Die Tochter der Titanen Kronos und Rhea, eine der zwölf Hauptgottheiten, zeugte mit ihrem Bruder Zeus die Unterweltsgöttin Persephone. Als diese von Hades entführt wurde, vernachlässigte Demeter aus Trauer die Erde, so dass die Pflanzen nicht mehr wuchsen und die Menschen Hunger litten. Die olympischen Götter urteilten, Hades müsse Persephone ihrer Mutter zurückgeben, vorausgesetzt, sie habe in der Unterwelt nichts gegessen. Es gelang Hades, ihr einen Granatapfelkern zwischen die Lippen zu pressen, so dass Persephone nun jährlich vier Monate bei ihm verbringen

---

20 Das *Lexikon der Göttinnen* verzeichnet auf jeden Fall fast 80 Erdgöttinnen (Monaghan 296), und es gibt noch sehr viel mehr, etwa in Afrika, womit diese zwar nicht zu den verbreitetsten Göttinnen gehören, aber doch zu den überdurchschnittlich oft angebeteten.

muss. Aus Freude über die Wiedervereinigung mit ihrer Tochter lässt Demeter nun in jedem Frühjahr bunte Blumen und später Früchte und Getreide sprießen, während sie im Herbst, wenn Persephone in die Unterwelt zurückkehren muss, in Trauer die Vegetation sterben lässt. Demeter und Persephone wurden im Kult der Eleusinischen Mysterien angebetet, in Rom als Ceres und Proserpina. Auch die bereits als Mondgöttin vorgestellte Hekate galt als eine Göttin der Erde.

In Indien wird die Erdgöttin Bhudevi verehrt, die neben Lakshmi zweite Gattin von Vishnu. In Afrika gibt es zahlreiche Erdgöttinnen, z. B. Odudua, die in den meisten Mythen einst eng aneinandergepresst mit dem Himmelsgott in einem Ei lagen oder einem Kürbis oder einer anderen Frucht. Entweder durch einen Ehestreit oder das Eingreifen eines Menschen gerieten sie auseinander, und der Himmelsgott stieg zum Himmel empor. Diese Göttinnen spielen jedoch in der Phantastischen Literatur kaum eine Rolle.

Manchmal taucht die Erde auch als Verkörperung des entsprechenden Elementes auf. Häufiger jedoch wird sie personifiziert, nicht als Göttin, sondern als denkendes oder zumindest fühlendes Wesen. Großartig und absolut schlüssig macht dies Card in seinem Science-Fiction(!)-Roman *Der Spenderplanet*, nicht minder hervorragend Friesner in ihrem Fantasyroman *Druidenblut*. Die Macht der Erde, allerdings weniger personifiziert, spielt auch eine wichtige Rolle in den Troll-Romanen von Christoph Hardebusch.

Mindestens so wichtig sind die Abgründe und Höhlen der Erde. Diese werden in der Phantastischen Literatur, nicht erst in den letzten Jahrzehnten, häufig mythologisch aufgeladen. So heißt es in der Ballade *Der Taucher* von Friedrich Schiller.

> *»Denn unter mir lag's noch, bergetief,*
> *In purpurner Finsternis da,*
> *Und ob's hier dem Ohre gleich ewig schlief,*
> *Das Auge mit Schaudern hinuntersah,*
> *Wie's von Salamandern und Molchen und Drachen*
> *Sich regt' in dem furchtbaren Höllenrachen«*

Ob nun Eingang in die Eingeweide der Erde oder in die Tiefen des Totenreiches – *»Hier stieg er, von Hermes, dem Begleiter der Seelen, geleitet, die tiefe Erdkluft hinab und kam zur Unterwelt vor die Stadt des Königes Pluto«* heißt es bei Schwab über Herakles' Reise in den Hades – Abgründe und Höhlen sind schon in alten Mythen meist nichts Gutes. In der Offenbarung des Johannes kommt aus den Abgründen der Erde die Plage nach der fünften Posaune: *»Und er öffnete den Schacht des Abgrunds. Da stieg Rauch aus dem Schacht auf, wie aus einem großen Ofen, und Sonne und Luft wurden verfinstert durch den Rauch aus dem Schaft. Aus dem Rauch kamen Heuschrecken über die Erde, und ihnen* *wurde Kraft gegeben, wie sie Skorpione auf der Erde haben.«* Es gibt sogar einen »*Engel des Abgrunds; er heißt auf hebräisch Abaddon, auf griechisch Apollyon*« (Offb. 9, 2+3+11).

Viele Generationen lebten die Menschen wahrscheinlich in Höhlen, dies hat sich in ihren Mythen niedergeschlagen. Die Unterwelt wurde bevölkert mit Wesen aller Art und sogar mit ganzen Reichen. Homer sah in der Unterwelt nicht nur das Reich des Hades angesiedelt, sondern auch Gebiete, die der menschlichen Erforschung zugänglich sein sollten. Plato schrieb von breiten Stollen im Innern der Erde. Das buddhistische tantrische Reich Shambala soll ebenso unter der Erde liegen wie in Zentralasien das buddhistische Königreich Agartha/Agarthi, das aus einem weltweiten Labyrinth unterirdischer Gänge bestehen soll. Als Zufluchtsort für die Bevölkerungen verschwundener Kontinente soll von hier aus nach manchen esoterischen Theorien die Welt beherrscht werden.[21]

Ähnlich sind das Reich Unterland der Grünen Hexe in Lewis' *Der silberne Sessel* und ein wenig auch das Land der Erdmännchen im Buch *Kleiner König Kalle Wirsch* von Tilde Michels, nach dem eine der erfolgreichsten Produktionen der Augsburger Puppenkiste entstand. Und natürlich sind die Reiche der Zwerge (Tolkien, Heitz u. a.) und der Trolle (Hardebusch u. a.) häufig im Innern der Erde angesiedelt.

Nicht erst Jules Verne spekulierte über eine *Reise zum Mittelpunkt der Erde* mit technischen Mitteln. Die Theorie der hohlen Erde wurde auf wissenschaftlicher Grundlage erstmals von dem berühmten Astronomen Edmund Halley 1691 vorgeschlagen; sie gilt zwar inzwischen als widerlegt (schöne Zusammenfassung in Clarke 1984, S. 125 – 132), ist aber immer noch in manchen esoterischen Kreisen beliebt und wurde 1990 von Rudy Rucker noch einmal in seinem Alternativwelten-Roman umgesetzt.

Während die Unterwelt häufiger negativ besetzt ist, finden wir auf Gipfeln und Bergen eher die Heimstätten von Gottheiten, oder aber die Berge selbst sind göttlich oder nahezu göttlich. Dies ist auch kein Wunder, waren die Gipfel doch für die Menschen nahezu während ihrer gesamten Geschichte kaum erreichbar, aber doch meist sichtbar – unnahbar, viel versprechend oder drohend.

Dass die Olympier, die 12 bedeutendsten griechischen Gottheiten, nach ihrem Wohnsitz, dem Olymp[22], benannt sind, ist allgemein bekannt und bestimmt wahrscheinlich in der abendländischen Welt das Bild der Berge als Gottessitz ähnlich stark wie der Berg Sinai[23], der den abrahamitischen Religionen Judentum, Christentum und Islam als Ort der Offenbarung Gottes gilt und der Gabe der Zehn Gebote (2. Mose 34 u. a.); der

---

21 Bekannt wurde dies durch das Buch *Tiere, Menschen und Götter* (1924) von Ferdinand Ossendowski; es ist bis heute umstritten, ob es diesen Mythos gibt, er sorgte aber für viel Aufmerksamkeit.

22 das höchste Gebirge Griechenlands; die höchsten Gipfel sind Mytikas (2.919 m) und Skolio (2.911 m)

23 2.285 m, auf der Sinai-Halbinsel; heißt auf Arabisch Gabal Mūsā, »Mosesberg«

Sinai wird oft auch Horeb genannt. In Psalm 68,9 wird Gott geradezu mit dem Sinai gleichgesetzt.

Es gibt aber noch viele andere heilige Berge. Die neuere Fantasy stark beeinflusst hat der Uluru, auch Ayers Rock genannt[24]. Der große Inselberg aus Sandstein in der zentral-australischen Wüste wird von den lokalen Aborigines für heilig gehalten; ihre Legenden erzählen Begebenheiten aus der Traumzeit, der Zeit der Schöpfung.[25]

Als der heiligste Berg der Welt gilt der Kailash im Westen Tibets[26]. Er gleicht einer Pyramide, deren Spitze ganzjährig mit Schnee bedeckt ist, und ist vier Religionen heilig. Die Umrundung auf einem ca. 53 km langen Weg gilt vielen der weltweit etwa 1,5 Milliarden(!) Gläubigen als wichtige, vielleicht die wichtigste, Pilgerreise. Im tibetischen Buddhismus wird der Berg »Großes Schneejuwel« genannt und ist das Zentrum eines Welt-Mandala. Er wird mit dem mythischen Weltenberg Meru gleichgesetzt, der zentralen Achse der Welt, dem Mittelpunkt des Universums. Diese Gleichsetzung nehmen auch die Hindus vor, für sie ist der Berg obendrein einer der Wohnsitze des Gottes Shiva. Für die Jaina[27] ist der Berg ein wichtiger Pilgerort, für die Bön[28] als »Yundrung Gutseg« das spirituelle Zentrum des alten Bön-Reiches Zhang-Zhung.

---

24 etwa 3 km lang, bis zu 2 km breit, 869 m über Meeresspiegel und etwa 350 über der Landschaft, gehört zum UNESCO-Weltnatur- und Weltkulturerbe. Seit 1995 heißt er offiziell wieder *Uluru*; der frühere *Ayers Rock-Mount Olga National Park* heißt *Uluru-Kata Tjuta National Park*.

25 Der australische Fantasy-Autor Garth Nix musste feststellen, wie problematisch es sein kann, Mythen, auf die andere einen Anspruch erheben, in eine Story einzubauen: » ... *ich versuchte, mit Der Hügel eine Geschichte zu schreiben, die in Australien spielte ... – was höchst unüblich für mich ist, denn alle meine Werke sind in imaginären Welten angesiedelt. Diese Absicht stellte sich als ziemlich problematisch heraus, vor allem da in der ersten Fassung die Hauptpersonen zum Teil Aborigines waren und ihre Legenden und Glaubensvorstellungen über das Land eine Rolle spielten. Ich wusste, die Sache würde schwierig werden, aber die Reaktion meines australischen Verlegers hatte ich nicht erwartet. Auf einen Nenner gebracht besagte sie, dass ich als weißer australischer Autor weder Aboriginesfiguren noch Aborigineslegenden benutzen durfte. Meine ursprüngliche simple Ansicht war, dass ich mir als Fantasyautor meine Anregungen von überall herholen konnte, aus jeder Geschichte, Mythologie und Religion. Nach eingehenden Gesprächen mit sowohl dem Verleger als auch meinem Aborigineautor erkannte ich, dass die Sache komplexer war und dass viele Aborigines das Gefühl hätten, ich wäre nicht von ihren Mythen inspiriert worden, sondern hätte mir etwas Wertvolles angeeignet, das ihnen bisher in dem Prozess der Kolonisierung noch nicht genommen worden war. Es wäre besonders schmerzlich, denn als Australier sollte ich wissen, dass manche Aborigines dies als einen weiteren Diebstahl ansehen würden. So nahm ich also das Fantasyelement der Story, das auf einigen Aboriginesmythen basierte, wieder heraus und schrieb eine realistischere Fassung. [...] Ich bin noch immer irgendwie der Meinung, dass für einen Autor Mythen, Legenden und historische Fakten frei verfügbare Quellen sind ...«* (Jenseits der Mauer, S.145 f)

26 6.714 m, offizielle Bezeichnung Kangrinboqê

27 Der Jainismus oder Jinismus ist eine in Indien beheimatete Religion, die im sechsten vorchristlichen Jahrhundert entstand mit heute etwa 6 Millionen Gläubigen, davon rund 3,5 Millionen in Indien.

28 im 8. Jhdt., als der Buddhismus nach Tibet gelangte, dort die vorherrschende Religion; später verdrängt und überformt in verschiedene Richtungen, seit 1977 als spirituelle Schule von der tibetischen Exil-Regierung anerkannt

Die Anhänger des Tengrismus kennen mächtige Berggeister wie Demir Han, Talay Han und Okto Han; als heilige Berge gelten u. a. der Khan Tengri[29], der Musala[30] und die Hochgebirge Tien Shan[31] und Altai[32], auf dessen höchsten Gipfel der mächtige Altay Han hausen soll. Der Fujiyama[33] in Japan ist ein zentrales Heiligtum des Shintoismus. Der Ol Doinyo Lengai[34] im ostafrikanischen Tanzania ist für die Massai – der Name bedeutet in ihrer Sprache »Gottesberg« – der Sitz ihres Gottes Engai; Vulkanausbrüche symbolisieren dessen Zorn. Der Licancabur[35] in der chilenischen Atacama-Wüste, auf der Grenze Bolivien/Chile, war der heiligste Berg der Inka; einige ihrer Mythen berichten von seinen Hochzeiten mit benachbarten Bergen. Im nordamerikanischen Arizona gibt es die San Francisco Peaks[36], Heilige Berge der Navajo- und Hopi-Indianer. Auch der mit 8.850 Metern höchste Berg der Welt, der Mount Everest, wird zumindest lokal verehrt[37].

Der mächtige Vulkan Gunung Agung[38] auf Bali ist den Hindus heilig; auf seiner Südwestflanke liegt der über 1000 Jahre alte Tempel Pura Besakih, das höchste hinduistische Heiligtum Balis. Die Ambivalenz eines Vulkans als Heiliger Berg wird deutlich, wenn man daran denkt, dass Indonesien die weltweit höchste Dichte von Vulkanen hat.

Heilige Berge oder Berge als Wohnstätten von Gottheiten kommen in der Phantastischen Literatur häufig vor, etwa in *Roter Mond und Schwarzer Berg* von Joy Chant. Berge, die Persönlichkeiten sind oder zumindest als solche erscheinen, gibt es aber auch,

---

29 bedeutet »Herr der Geister«, Kasachstan, 7.010 m, zweithöchster Gipfel des Tien Shan, s. Fußnote 31

30 bedeutet »Berg Allahs«, hieß bis ins 15. Jhdt. Tangri oder Tangra, nach dem Himmelgott des Tengrismus; höchster Berg Bulgariens und der Balkanhalbinsel, 2.925 m

31 bedeutet im Chinesischen »Himmlische Berge«, uigurischer Name »Tanri Tagi« (Gottes Berg): ein bis 7.439 m hoch aufragendes Hochgebirge in der zentralasiatischen Landschaft Turkestans; erstreckt sich über 2.500 km über China, Kasachstan, Kirgisistan und Tadschikistan, ist bis zu 400 km breit

32 bedeutet »Unter dem Mond«; ein bis 4.506 m hohes mittelasiatisches Hochgebirge im Grenzgebiet von Kasachstan, Russland (Sibirien), der Mongolei und China (Xinjiang), rund 2.100 km lang

33 3.776 m. der höchste Berg Japans. Fujiyama, laut Duden auch Fudschijama, ist eine Übertragung nach der bis Ende des 19. Jhdt. vorherrschenden Aussprache, heute heißt der Berg auf Japanisch Fuji-san.

34 ca. 2.960 m, der weltweit einzige Vulkan, der Karbonatitlava fördert, Kaltlava mit maximal 590 °C

35 5.920 m hoch, ein inaktiver Vulkan; in seinem Krater befindet sich der höchstgelegene See der Welt

36 vulkanischer Gebirgszug rund 80 km südlich des Grand Canyon; Hauptgebirgsstock ist der Vulkan San Francisco Mountain mit dem Humphrey Peak als höchste Spitze (3.850 m). Der Name hat nichts mit der Stadt San Francisco zu tun; er wurde dem Gebirge im 17. Jahrhundert von einer Gruppe spanischer Missionare vom Orden der Franziskaner gegeben, ist also nach dem Heiligen Franziskus benannt.

37 Meldung von AP, 26.09.2007: »*Die Bergsteiger am Mount Everest sollen in Zukunft ihre Kleidung anbehalten und auf als obszön betrachtete Rekorde verzichten. Entsprechende Vorschriften will die nepalesische Bergsteigervereinigung jetzt bei der Regierung durchsetzen. [...] Viele Anwohner verehrten den Berg als Gott, weshalb die Vereinigung die Regierung zu einem Verbot von respektlosem Verhalten auf dem Berg aufgefordert habe.*«

38 3.142 m, der höchste Berg auf Bali; bei den letzten Ausbrüchen 1963/64 starben mehr als 1.000 Menschen.

so in Fritz Leibers Geschichte *Sternhöh* (in *Schwerter von Lankhmar*). Auch dies hat Wurzeln in der Mythologie: So speit der Ätna laut der griechischen Mythologie Feuer, weil unter ihm Typhon begraben liegt, Sohn der Gaia und des Tartaros, ein Riese mit hundert Drachen- oder Schlangenköpfen. Zeus konnte ihn nicht töten, weshalb er ihn unter dem Ätna begrub, wo Typhon heute noch manchmal Feuer spuckt.

Der Brocken, mit 1.141 m höchster Berg des Harzes, im Volksmund auch als Blocksberg, Brocksberg oder Hexenstieg bekannt, wird gerne als Hexentanzplatz bezeichnet. Dahinter steckt jedoch kein alter Mythos; in Hexenverhören wurde der Berg nur in der Region ab und zu benannt. Berühmt wurde er erst durch das rund 600 Seiten starke »Sachbuch« des Märchen- und Sagensammlers Johannes Praetorius[39] von 1668 mit dem vielsagenden Titel *Blockes-Berges Verrichtung oder ausführlicher geographischer Bericht von den hohen trefflich alt- und berühmten Blockes-Berge: ingleichen von der Hexenfahrt und Zauber-Sabbathe, so auff solchen Berge die Unholden aus gantz Teutschland Jährlich den 1. Maij in Sanct-Walpurgis-Nachte anstellen sollen; Aus vielen Autoribus abgefasset und mit schönen Raritäten angeschmücket sampt zugehörigen Figuren; Nebenst einen Appendice vom Blockes-Berge wie auch des Alten Reinsteins und der Baumans Höle am Hartz.*

Quellen, Bäche, Flüsse, Teiche, Seen und sogar Kanäle – alles, was mit Wasser zu tun hat, ist mythologisch stark aufgeladen. Und das zeigt sich natürlich auch in der Fantasy, im *Flusswelt*-Zyklus von Philip José Farmer, im Spiegelsee bei Tolkien, in den Kanälen in der *Osten-Ard*-Tetralogie von Williams und in vielen anderen Geschichten. Mythologisch wurden Gewässer aller Art wohl schon sehr früh belebt, in den ersten animistischen Religionen; man denke an die Nixen (s. S. 117). In manchen kirgisischen Sagen stellt der heilige See Yssykköl[40] den Ursprungsort von allem dar.

Die Griechen kannten viele Flussgottheiten; die meisten waren Kinder des Okeanos und der Tethys. Die bekanntesten sind die fünf Flüsse der Unterwelt (Acheron, Styx, Kokytos, Phlegethon und Lethe), Nilos (der Nil) und Skamandros, der in den Trojanischen Krieg eingriff; erst maß er sich ergebnislos im Kampf mit Hephaistos (Vulkan), dann geriet er in Streit mit Achill. Diese Szene aus der *Ilias* ist hier in Auszügen in der Nachdichtung von Schwab wiedergegeben; an ihr werden viele der mythologischen Motive der Handlungen der Götter ebenso deutlich wie die Angst der Menschen vor

---

39 eigentlich Hans Schultze (1630 – 1680), veröffentlichte mehr als 50 Bücher, heute noch bekannt vor allem durch seine Sammlung der Rübezahl-Sagen *Daemonologia Rubinzalii* (1662)

40 »heißer See«, russisch Issyk-Kul, türkisch Issık Göl, ist der größte See in Kirgisistan und zweitgrößte Gebirgssee der Welt: 178 km x 60 km, bis 668 m tief, 1.609 m über dem Meeresspiegel; friert nie zu

der überwältigenden Macht der Ströme, die Urfeindschaft zwischen Feuer, Wasser und Wind, jenen drei der vier Elemente, die die Menschen fürchten:

»[Achill] *stürzte ... sich unter die Päonier, die noch voll Angst an dem Flusse umherflogen. Ihrer sieben hatte sein Schwert erschlagen, und noch wollte er unter ihnen fortwüten, als plötzlich Skamander, der zürnende Beherrscher des Stromes, in Menschengestalt aus dem tiefen Strudel emportauchte und dem Helden zurief. >Pelide, du wütest mit entsetzlichen Taten, mehr als ein Mensch! Meine Gewässer sind voll von Toten; mit Mühe ergießen sich meine Ströme ins Meer, laß ab!< – >Ich gehorche dir, denn du bist ein Gott<, antwortete Achill, >aber darum wird mein Arm nicht vom Morde der Trojaner rasten, bis ich sie in die Stadt zurückgejagt und meine eigene Kraft mit der Kraft Hektors gemessen habe.< So sprach er und stürzte sich auf die flüchtigen Reihen der Trojaner, drängte sie aufs neue dem Ufer zu, und als sie sich ins Wasser retteten, sprang, den Befehl des Gottes vergessend, auch er wieder in den Strudel. Nun fing der Strom an, wütend zu schwellen, regte seine trüben Fluten auf, warf die Getöteten mit lautem Gebrüll ans Gestade; seine Brandung schlug schmetternd an den Schild des Peliden. Dieser, mit den Füßen wankend, faßte eine Ulme mit den Händen, riß sie aus den Wurzeln und klomm über ihre Äste ans Ufer. Nun flog er über das Gefilde hin, aber der Flußgott rauschte ihm mit der tosenden Welle nach und erreichte ihn, so rasch er war. Und sooft er ihm widerstehen wollte, bespülten die Wogen ihm die Schultern und raubten ihm den Boden unter den Füßen. Da klagte der Held gen Himmel: >Vater Zeus, erbarmt sich denn keiner der Ewigen meiner, mich aus der Gewalt des Stroms zu retten? ... Hätte mich doch Hektor getötet, der Starke den Starken! So aber soll ich des schmählichsten Todes in den Fluten sterben, wie der Knabe eines Sauhirten, der im Winter durch den Sturzbach watet und fortgerissen wird!<*

Wie er so jammerte, gesellten sich Poseidon und Athene in Menschengestalt zu ihm, faßten ihn bei der Hand und trösteten ihn, denn nicht sei ihm vom Schicksale bestimmt, in den Strom zu sinken. Die Götter schieden wieder, aber Athene füllte ihn mit Kraft, daß er hoch mit den Knien aus der Flut sprang und das Gefilde wiedergewann. Aber noch immer ließ Skamander von seinem Zorne nicht ab, vielmehr bäumte er sich mit immer höherer Brandung und rief laut seinem Bruder Simois zu: >Komm, Bruder, laß uns beide zusammen die Gewalt dieses Mannes da bändigen; sonst wirft er uns heute noch die Feste des Priamos in den Staub! Auf, hilf mir! Nimm die Quellen des Gebirges zu dir, ermuntere jeden Gießbach, hebe deine Flut hoch, rolle Steinblöcke daher!

Nicht seine Kraft, nicht seine Rüstung soll ihn verteidigen: tief im Sumpfe soll diese liegen, mit Schlamm bedeckt. Ihn selbst verschütte ich mit Muscheln, Kies und Sand, daß die Argiver selbst seine Gebeine in dem Wust nicht mehr finden können. So türme ich ihm selbst sein Denkmal auf, und die Danaer brauchen ihm für kein Rasengrab zu sorgen!< Unter diesem Zurufe rauschte er mit Schaum, Blut und Leichen auf den Helden daher, daß bald seine Welle sich über ihm bäumte, indes auch der Strom Simois aus der Ferne sich herbeimachte. Hera selbst, voll inniger Angst um ihren Liebling, schrie laut, als sie dieses sah. Dann sprang sie schnell zu Hephaistos: >Lieber hinkender Sohn, nur deine Flammen sind dem gewaltigen Strome gewachsen: bringe dem Peliden deine Hilfe; ich selbst will den West- und Südwind vom Meergestade erregen, daß sie die schreckliche Glut bis ins Heer der Trojaner hineintragen. Du aber zünde die Bäume am Gestade des Flusses an und durchlodere ihn selbst; laß dich durch keine Schmeichelei und durch keine Drohung zurückschrecken, Glut muß die Vertilgung im Zaume halten!< Auf ihr Wort durchflog die Flamme des Hephaistos das Gefild, und zuerst verbrannte sie die Leichname der Troer, die von Achills Hand gefallen waren. Dann wurde das Feld ganz trocken und das Wasser gehemmt. Am Ufer fingen die Ulmen, die Weiden, die Tamarisken und alles Gras zu brennen an; schon schnappten die Aale und andere Fische, angstvoll und matt von dem Glutanhauche, nach frischem Wasser. Endlich wogte der Strom selbst in lichten Flammen, und Skamander, der Gott, rief wimmernd aus seinen Fluten hervor: >Glutatmender Gott, ich begehre nicht, mit dir zu kämpfen, laß uns vom Streite ruhen; was geht mich die Fehde der Trojaner und des Achill an!< So klagte er, während seine Gewässer sprudelten, wie Fett im Kessel über der Flamme brodelt.«

In vielen Mythologien mussten die Flüsse und Ströme besänftigt werden, meistens durch Opfer, so etwa auch in China, wo die Flüsse mit Drachen indentifiziert wurden. Andernfalls konnten sie sehr bösartig werden – und bis heute sind Überschwemmungen etwas, womit nicht zu spaßen ist (und was nicht mit Feuer aufzuhalten ist).

Schließlich können Bäche, Flüsse und Seen auch tödlich sein in ganz anderer Hinsicht, ziehen sie oder ihre Bewohnerinnen doch gerne Menschen hinab, wie die Seenymphen, die Hylas, den Begleiter des Herakles, in ihren Teich zogen, wie Undine, Melusine und andere Wasserwesen aus der Mythologie (s. S. 117 f).

Quellen sind aber meistens eher lieblich und wohlwollend, nicht selten auch heilig: »*Das Schweizer Landvolk redet noch von den heiligen Quellen, die im Rütli plötzlich entsprungen, als da der große Eidschwur geschah*« (Grimm, *Sagen*, Nr. 103).

Im Wettbewerb darum, wer die oberste Gottheit Athens sein solle, ließ Poseidon auf dem Felsen, auf dem später die Akropolis entstehen sollte, einen Wasserquell sprudeln, indem er seinen Dreizack in den Boden stieß (die Athener entschieden sich aber für Athene, die ihnen den Ölbaum schenkte). Wasser aus dem Felsen schlug auch Mose, um die Israeliten auf der Flucht aus Ägypten zu tränken (4. Mose 20, 8 – 11).

Das Meer – ob als einzelnes großes Wasser gedacht, als weltumspannender Ozean oder als die Erde begrenzend, zum Rand der Welt reichend – spielt in der Phantastischen Literatur eine immense Rolle, vor allem als die Naturgewalt, die zu bezwingen der Mensch immer wieder ansetzt, die aber letztendlich nie bezwungen werden kann. Ungezählt die Romane und Geschichten, die in wesentlichen Teilen auf den Meeren der Erde oder anderer Welten spielen, wie *Erdsee* (Le Guin), die *Pandemia-Sage* (Duncan), die *Kinder des Wassermanns* (Anderson), einige der Pern-Romane (McCaffrey), *Die Gezeitenwelt* (Magellan) und *Das Zeitalter der Wandlung* (Markolf Hoffmann). In vielen anderen ist das Meer die Trennlinie oder der Übergang zum Ende der Welt oder einer anderen, höheren, wie bei Tolkien, wo das Belegaer, das Große Meer, Mittelerde von der Insel der Unsterblichen trennt, oder bei Lewis (*Die Reise auf der »Morgenröte«*).

Dass aus den Tiefen der See vor allem Schrecken zu erwarten sind, wurde schon im Abschnitt über die Abgründe und Höhlen deutlich. Manchmal allerdings werden dort auch wundersame Dinge erwartet, wie etwa versunkene Städte oder ganze Kontinente. Letztere sind sowohl in ihrem Untergang ein beliebtes Thema, so bei Anderson (*Tänzerin von Atlantis*), Bradley (*Das Licht von Atlantis*) und Tolkien (*Silmarillion*) wie auch nach ihrem Untergang, sei es als noch existierender und funktionierender Unterwasserstaat (Tolkien: *Roverandom*; Anderson: *Kinder des Wassermanns*) oder als legendäre Stadt, die ab und zu wiederkehrt, wie bei der schwedischen Nobelpreisträgerin Selma Lagerlöf in *Wunderbare Reise des kleinen Nils Holgersson mit den Wildgänsen*. Die Tiefen der See faszinieren umso mehr, je weniger sie erreichbar scheinen, auch in der Science Fiction, wie bei Jules Verne (*20000 Meilen unter dem Meer*) und in vielen modernen Romanen.

Der Mythos, der den Kampf mit dem Meer im abendländischen Raum wohl am stärksten geprägt hat, ist der des Odysseus. Der König von Ithaka, klügster und listigster aller griechischen Helden, der Troja erobert, indem er seine Leute durch ein hölzernes Pferd in die Stadt schmuggelt, braucht 10 Jahre für die Rückfahrt, weil er es sich mit dem Meeresgott Poseidon verdorben hat. Dieser war der älteste und mächtigste der Söhne des Kronos und stand an zweiter Stelle der Rangordnung der Olympier, direkt hinter seinem Bruder Zeus, was die Wichtigkeit des Meeres für die Griechen beweist. Eigentlich war er gut auf die Griechen zu sprechen und unterstützte diese im Trojanischen

Krieg. Doch nachdem Odysseus seinen Sohn, den Zyklopen Polyphem, geblendet und obendrein noch verhöhnt hatte, verfolgte Poseidon den Griechen jahrelang mit seinem Hass. So auch, als Odysseus nach sieben Jahren, die er bei der Nymphe Kalypso als deren Liebhaber verbracht hat, auf der Geheiß der Götter deren Insel mit einem Floß verlässt:

»So fuhr er siebzehn Tage durch das Meer. Am achtzehnten erschienen ihm endlich die dunklen Gebirge des phäakischen Landes, das sich ihm entgegenstreckte und trübe dalag wie ein Schild im dunkeln Meere. Jetzt aber ward ihn Poseidon gewahr, der eben von den Äthiopen heimkehrte und über die Berge der Solymer hinschritt. Er hatte der letzten Ratsversammlung der Götter nicht beigewohnt und merkte, daß diese seine Entfernung benutzt hatten, den Odysseus aus der Schlinge zu ziehen. ›Nun‹, sprach er bei sich selbst, ›er soll mir doch noch Jammers genug erfahren!‹ Und jetzt versammelte er die Wolken, regte das Meer mit dem Dreizack auf und rief die Orkane zum Kampfe miteinander herbei, so daß Meer und Erde ganz in Dunkel gehüllt wurden. Alle Winde pfiffen um das Floß des Odysseus her, daß diesem Herz und Knie zitterten und er zu jammern anfing, daß er den Tod nicht von den Speeren der Trojaner gefunden. Als er noch so seufzte, rauschte eine Welle von oben herab, und das Floß geriet in einen Wirbel: er selbst taumelte weit von dem erschütterten Fahrzeug, das Ruder fuhr ihm aus der Hand, das Floß war in Stücke gegangen; Mastbaum und Segelstangen trieben da und dort über das tobende Meer hin. Odysseus aber war in die Brandung untergetaucht, und das nasse Gewand zog ihn immer tiefer hinab. Endlich kam er wieder empor, spie das Salzwasser, das er geschluckt hatte, aus und schwamm den Trümmern des Floßes nach, deren größtes Stück er endlich auch glücklich erreichte und sich mitten darauf niederließ. Wie er nun auf dem zerrissenen Floße dahintrieb, gleich einer Distel im Winde, da erblickte ihn die Meeresgöttin Leukothea, und es erbarmte sie des armen Dulders. Wie ein Wasserhuhn flog sie aus dem Strudel empor, setzte sich auf das Gebälk und sprach zu ihm: ›Laß dir raten, Odysseus! Zieh dein Gewand aus, überlaß das Floß dem Sturm; schnell umgürte dich hier mit meinem Schleier unter der Brust, und dann – verachte schwimmend alle Schrecken des Meeres!‹ Odysseus nahm den Schleier; die Göttin verschwand, und obgleich er der Erscheinung mißtraute, so gehorchte er dem Rate doch. Während Poseidon ihm die wildeste Woge sandte, daß das Bruchstück des Floßes ganz auseinanderging, setzte er sich wie ein Reiter auf einen einzelnen Balken, zog das lange, beschwerende Gewand, das Kalypso ihm geschenkt hatte, aus und sprang mit dem Schleier umgürtet in die Flut. Poseidon schüttelte ernsthaft das Haupt, als er den entschlossenen Mann

den Sprung wagen sah, und sprach: ›So irre denn durch die Meeresflut, von
Jammer umringt! Gewiß, du sollst noch übergenug vom Elend kosten!‹ Mit
diesen Worten verließ der Gott die See und zog sich nach seinem Palaste zurück.
Odysseus wogte nun noch zwei Tage und Nächte auf der See umher; da erblickte
er endlich ein waldiges Ufer, wo die Brandung an Klippen donnerte, und eine
hochschwellende Woge trug ihn, ehe er einen Entschluß fassen konnte, von selbst
dem Gestade entgegen.«   (Schwab)

Einige der Stürme, die Odysseus Schiff(e) zerstören, gehen auf das Konto seiner Gefähr-
ten, die z. B. Zeus erzürnen, indem sie seine heiligen Kühe schlachten. Am Ende lässt Poseidon seine Wut auf Odysseus an denen aus, die ihm nach Hause halfen, obwohl dieses
Volk ihn nicht nur besonders verehrt, sondern sogar der Sage nach von ihm abstammt:

> *»Aber der Meeresgott Poseidon grollte den Phäaken, daß sie mit Hilfe der Pallas*
> *ihm seine Beute entrissen hatten, und erbat sich vom Göttervater die Erlaubnis,*
> *an ihrem Schiff Rache nehmen zu dürfen. Dieser gönnte sie ihm, und als das*
> *Schiff der Insel Scheria, dem Lande der Phäaken, schon ganz nahe war und*
> *mit vollen Segeln einherwogte, stieg Poseidon aus den Wellen empor, schlug es*
> *mit der flachen Hand und verschwand wieder in der Flut. Das Schiff aber mit*
> *allem, was darauf war, wurde plötzlich in einen Felsen verwandelt und wurzelte*
> *im Meeresboden fest.«*   (Schwab)

Dies zeigt, wie unberechenbar das Meer sein kann – selbst gegen jene, die ihm opfern!
   Um die alten Mythen würdigen zu können, sollte man sie, wenn man sie nicht im
Original lesen kann, auf jeden Fall auch einmal in einer poetischen (und meist längeren)
Fassung genießen; hier diese Stelle in der berühmten Übertragung von Johann Heinrich
Voß von 1781 – man beachte die zahlreichen poetischen Namen für die Götter:

> *»Und nun fuhren sie heim. Doch Poseidaon vergaß nicht*
> *Seiner Drohung, die er dem göttergleichen Odysseus*
> *Ehmals hatte gedroht; er forschte den Willen Kronions:*
> *Vater Zeus, auf immer ist bei den unsterblichen Göttern*
> *Meine Ehre dahin, da Sterbliche meiner nicht achten,*
> *Jene Phäaken, die selbst von meinem Blute gezeugt sind!*
> *Sieh, ich vermutet', es sollte nach vielen Leiden Odysseus*
> *Kommen ins Vaterland; denn gänzlich hätt' ich die Heimkehr*
> *Nimmer gewehrt, da dein allmächtiger Wink sie verheißen:*
> *Und sie bringen im Schlaf ihn über die Wogen, und setzen*
> *Ihn in Ithaka aus, und geben ihm teure Geschenke,*

Erzes und Goldes die Meng', und schöngewebete Kleider,
Mehr als Odysseus je aus Ilion hätte geführet,
Wär' er auch ohne Schaden mit seiner Beute gekommen!
Ihm antwortete drauf der Wolkenversammler Kronion:
Welche Red' entfiel dir, du erderschütternder König?
Nimmer verachten dich die Götter! vermessene Kühnheit
Wär' es, den ältesten mächtigsten Gott mit Verachtung zu reizen.
Weigert sich aber ein Mensch, durch Kraft und Stärke verleitet,
Dich, wie er soll, zu ehren; so bleibt dir ja immer die Rache.
Tue jetzt, wie du willst, und deinem Herzen gelüstet!
Drauf erwiderte jenem der Erderschüttrer Poseidon:
Gerne vollendet' ich gleich, Schwarzwolkichter, was du gestattest;
Aber ich fürchte mich stets vor deinem eifernden Zorne.
Jetzo will ich das schöngezimmerte Schiff der Phäaken,
Das vom Geleiten kehrt, im dunkelwogenden Meere
Plötzlich verderben; damit sie sich scheun, und die Männergeleitung
Lassen; und rings um die Stadt will ich ein hohes Gebirg ziehn.
Ihm antwortete drauf der Wolkenversammler Kronion:
Teuerster, dieser Rat scheint meinem Sinne der beste.
Wann die Bürger der Stadt dem näher rudernden Schiffe
Alle entgegen schaun, dann verwandel' es nahe dem Ufer
Zum schiffähnlichen Fels; daß alle Menschen dem Wunder
Staunen; und rings um die Stadt magst du ein hohes Gebirg ziehn.
Als er solches vernommen, der Erderschüttrer Poseidon,
Ging er gen Scheria hin, dem Lande der stolzen Phäaken.
Allda harrt' er; und bald kam nahe dem Ufer das schnelle
Meerdurchgleitende Schiff. Da nahte sich Poseidaon,
Schlug es mit flacher Hand, und siehe! plötzlich versteinert,
Wurzelt' es fest am Boden des Meers. Drauf ging er von dannen.«

Der älteste Meeresgott der Griechen war der Titan Okeanos, Sohn der Nacht und der
Luft oder nach einer anderen Sage der Erde und des Chaos. Einige sahen in ihm den
Anfang und Ursprung allen Lebens. Laut späteren Sagen war er der stärkste aller Götter
und ein ungehobelter Bursche, den Zeus daran hindern musste, Hera zu vergewaltigen.
Mit seiner Schwester und Gattin Tethys zeugte er die Flussgötter, Meeres- und Quell-
nymphen. Da er sich nicht am Aufstand der Titanen beteiligte (s.S. 112), behielt er sein
Reich und umfließt den Erdkreis und im Westen das Elysion, die Insel der Seligen.

Welche Schrecken aus den Tiefen der See auch zu erwarten sind, zeigt die Ballade *Der Taucher* von Schiller:

>»[...]*Da unten aber ist's fürchterlich,*
Und der Mensch versuche die Götter nicht
Und begehre nimmer und nimmer zu schauen,
Was sie gnädig bedeckten mit Nacht und Grauen.
[...]Denn unter mir lag's noch, bergetief,
In purpurner Finsternis da,
Und ob's hier dem Ohre gleich ewig schlief,
Das Auge mit Schaudern hinuntersah,
Wie's von Salamandern und Molchen und Drachen
Sich regt' in dem furchtbaren Höllenrachen.
Schwarz wimmelten da, in grausem Gemisch,
Zu scheusslichen Klumpen geballt,
Der stachligte Roche, der Klippenfisch,
Des Hammers greuliche Ungestalt,
Und dräuend wies mir die grimmigen Zähne
Der entsetzliche Hai, des Meeres Hyäne.«

Einen weiteren Höhepunkt der Phantastischen Literatur bildet der *Sturz in den Mahlstrom* von Edgar Allan Poe. Dieser entsetzliche Wirbel, der (fast) alles in die Tiefe reißt, bezieht sich wohl (wie der »Malmstrom« des Käpt'n Blaubär von Walter Moers) auf den Moskenstraumen, auch Mahlstrom oder Malstrom genannt, einen gefürchteten Gezeitenstrom bei den Lofoten.

Einen Mahlstrom gibt es auch in der *Edda*; er erklärt, wieso das Meer salzig ist. König Frode besaß eine Handmühle, mit der sich alles herbei mahlen ließ, Gold, Reichtum, Erfolg ... – bedienen ließ er sie von zwei versklavten Riesinnen. Um zu fliehen, mahlten sich diese eine Streitmacht herbei. Für deren Anführer mussten sie dann auf dessen Schiff Salz herbei mahlen, solange, bis das Schiff kenterte. Nun liegen die Mühlsteine auf dem Meeresgrund und mahlen das Meer salzig; das ist der Mahlstrom.

In der *Kalevala* gibt es Zaubermühle oder »Feuermühle« *Sampo*, die Fruchtbarkeit über Land und Meer bringt; sie produziert unaufhörlich Salz, Mehl und Gold. Dies erklärt Bodenschätze und die Salzigkeit des Meeres.

Der Palast Mohammeds, darüber die sieben Himmel   Persische Miniatur, 18. Jahrhundert

Kapitel 3: Anderswelten, Himmel und Höllen

aerie is a perilous land« – so beginnt der zweite Satz von Tolkiens berühmtem Vortrag und Essay *On Fairy Stories*. Dieser ist gar nicht so leicht zu übersetzen: *»Das Märchenland ... ist ein Land voller Fährnisse«* heißt es in der deutschen Ausgabe, eine Übersetzung, so problematisch und schwierig wie die Übersetzung von »Fairy Stories« mit »Märchen«. In Tolkienkreisen wird gerne von den »Perils of Faërie« gesprochen, den Gefahren der – ja was denn nun? – Anders-/Feen-/Elbenwelt ...

Andere Welten gehören in der Phantastischen Literatur seit jeher zu den Standardmotiven. In der Science Fiction sind es eher Parallel- oder Alternativwelten, nicht selten werden auch eine alternative Historie und ihr Ergebnis beschrieben[41]. Meister solcher Geschichten sind u. a. Brian W. Aldiss und Philip K. Dick und die deutschen Autoren Ronald M. Hahn und Marcus Hammerschmitt. Welten mit alternativer Geschichtsschreibung sind auch in der Fantasy beliebt, hervorragend umgesetzt etwa von Randall Garrett, Kim Newman und Keith Roberts. Für diese Art Geschichten gibt es in der Regel keine besonderen, über die üblichen hinausgehenden mythologischen Wurzeln. Ebenso wenig in der klassischen Mythologie verankert ist die Idee zahlreicher Welten, die meist als Abbild einer zentralen, Schatten werfenden »Urwelt« dargestellt werden, wie etwa im *Corwin-Zyklus* von Zelazny und im »Schlüsselreich«-Zyklus von Nix. Man kann zwar einen Bezug zu Platons Höhlengleichnis an den Haaren herbeiziehen, aber das führt nicht weit.

Anders ist es mit einer »klassischen« Anderswelt, die parallel zu der unseren, aber quasi auf einen höheren Ebene existiert, die nur betreten werden kann durch Rituale, besondere Tore, Zauber ... und die nicht unsere Welt ist, sondern sich durch besondere Eigenschaften auszeichnet. In der Phantastik gibt es zahlreiche Beispiele, auch in der modernen Literatur: die »Zwielichtwelt« in den Wächter-Romanen von Lukianenko, das »Niemalsland« von Gaiman wie auch das Feenreich in seinem *Sternwanderer*, die Welt der Quellen bei Markolf Hoffmann, das *Hohe Haus* bei Stoddard, das Totenreich, das von den Abhorsen bewacht wird, bei Garth Nix, in der älteren Fantasy das Land, das Alice bereist in den Büchern von Lewis Carroll (1865/71)[42], das Elfenland bei Lord

---

41 Alternativweltgeschichten, auch Allohistoria, Parahistorie, Alternate History, Counterfactual History oder Uchronia genannt, in der Geschichtswissenschaft kontrafaktische Geschichte, spielen in einer Welt, in der der Lauf der Geschichte an einem »Point of Divergence« von dem uns bekannten abgewichen ist. Beispielsweise hat Hitler den Krieg gewonnen, oder die Inkas haben Pizarro besiegt und beherrschen heute die Welt.

42 Gehören zu den einflussreichsten (Kinder-?)Büchern; es gibt über 30 Übersetzungen ins Deutsche, mindestens drei deutsche Bühnenbearbeitungen und 25 Verfilmungen; auf Alice und ihre Abenteuer beziehen sich neben vielen anderen James Joyce, Ray Bradbury, Roger Zelazny, Douglas Adams und Stephen King.

Dunsany (1924) und das Feenland bei Mirrlees (1926), das Reich »Narnia« bei Lewis (1950 – 1956) und Elbland[43] bei Tolkien (1967).

»Anderswelt« ist eine Übersetzung des lateinischen »Orbis Alia«, das seit Jahrhunderten als Überbegriff für mythische Jenseitswelten verwandt wird (französisch »Autre Monde«, englisch »Otherworld«).[44] Eine Anderswelt kann je nach Standpunkt/Mythos/Religion/Ideologie Himmel oder Hölle sein, das Paradies oder eine Unterwelt, eine Parallelwelt, eine andere Dimension oder das Traumreich der Phantasie.

Im engeren Sinne wird als Anderswelt die »Feenwelt« der Kelten bezeichnet. Als mythische Gegenwelt taucht diese in der Literatur erstmals in den Werken von George MacDonald (1824 – 1905) auf, später bei Poul Anderson, Marion Zimmer-Bradley, Thomas Burnett Swann und Wolfgang Hohlbein. Wir wissen nicht viel über die keltische(n) Religion(en) und Mythologie.[45] Es gab aber wohl ziemlich sicher die verbreitete Auffassung, dass sich das Leben der Toten in einem jenseitigen Paradies oder Totenreich fortsetze, das sich teilweise in der Anderswelt befinde.[46]

In irischen Mythen ist die Anderswelt ein Reich aus hohlen Hügeln, in dem die Sidhe leben, je nach Auffassung bzw. mythologischem Hintergrund feenartige Wesen oder eine Art von Elfen/Elben. In keltischen Mythen reisten viele menschliche Helden in die Anderswelt, so etwa Pwyll, der erste Gatte der Rhiannon[47], nach dem der erste Zweig des Mabinogion[48] benannt ist.

---

43 nicht das Land der Elben, die aus *Der Herr der Ringe* und *Der Hobbit* bekannt ist, sondern jenes Land, das *Der Schmied von Großholzingen* bereist; siehe auch Schneidewind, *Zwischen Genie und Wahnsinn*.

44 *Otherland* von Tad Williams im gleichnamigen Romanzyklus ist etwas Anderes: eine phantastische Welt in einem SF-Roman, die sich vieler Mythologien bedient, nicht aber der klassischen Anderswelt-Mythen.

45 siehe Anhang A

46 Es gibt viele keltische Anderswelten; nicht immer ist klar, wie authentisch und wie sie beschaffen sind. Beispiele: *Hy Breasil*, *Mag Mell* (Ebene der Freude), *Tír na mBéo* (Land der Lebenden), *Tír na nÓg* (Land der Jugend), *Tír na Sorcha* (Land des Lichts), *Tír Tairngire* (Land der Verheißung), *Tir fo Thonn* (Land unter den Wellen), *Andomhain/Annwn* (Totenreich, beherrscht von Arawn), *Lochlann/Llychlynn* (Unterwasserwelt). Am bekanntesten ist wohl Avalon, die »Insel der Seligen«; dort soll Artus schlafen und auf seine Wiederkehr warten; Motiv im Roman *Die Nebel von Avalon* von Marion Zimmer Bradley.

47 Rhiannon, eine der Pferdegöttinnen der Waliser, Gattin des Meergottes Manawyddan, war zunächst verheiratet mit dem sterblichen Prinzen Pwyll, Vater ihres Sohnes Pryderi (nach anderen Mythen Sohn des Manawyddan). Pwyll, ein berühmter Held, hatte zuvor für ein Jahr den Platz mit Arawn als Herrscher in dessen Totenreich getauscht, um einen für ihn unbesiegbaren Feind zu bezwingen. Wie Pwyll starb, ist unbekannt.

48 Sammlung von Erzählungen, basierend auf der mündlichen Tradition der walisischen Barden, erstmals im 14. Jhdt. niedergeschrieben. Die vier Hauptgeschichten, »Die vier Zweige des Mabinogi« (Pwyll, Prinz von Dyfed – Branwen, Tochter des Llyr – Manawydan, Sohn des Llyr – Math, Sohn des Mathonwy) wurden ergänzt um sieben weitere Erzählungen mit Material aus der walisischen Mythologie und Überlieferung und walisischen Versionen der Artussage. Was *mabinogi* bedeutet, ist unklar; es hat Bezüge zum walisischen *mab* (Sohn, Junge), könnte aber auch von der keltischen Gottheit Maponos abgeleitet sein. (Deutsche Übersetzungen: Nuber, Maier und Mühlhausen, literarische Barbeitung: Walton)

Auf keltische Mythen gehen vielleicht auch die Geschichten zurück, wonach Menschen, die in die Anderswelt eintreten, dort nur kurze Zeit verbringen, bei ihrer Rückkehr aber feststellen müssen, dass Jahre, Jahrzehnte oder sogar Jahrhunderte vergangen sind. Bekannt sind die beiden Peer-Gynt-Suiten von Edvard Grieg nach dem dramatischen Gedicht von Henrik Ibsen, das dieser nach den Motiven norwegischer Feenmärchen verfasst hatte. Auch in deutschen Sagen gibt es ähnliche Motive, so betritt bei den Brüdern Grimm eine junge Frau einen Berg, in dem nur ein alter Mann sitzt – seine Zwerge seien schon geflohen –, und als sie am nächsten Morgen in ihr Dorf zurückkehrt,

> *war alles so verändert und seltsam. Im Dorf waren die Häuser neu und anders aufgebaut, die Leute, die ihr begegneten, kannte sie nicht und wurde auch nicht von ihnen erkannt. Mit Mühe fand sie endlich die Hütte, wo sie sonst wohnte, und auch die war besser gebaut; nur dieselbe Eiche beschattete sie noch, welche einst ihr Großvater dahin gepflanzt hatte. Aber wie sie in die Stube treten wollte, ward sie von den unbekannten Bewohnern als eine Fremde von der Tür gewiesen und lief weinend und klagend im Dorfe umher. Die Leute hielten sie für wahnwitzig und führten sie vor die Obrigkeit, wo sie verhört und ihre Sache untersucht wurde; sieh da, es fand sich in den Gedenk- und Kirchenbüchern, daß grad vor hundert Jahren an ebendiesem Tag eine Frau ihres Namens, welche nach dem Forst in die Beeren gegangen, nicht wieder heimgekehrt sei und auch nicht mehr zu finden gewesen war. Es war also deutlich erwiesen, daß sie volle hundert Jahr im Felsen geschlafen hatte und die Zeit über nicht älter geworden war. Sie lebte nun ihre übrigen Jahre ruhig und sorgenlos aus und wurde von der ganzen Gemeinde anständig verpflegt zum Lohn für die Zauberei, die sie hatte erdulden müssen.«*
>
> (Sage Nr. 152, Die Heilingszwerge)

Dieses Motiv spielt auch eine wichtige Rolle in den Elfen-Büchern von Bernhard Hennen und in der Geschichte *Die Frau aus dem Elfenhügel* von Paul Edwin Zimmer, dem Bruder von Marion Zimmer Bradley.

>> *W**as nach dem irdischen Getümmel in diesem langen Schlaf des Todes für Träume folgen können, das ist es, was uns stuzen machen muß. Wenn das nicht wäre, wer würde die Mißhandlungen und Staupen-Schläge der Zeit … ertragen?«*

So fragt Hamlet, Prinz von Dänemark, im 3. Akt des Dramas von Shakespeare. Seit den ersten Schöpfungsmythen gab es Vorstellungen von wunderbaren Gefilden, in denen die (»guten«) Gottheiten wohnten, und entsetzlichen oder zumindest unangenehmen Regionen, der Heimstatt der Teufel, Dämonen, »bösen« Geister oder Gottheiten. Spätestens seit der »Erfindung« des Dualismus existiert bei vielen Menschen und in vielen Kulturen eine eindeutige Vorstellung von Bestrafung und Belohnung der Menschen nach dem Tode, wird das »Totenreich« unterteilt in paradiesische und höllische Regionen.

In der phantastischen Literatur tauchen diese nicht so häufig auf wie andere Anderswelten oder wie mythologische Gottheiten und deren Sitze, und zumindest in der modernen Literatur wird eher selten auf die christliche Mythologie Bezug genommen, am ehesten noch in Werken, die gleichzeitig christliche Apologetik darstellen, also den Glauben verteidigende oder sogar missionierende Werke – am bekanntesten ist wohl der *Narnia*-Zyklus von Lewis, auch seine *Perelandra*-Trilogie geht in diese Richtung – oder genau das Gegenteil wollen, wie die Triloge *His Dark Materials* des britischen Schriftstellers Philip Pullman.[49] Ganz deutlich sind die Bezüge – und ziemlich abschreckend – auch in *Memnoch der Teufel* von Anne Rice, wo tatsächlich eine Fahrt in den Himmel samt Begegnung mit Gottvater stattfindet. In der früheren Phantastischen Literatur waren hingegen Fahrten in den – als real existierend gedacht – christlichen Himmel oder auch die Hölle häufiger. Die berühmteste Himmel- und Höllenfahrt der Literatur beschrieb Dante in *Die Göttliche Komödie*, wahrscheinlich in der Wirkung auf die spätere Literatur noch stärker ist *Das verlorene Paradies* von Milton. Auch im *Faust* von Goethe und in *Don Juan und Faust* von Grabbe finden wir den Himmel und die Hölle.

In vielen Mythologien und Religionen wird das sich über der Erde befindende Reich, der Himmel, als Ort betrachtet, an dem sich die Seligen oder Erlösten aufhalten. In alten morgenländischen Vorstellungen gab es mehrere Himmel der Seligen übereinander, das konnten einige 1000 sein. Im Tengrismus besteht die Oberwelt aus sieben (manchmal siebzehn) Ebenen, und jüdische Mystiker gingen davon aus, die sieben Himmel würden den sieben Sphären des Himmels entsprechen. Dies findet sich in der christlichen Mystik und auch schon als mystische Erfahrung im Neuen Testament: »*Ich kenne jemand, einen Diener Christi, der vor vierzehn Jahren bis in den dritten Himmel entrückt wurde; ich weiß allerdings nicht, ob es mit dem Leib oder ohne den Leib geschah, nur Gott weiß es.*« (2. Korinther 12,2). In frühchristlichen apokryphen Schriften wird der siebente Himmel beschrieben als jener, in dem Gott mit den Engeln wohnt. Für den Islam legt Mohammed die Anzahl der Himmel ebenfalls auf sieben fest: »*Er ist es, der für euch alles auf Erden schuf. Dann wandte er sich dem Himmel zu und bildete ihn zu sieben Himmeln.*« (Koran, Sure 2,29) Ihre Herrlichkeit nimmt ab vom siebten Paradies, dem Aufenthaltsort

---

49 Pullman wurde dabei stark insoriert durch *Paradise Lost* von John Milton, dem auch der Titel entlehnt ist. Die antikirchliche Trilogie ist nach seinen Aussagen ein bewusster Gegenentwurf zu Lewis' *Narnia* und in meinen Augen ebenso nur – bedingt gelungene – Apologetik wie Lewis' Werke.

Allahs, bis zum ersten, dem erdenähnlichsten (s. Abb. S. 52). Die Vorstellung des siebten Himmels als höchstes Paradies findet man auch in der leichten Muse: »*Ich tanze mir dir in den Himmel hinein, in den siebenten Himmel der Liebe*«, heißt ein Schlager aus dem Film *Sieben Ohrfeigen* (1937).

In vielen Kulturen ist der Himmel personifiziert als Himmelsgott oder -göttin, gleichzeitig oft gedacht als Wohnstatt der Götter, als Gewölbe, als Zeltdach, als Mantel oder Teppich Gottes (Altes Testament), als Gewand (Marduk, babylonischer Himmels-gott) oder Leib (Nut, ägyptische Himmelgöttin) einer Gottheit. Oft sind Himmel und Erde ein Paar, aus dem alles entsteht, wie bei den Griechen (Uranos und Gaia), oder sie waren einst vereint und werden getrennt wie bei den Germanen (Ymir) oder Babyloniern (Tiamat). Auch das Himmelsgewölbe wird oft mythologisch gedeutet. Die alten Ägypter sahen den Himmel als Ozean, auf dem die Gestirne in Schiffen fahren (Abb. S. 142), später auch als Schale aus Metall. Das Himmels- oder Sternengewölbe wurde bei den Griechen von Atlas auf dessen Schultern getragen (zwischenzeitlich kurz von Herakles), aber auch bei den Azteken, Tolteken und anderen mesoamerikanischen Völkern gab es dergleichen. Auf der unten abgebildeten myxtekischen Darstellung trägt den Himmel der myxtekische Himmels-, Sturm- und Schöpfergott Quetzalcoatl (bei den Maya hieß er Kukulcán).

In vielen Sprachen werden übrigens der Himmel als Wohnstatt der Seligen oder von Gottheiten und als (natur-)wissenschaftliches Phänomen – der Luftraum wie auch der Raum über der Atmosphäre, das scheinbare Gewölbe, das sich über dem Horizont eines Betrachters aufspannt – sprachlich nicht unterschieden, so auch im Deutschen. Im

Englischen hingegen meint »heaven« den »Himmel« im Sinne von Paradies/Jenseits im Gegensatz zum physikalischen, astronomischen »sky«. Der Unterschied wird deutlich in den ersten Zeilen des berühmten Liedes »Imagine« (1971) von John Lennon: »*Imagine there's no heaven, | it's easy if you try, | No hell below us, | above us only sky.*«

Die Gefilde der Seligen müssen keineswegs im Himmel liegen, auch wenn das in den abrahamitischen Religionen den Seligen vorbehaltene Paradies oft dort verortet wird. Der »Lustgarten« – das bedeutet nämlich das aus dem Persischen stammende Wort; im Griechischen heißt »paradeisos« Garten oder Obsthain – war im jüdischen Glauben zunächst genau das: der Garten Eden, eine mit üppigem Pflanzenwuchs und friedlicher Tierwelt versehene Stätte des Friedens, des Glücks und der Ruhe, die den ersten Menschen von Gott als Lebensbereich gegeben worden war und aus dem sie nach dem »Sündenfall« vertrieben wurden. Nach dem Jüngsten Gericht wird das Paradies wiederkommen und alle Rechtgläubigen werden dort wohnen. Solange sind sie aufgehoben im dritten Himmel oder in »Abrahams Schoß« (Lukas 16,22); wahrscheinlicher aber sind beides Metaphern für das Paradies. Denn »*Jesus antwortete ihm: Amen, ich sage dir: Heute noch wirst du mit mir im Paradies sein.*« (Lukas 23,43); das geht nur, wenn das Paradies immer gegenwärtig ist. Das Christentum übernahm viele spätjüdische Vorstellungen: »*Wer siegt, dem werde ich zu essen geben vom Baum des Lebens, der im Paradies Gottes steht.*« (Offb. 2,7). – Im Islam sind sowohl die Paradiesvorstellungen ähnlich denen im Christentum wie die des Sündenfalls: »*Jeder soll den Tod kosten. Doch ihr sollt euren Lohn erst am Tag der Auferstehung empfangen. Und wer da vom Feuer ferngehalten und ins Paradies geführt wird, der soll glücklich sein. Denn das irdische Leben ist nur ein trügerischer Nießbrauch.*« (Koran, Sure 3,185) – »*Und wir sprachen: ›O Adam. Du und deine Frau, bewohnt den Garten und eßt von ihm in Hülle und Fülle, wo immer ihr wollt; aber naht nicht jenem Baume, sonst seid ihr Übeltäter.‹ Doch Satan ließ sie straucheln und vertrieb sie von wo sie weilten. Und wir sprachen: ›Fort mit euch! Der eine sei des anderen Feind. Doch auf Erden sollt ihr eine Wohnung und Nießbrauch auf Zeit haben.*« (Sure 2,35-36)

Das Elysium der Griechen lag laut Homer im äußersten Westen der Erde (wie das Reich der Toten in Tolkiens Mythologie) und war die Wohnstatt der großen Helden, die nicht in den Olymp aufgestiegen waren, aber Unsterblichkeit erlangt hatten; Herrscher war Rhadamanthys. In späteren Vorstellungen erweitern sich die elysischen Gefilde zu einer Art Paradies, zum Wohnort aller Seligen, wo die Helden, Philosophen, Dichter usw. in vollkommener Glückseligkeit leben, umgeben von sanftem Wind und rosarotem ewigem Licht. An seinem Rand fließt die Lethe, der Fluss des Vergessens. Von moralischer Differenzierung. also einer Belohnung oder Strafe nach dem Tod für Taten, die im Leben begangen worden waren, hielten die Griechen nichts, sieht man von ein paar Ausnahmen ab, wo besonders verwerfliche Taten bestraft wurden, wie bei Tantalos oder Sysiphos.

In der Mythologie der Römer war das Elysium hingegen der Teil der Unterwelt, der nach dem Tod den Tugendhaften vorbehalten war, also eine Art Paradies.

In der Poesie wird das Elysium gerne allgemein zur Umschreibung himmlischer Zustände benutzt, z. B. in dem Gedicht *Das Rosenband* (1752) von Friedrich Gottlieb Klopstock (1724-1802): »*Im Frühlingsschatten fand ich Sie; – Da band ich Sie mit Rosen-bändern: – Sie fühlt' es nicht, und schlummerte. – Ich sah sie an; mein Leben hing – Mit diesem Blick an Ihrem Leben: – Ich fühlt' es wohl, und wußt' es nicht. – Doch lispelt' ich Ihr sprachlos zu, – Und rauschte mit den Rosenbändern: – Da wachte Sie vom Schlummer auf. – Sie sah mich an: Ihr Leben hing – Mit diesem Blick' an meinem Leben, – Und um uns ward's Elysium.*« Etwas besonders Herausragendes stammt aus dem Elysium, wie laut Schiller (und Beethoven) die »*Freude, schöner Götterfunken, Tochter aus Elysium …*«[50]

Nach anderen Mythen war die Unterwelt der Griechen der Hades, beherrscht vom gleichnamigen Gott (bei den Römern bekannt unter dem Namen Pluto) und vom drei-köpfigen Höllenhund Kerberos. Hades, Sohn der Titanen Kronos und Rhea und Bruder von Zeus und Poseidon, erhielt bei der Teilung der Welt nach dem Sieg über Kronos dieses Schattenreich, das ganz anders als das Elysium kein heiteres Leben nach dem Tode kennt, wie Herakles erfahren muss: »*Hier stieg er, von Hermes, dem Begleiter der Seelen, geleitet, die tiefe Erdkluft hinab und kam zur Unterwelt vor die Stadt des Königes Pluto. Die Schatten, die vor den Toren der Hadesstadt traurig lustwandelten – denn in der Unterwelt ist kein heiteres Leben wie im Sonnenlichte –, ergriffen die Flucht, als sie Fleisch und Blut in lebendiger Menschengestalt erblickten; nur die Gorgone Medusa und der Geist Meleagers hielten stand. Nach jener wollte Herakles einen Schwertstreich führen, aber Hermes fiel ihm in den Arm und belehrte ihn, daß die Seele der Abgeschiedenen leere Schattenbilder und vom Schwerte nicht verwundbar seien.*« (Schwab). Dieser Hades ist Vorbild für das (falsche) Totenreich in der *Erdsee*-Saga von Ursula K. Le Guin.

Wie die Griechen kannten auch die Germanen keine Unterscheidung des »Lebens« nach dem Tode nach moralischen Kategorien, In den letzten Jahrzehnten hat die nordische Mythologie in der Fantasy an Einfluss gewonnen, nicht zuletzt durch den Einfluss von Tolkien und Anderson, aber auch wegen der zunehmenden Bedeu-tung der nordischen neuen Religionen – damit auch die nordischen »Himmels«- und »Höllen«-Vorstellungen. Diese sind sehr martialisch: Sie unterscheiden die Toten nach der Art des Sterbens. Die Männer, denen »Walvater« Odin mit seinem Speer Gungnir während einer Schlacht den Tod bestimmt hat, die Einherjer, werden von den Walküren,

---

50 Schillers 1785 entstandenes Gedicht wurde von Beethoven für den 4. Satz der 9. Symphonie (1815/24) ver-wendet. 1972 wurde diese Vertonung vom Europarat zur Europäischen Hymne erklärt, 1986 wurde sie zur Hymne der Europäischen Union. Offizielle Version ist das Arrangement von Herbert von Karajan von 1986.

Schlachtenjungfrauen von herrlicher Schönheit, durch das Tor des Regenbogens nach Walhall gebracht (Abb. S. 151), wo sie in Ewigkeit jagen, schmausen und kämpfen; ihre Wunden sind verheilt, bevor sie abends mit Odin tafeln (altnordisch Valhöl: »Halle der Gefallenen«). Alle anderen enden in der Hel: wer nicht »gut« oder ehrenvoll genug gekämpft hat, an Altersschwäche, Entbehrung oder Krankheit gestorben ist. Dies ist nicht nur eine sehr kriegerische Haltung, sie ist auch sexistisch, da Frauen in der Regel in der Hel enden und nur Männer nach Walhall kommen. Wenn ein Krieger den schmählichen »Strohtod« starb, konnte er u. U. als Wiedergänger umgehen, bis er im Kampf besiegt wurde; das ist sehr schön umgesetzt in *Hauks Saga* (in: Anderson 1986).

Die Darstellung der Walküren ist sehr vielschichtig, so ritten sie mal auf Pferden, mal auf Wölfen. Sie sollen auch selbst das Schlachtenglück gelenkt, Schwerter, Speere, Schilde und Fesseln verzaubert und sogar Tote wiedererweckt haben, vergleichbar sowohl den Nornen wie den Erinnyen/Furien. Die in dem bekannten Merseburger Zauberspruch aus dem 10. Jahrhundert erwähnten Idisen werden von vielen Fachleuten mit den Walküren gleichgesetzt: »*Eiris sazun idisi sazun hera mouder | suma hapt heptidun suma heri lezidun | suma clubodun umbi cuoniouuidi | insprinc hapt bandun invar vigandun.*« In meiner Übersetzung: »*Einst sich setzten Idisen, setzten sich hehre Mütter, | flochten Feindesfesseln fest, hemmten deren Heere, | lösten Bande jener, die auf ihrer Seite streiten: | Entspringe den Banden! Entfahre den Feinden!*« (Schneidewind, *Liebe und Tod*). Im Lauf der Zeit wurden die Walküren immer zahlreicher; aus ursprünglich 9 wurden 9 mal 9 Unsterbliche, hinzu kamen 12 oder 13 oder mehr sterbliche Walküren, die als Nordlicht sichtbar, von Menschen mit dem zweiten Gesicht aber als Menschen wahrnehmbar waren. Skalden und Sagendichter haben dann immer mehr Walküren hinzuerfunden. Das Heldenlied »Die Walküren« aus der Edda (mit der Anführerin Brunhild) diente Wagner in ganz entfernten Anklängen als Vorlage für seine Oper *Die Walküre* (1856).

Die Hel war in der Mythologie der Germanen die Todesgöttin, die Herrscherin der Schattenwelt.[51] Die Tochter von Loki und der Riesin Angrboda war je zur Hälfte weiß und schwarz und wohnte unter einer der drei Wurzeln der Weltesche Yggdrasil. Sie wurde von Odin dorthin geschickt, der ihr Niflheim unterstellte, das Reich der Kälte und Dunkelheit, das daraufhin ebenfalls als Hel bekannt wurde. Zur Hel kommt man über den »Helweg«, durch die gähnenden Höhlen in den Wurzelstöcken von Yggdrasil und über eine mit Gold gepflasterte Brücke, die über den Fluss Gjöll führt und an der

---

51 Der Name bedeutet wohl die »Zudeckende« oder »Verbergende« und leitet sich von derselben Wurzel ab wie die Hölle – und der Himmel: von der indogermanische Wurzel kel, verhüllen, verbergen, schützen. Althochdeutsch wird daraus *hell[i]a*, mittelhochdeutsch *helle*, gotisch *halja*, englisch *hell* und Neuhochdeutsch *Hölle*. Vgl. das Wort *hehlen* für verbergen, den Begriff *Hölle* in der Bedeutung »Raum, in dem man etw. (ver)bergen« kann für den Raum zwischen Kachelofen und Wand in alten (Bauern-)Häusern und ebenfalls in diesem Sinne Begriffe wie das niederdeutschen *Hellegat* für eine Voratskammer auf einem Schiff.

eine Dienerin der Hel, die Wächterjungfrau Modgud, Wache steht. Das Tor der Hel wird bewacht vom Höllenhund Garm.

In der Hel herrscht andauerndes Wehklagen, die Göttin speist dort in ihrem Palast »Eiseskälte« von einem Teller namens »Hunger« mit dem Besteck »Hungersnot«, bedient von ihrem Sklaven »Senilität« und dem Dienstmädchen »Altersschwäche«. Hel schläft auf dem Bett »Siechenlager« mit Vorhängen namens »Totenbleich«. In Niflhel, dem tiefsten Abgrund, erleiden Verbrecher und Meineidige ihre Strafe – da wird es dann doch moralisch. Was allerdings passiert, wenn diese eines ehrenvollen Todes auf dem Schlachtfeld gestorben sind, bleibt in den Mythen offen ...

Schattenreiche wie die Hel oder der Hades beeinflussen sicher Fantasyvorstellungen wie die der Totenreiche bei Lukianenko, Garth Nix oder Pullman. Die Vorstellungen einer Totenwelt ohne Aufteilung der Toten oder Bestrafung sind aber viel älter und finden sich bereits im Gilgamesch-Epos (s. S. 139). Meist sind *die Umstände im Jenseits an das Geschick des Körpers auf Erden gebunden, die Bindung aber hat nichts mit Moral zu tun«* (Minois, S. 19). Häufig, etwa bei den Assyrern und Babyloniern, war dies ein Motiv, Leichen zu schänden, umgekehrt natürlich auch ein Grund für ehrenvolle Bestattungsriten.

Im frühen Judentum gab es ähnliche Vorstellungen. *»Bis hin zu den Überlegungen der ersten Bücher der Weisheit im 5. Jahrhundert v. u. Z. befindet sich die Hölle, im Sinne einer Bestrafung wegen moralischer Vergehen, für die Hebräer wie für die Babylonier auf Erden. Sie findet hingegen nicht mehr statt im Jenseits, wo Gute und Böse – anscheinend in alle Ewigkeit – im Scheol gemeinsam einem Zustand der Lethargie anheimfallen.«* (Minos, S. 27)

Dieser Zustand, ganz ähnlich dem im Hades oder der Hel, wird deutlich in der Bibel beschrieben, im Buch *Kohelet*, bekannt auch als *Prediger Salomo* oder *Ekklesiastes* – und zugleich ist dies eine der schönsten Stellen in den Weisheitsschriften, da sie zur Freude am Leben aufruft[52]:

> *»Es begegnet dasselbe dem einen wie dem andern: dem Gerechten wie dem Gottlosen, dem Guten und Reinen wie dem Unreinen; dem, der opfert, wie dem, der nicht opfert. Wie es dem Guten geht, so geht's auch dem Sünder. Wie es dem geht, der schwört, so geht's auch dem, der den Eid scheut. Das ist das Unglück bei*

---

52 Dieser Aspekt des Buches *Ekklesiastes* hat Roger Zelazny angeregt zu einer seiner besten Geschichten: *Dem Prediger die Rose* (*A Rose for Ecclesiastes*, 1963) – eine bittersüße (Liebes-?)Geschichte über einen irdischen Dichter und über die Begegnung zweier Kulturen, voller Spannung, Poesie, Melancholie, Trauer und Romantik, auch beeinflusst durch eine unbarmherzige puritanische Höllenvorstellung. Die Geschichte wurde 1968 von den *Science Fiction Writers of America* auf den 6. Platz aller bis 1965 publizierten Stories gewählt (enthalten in *Die Türen seines Gesichtes* unter dem Titel *Die 2224 Tänze des Locar*).

allem, was unter der Sonne geschieht, dass es dem einen geht wie dem andern. Und dazu ist das Herz der Menschen voll Bosheit, und Torheit ist in ihrem Herzen, solange sie leben; danach müssen sie sterben. Denn wer noch bei den Lebenden weilt, der hat Hoffnung; denn ein lebender Hund ist besser als ein toter Löwe. Denn die Lebenden wissen, dass sie sterben werden, die Toten aber wissen nichts; sie haben auch keinen Lohn mehr, denn ihr Andenken ist vergessen. Ihr Lieben und ihr Hassen und ihr Eifern ist längst dahin; sie haben kein Teil mehr auf der Welt an allem, was unter der Sonne geschieht. So geh hin und iss dein Brot mit Freuden, trink deinen Wein mit gutem Mut; denn dies dein Tun hat Gott schon längst gefallen. Lass deine Kleider immer weiß sein und lass deinem Haupte Salbe nicht mangeln. Genieße das Leben mit deiner Frau, die du lieb hast, solange du das eitle Leben hast, das dir Gott unter der Sonne gegeben hat; denn das ist dein Teil am Leben und bei deiner Mühe, mit der du dich mühst unter der Sonne. Alles, was dir vor die Hände kommt, es zu tun mit deiner Kraft, das tu; denn bei den Toten, zu denen du fährst, gibt es weder Tun noch Denken, weder Erkenntnis noch Weisheit.« (Prediger 9,2 –10)

Erst im späteren Judentum entwickelte man eine ausgefeilte Vorstellung von einer Aufteilung der Guten und der Bösen auf Himmel und Hölle, wie es im Gleichnis um den armen Lazarus deutlich wird. Dabei ist übrigens oft nicht klar, ob die Hölle nun ewig währen soll oder irgendwann die Erlösung winkt. Im Koran etwa heißt es: »*Allah hat den Heuchlern und Heuchlerinnen und den Ungläubigen das Feuer der Hölle versprochen, ewig darin zu verweilen. Das ist das Richtige für sie. Allah hat sie verflucht, und für sie gibt es ewige Strafe*« (Sure 9,68).

>*»In ihrer weitesten Bedeutung ist die Hölle ein Zustand der Qual, den ein Wesen erleiden muss als Folge einer moralischen Verfehlung, deren es sich schuldig gemacht hat. Diese Ahndung unterscheidet sich von den Straftaten, welche die menschliche Rechtsprechung vorsieht. Sie wird von übernatürlichen Mächten vorgenommen oder vom vergeltenden Geschick. Meistens erfährt der Mensch die Strafe nach dem Tod, und ihre Dauer ist immer beträchtlich, manchmal sogar ewig. Die Vorstellung von einer Hölle dürfte nicht sehr früh aufgekommen sein, weil sie schon recht ausgeklügelte Begriffe erfordert: die Unsterblichkeit der Seele oder das Fortleben eines Doppelgängers einerseits und zumindest die Ansätze eines Sittenkodexes andererseits oder wenigstens das Bestehen von Verboten, deren Überschreitung eine Verdammung rechtfertigen könnte.«* (Minois, S. 15)

Im Christentum und Islam wird die Hölle sehr »ausgearbeitet« und beinhaltet zahlreiche volkstümliche Elemente. Dies hängt mit der Entwicklung in der »realen« Welt zusammen. Besonders im Spätmittelalter und zu Beginn der Neuzeit, unter dem Eindruck von Hungersnöten, Pest und Krieg (1348 bis 1350 raffte der »Schwarze Tod« ein Drittel der Bevölkerung Europas hin) und zusätzlich einer »Kleinen Eiszeit« mit immer länger und härter werdenden Wintern, lebten Höllen-, Teufel- und Hexenvorstellungen auf. Jeanne d'Arc kann noch im einen Monat als Heilige und Retterin Frankreichs reiten und brennt im nächsten auf dem Scheiterhaufen.

> *Die Welt zwischen dem 14. und dem 16. Jahrhundert steht der Hölle in vieler Hinsicht in nichts nach, man könnte glauben, sie sei eine Zweigniederlassung. Die Hölle greift auf Europa über, wo sich Satan ergeht, als sei er zu Hause. Nie hatte man ihn so oft gesehen. Er ist im kleinsten Dorf wie in der Zelle Luthers, und er ist nicht alleine: Eine ganze Kohorte von Inkuben und Sukkuben verunsichert die Christenheit. Im Jahr 1568 macht Jean Wier 7.405.926 gewöhnliche. Teufel aus, die in Legionen mit je 6666 Dämonen aufgeteilt sind.«*
>
> (Minois, S. 258)

Die theologische Untermauerung des Teufelspaktes und die Hexenverfolgung (s. S. 112 u. 121 f) tun ein übriges dazu. »*Dieses Übergreifen des Teufels auf die Erde wird ganz selbstverständlich von einer erneuten Belebung des Themas ›Hölle‹ begleitet, das sich nun auf allen Ebenen und auf allen Gebieten wiederfindet. Dichter, Künstler, Theologen, Mönche, einfache Gläubige jeder spricht von der Hölle und ihren Qualen. Sie ist eines der ganz großen Themen, welche die Menschen am Ende des Mittelalters beschäftigen.*« (Minois, S. 260)

Mit dem Humanismus und der Aufklärung wird aber auch die Existenz zumindest der konkreten Hölle und ihrer Qualen in Frage gestellt, wie es schon vorher Theologen des Islam getan hatten, die die Hölle eher allegorisch deuteten, und wie es nun z. B. durch Erasmus von Rotterdam geschieht, für den alle Höllenqualen nur Bilder sind. In den nächsten Jahrhunderten finden sich alle Varianten und Zwischenstufen, von der völligen Ablehnung der Höllenvorstellung etwa bei Atheisten oder aufgeklärten Agnostikern bis zur Höllenpredigt, wie sie gerne heute noch mancher katholische Kardinal halten möchte. Im Katholizismus ist bis heute offizielle Lehrmeinung, dass jeder, der nicht Mitglied der Kirche ist, verdammt sei und in die Hölle komme, und die Hölle ist durchaus auch Bestandteil der protestantischen Theologie. Martin Luther lehrte, dass die Hölle nach dem Jüngsten Tag eigens für die Verdammten eingerichtet werde.

Ab dem 18. Jahrhundert erlebt die Diskussion, ob die Höllenqualen ewig währen, eine Wiederbelebung. Sie wird immer mehr als Gelegenheit zur Läuterung der Seele begriffen; selbst das Fegefeuer der Katholiken währt nur eine bestimmte Zeit. Im Buddhismus gibt es je nach Glaubensrichtung zwischen 18 und 136 Höllen, die je nach Strafart heiß oder kalt sind. Nach orthodoxer buddhistischer Lehre sind sie einer der drei Bereiche, in denen die Menschen mit schlechtem Karma wiedergeboren werden. Ihre Qualen dienen dazu, die Seelen der Sünder zu reinigen, so dass sie auf höherer Ebene wiedergeboren werden können.

Die heutigen Vorstellungen sind zahlreich; man findet praktisch alle in den letzten 2000 Jahren aufgetauchten Höllenvorstellungen in irgendwelchen Religionen oder Sekten wieder. Die Mehrheit selbst der Gläubigen jedoch hat sich davon zumindest in den westlichen Ländern verabschiedet.[53] Fantasy- und Horror-Schreibende haben einen enormen Fundus an verbreiteten Höllenvorstellungen, derer sie sich bedienen können, und die meisten orientieren sich an der christlichen Hölle. Im 15., 16. und bis ins 17. Jahrhundert hinein waren Höllendarstellungen in Literatur und Bildender Kunst sehr beliebt.[54] Und kaum jemand, der darüber schreibt oder dergleichen malt, orientiert sich nicht an Dante, der in *Die Göttliche Komödie* eine literarisch sehr durchdachte Darstellung der möglichen Höllenqualen geliefert hatte, wie sie in der Vorstellung auch des einfachen Menschen im Mittelalter weit verbreitet waren.[55] Die drei Teile mit jeweils 33 Gesängen beschreiben den Weg durch das »Inferno«, die Hölle, den Ort der Verdammten, und das »Purgatorio«, den Berg der Läuterung (entspricht dem Fegefeuer) bis zum »Paradiso«, dem Ort der Seligen. Vom Ende her also wird die Inschrift des Höllentores, durch das er nach langem Zögern am Anfang geschritten war, relativiert: »*Ihr, die ihr eintretet, lasst alle Hoffnung fahren.*«

Geführt wird Dante in den ersten beiden Teilen vom römischen Dichter Vergil, der Verkörperung von Vernunft, Wissenschaft und Philosophie, u. a. durch die neun Kreise

---

53 Nach einer Untersuchung des »Spiegel« verneinten 1980 bei den Protestanten 83 % die Existenz der Hölle, bei den Katholiken immerhin 59 %. Nach einer europäischen Umfrage glaubten 1981 zwar 75 % der Befragten an Gott, aber nur 40 % an das Paradies, 25 % an den Teufel und 23 % an die Hölle.

54 Pieter Bruegel der Jüngere (1564 – 1638) trug sogar den Beinamen Höllenbruegel. – Sehr ausführlich werden die literarischen Darstellungen und viele Hintergründe beschrieben bei Minois.

55 Alighieri Dante (1265-1321) war nicht nur der bedeutendste Dichter Italiens, sondern bis 1302 auch einer der führenden Politiker seiner Heimatstadt Florenz; dann wurde er verbannt. Ab 1307 oder 1311 schuf der unstet Wandernde sein Hauptwerk *Die Göttliche Komödie*. Das umfangreiche Werk mit 100 Gesängen und 14.233 Versen in Terzinen ist nicht im Original erhalten; die beiden wichtigsten Handschriften stammen von 1336 und 1337. »Commedia« nannte Dante das Werk, weil er es in toskanischer Mundart, also italienischer Volkssprache, statt im Latein der Gelehrten verfasst hatte und er in Anlehnung an die *Ars poetica* des Horaz darauf hinweisen wollte, dass sich das Gedicht durch alle Höhen und komischen Niederungen auch des Stils bewegt. Das »Divina« (göttlich) wurde erst von Giovanni Boccacio beigefügt – 1373 wurde in Florenz ein Lehrstuhl zum Werk Dantes eingerichtet, den als erster Boccaccio innehatte – und dann 1555 zur Druckausgabe *La divina Commedia di Dante*. Dantes umfassende Schau der mittelalterlichen Glaubens- und Lebenswelt gilt als grundlegend für die Entwicklung der italienischen Schriftsprache und wird manchmal als das wichtigste Schriftwerk des zweiten Jahrtausends bezeichnet.

der Hölle; durch die neun Himmel führt ihn im letzten Teil seine 1290 verstorbene große Liebe Beatrice. Auf seiner Wanderung unterhält sich Dante mit vielen berühmten Verstorbenen über Theologie, Philosophie, Wissenschaft und Politik, so dass das Werk als Enzyklopädie des geistigen Wesens des Mittelalters bezeichnet werden kann. Bedeutende bildende Künstler illustrierten das Gedicht, u. a. Michelangelo, William Blake und Gustave Doré. Rossini, Schumann und Liszt vertonten Auszüge oder machten es zum Thema von Kompositionen. Nicht alle Dichterkollegen waren begeistert, abfällig äußerten sich Lessing, Klopstock, Schiller, Goethe (»*Moderduft aus Dantes Hölle*«) und Heinrich Heine: »*Kennst du die Hölle des Dante nicht, die schrecklichen Terzetten? Wen da der Dichter hineingesperrt, den kann kein Gott mehr retten.*« (*Wintermärchen*, Caput 27).

Auf moderne Dichter ist Dantes Einfluss groß, z. B. auf das Frühwerk von Ezra Pound, auf T. S. Eliot (*Dante*, 1929, s. Chmielewski) und Samuel Beckett (*Dante, Vico, Bruno*, 1929, *Dante und der Hummer*, 1932). 1975 schufen Larry Niven und Jerry Pournelle mit dem Roman *Das zweite Inferno* eine intelligente Analogie auf Dantes Werk, in dem ein Science-Fiction-Autor die Hauptrolle spielt. Ebenso inspiriert von Dante ist *Der Gott des Zorns/Deus Irae* von Dick und Zelazny.

Illustration zu Dantes **Die Göttliche Komödie** *von Sandro Botticelli (1445–1510).*
Die Hölle bildet als auf der Spitze stehende Pyramide die Gegenwelt zum Paradies, unten ist Satans Wohnstatt.

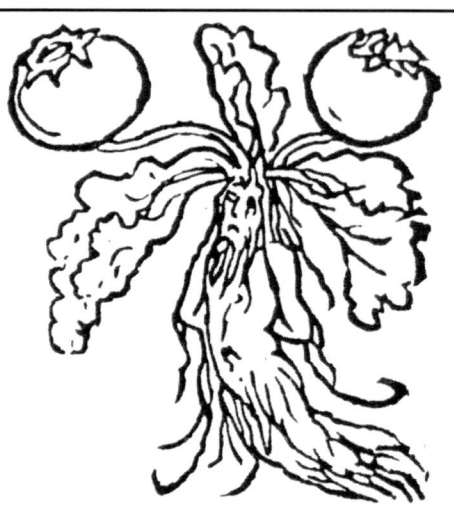

Von denen Goldbringenden Alruncken.

Die Alruncken sind auch solche Teuffels-Fanterle, die um geringes schnödes Geld des Menschen kostbahre Seele davon führen. Ich habe einige gekennet, welche mit diesem Geschmeiße umgegangen sind, und täglich zwey oder drey auch mehr Ducaten, nachdeme der Accord gemacht worden ist, davon zugeniessen hatten: Sie musten hinaegen den Alruncken, wie ein kleines Kind, einfätschen, speisen, und vom Unflathe reinigen;

Vor einigen Jahren hat ein gewisser Prälat, dessen Orden, Closter und Landschafft zu nennen ich verschone, aus Geitz einen solchen Alruncken in einen Kelch gebannet, ist aber verkundschaffet, deswegen abgesetzt, und das Closter gestrafft worden.

Alraune

Auszug aus dem Hausväterbuch »138 Geheimnisse« von 1732

Kapitel 4: Alles was wächst und grünt auf Erden

Pflanzen und ihre Verwandten und Abkömmlinge sind in der Phantastischen Literatur natürlich seltener Protagonisten als (Fabel-)Tiere, Monster oder Dämonen – sie sind (meistens) weniger beweglich und/oder intelligent. Allerdings gibt es davon Ausnahmen: 1951 beschrieb der englische Autor John Wyndham in seinem SF-Klassiker *The Day of the Triffids* intelligente wandelnde Pflanzen, die in diesem post-apokalyptischen Thriller die Menschen angreifen; das Buch wurde ein Bestseller und auch verfilmt.[56] Im selben Jahr war im legendären Science-Fiction-Film *Das Ding aus einer anderen Welt* der Gegner eine wandelnde Pflanze, die sich von Blut ernährt[57] – und die Lösung, wie sie besiegt werden kann, hat ganz klischeehaft eine Frau: »*Was macht man mit Gemüse? Man kocht es!*« Drei Jahre später ließ Tolkien mit den Ents, den Baumhirten, eine Art »Überbäume« laufen und kämpfen, diesmal auf der Seite der »Guten«.

Die Idee mobiler Pflanzen ist mythologisch nicht untermauert. Dies ist verständlich, da die Menschen bis vor wenigen Jahren zwischen dem Tier- und dem Pflanzenreich eine radikale Grenze zogen; die Trennung zwischen Tier- und Pflanzenreich gilt allgemein als eine der schärfsten, die in der Biologie gemacht werden. Die Grenze ist jedoch seit der Mitte des 20. Jahrhunderts aus der Sicht der Fachwelt immer durchlässiger geworden.[58]

Fleischfressende Pflanzen hingegen gehören schon immer zu den schrecklichen Vorstellungen der Menschen; wie in vielen anderen Fällen wurden bekannte existierende Phänomene in der Phantasie überhöht. In unserer bekannten Welt gibt es einige hundert Pflanzenarten, die einen Teil ihrer Nährstoffe aus Tieren (vor allem Insekten) gewinnen,

---

56 Dieser Klassiker der SF-Literatur ist sowohl spannendes Endzeitdrama wie faszinierende Sozialstudie. Ein Meteoritenregen bringt außerirdische, Menschen mordende, fleischfressende Pflanzen auf die Erde und lässt die meisten Menschen erblinden. Die wenigen Sehenden müssen den Blinden helfen. 1962 wurde die Story als *Blumen des Schreckens* (*The Day of the Triffids*) verfilmt, 1968 produzierte der Westdeutsche Rundfunk (WDR) ein vierteiliges Hörspiel, 1981 verfilmte die BBC das Buch als sechsteilige TV-Serie.

57 ganz anders als in der Vorlage für den Film, der Story *Who Goes There* von John W. Campbell jr. aus dem Jahr 1938; diese Geschichte wurde 1969 von den *Science Fiction Writers of America* zum besten Kurzroman vor 1965 gewählt (unter dem Titel *Wer da* in der Anthologie *Titan 8*, s. Jeschke). Campbell, Herausgeber von »Astounding« und »Analog«, war einer der einflussreichsten Menschen in der frühen SF.

58 *»Früher wurden die Begriffe ›Pflanzen‹ und ›Tiere‹ allgemein auch als grundlegende systematisch-taxonomische Einheiten gefaßt. Heute weiß man, daß es sich dabei zunächst nur um ernährungsphysiologische, nicht aber um verwandtschaftliche Gruppen handelt. Die tiefstgreifende phylogenetische Zäsur besteht dagegen zwischen Prokaryota (= Akaryobionta) und Eukaryota (Karyobionta).«* (Strasburger, E. et al. [Hrsg.]: Lehrbuch der Botanik für Hochschulen – Stuttgart/New York 1978, S. 540). Bei zellkernlosen Lebewesen (Akaryobionta, hierzu gehören Bakterien und Blaualgen), kommen viele Varianten von Lebensraum, Bewegung und Ernährung vor. Bei den Eukaryota richtet sich das nach dem »Reich«: Pflanzen können sich i. d. R. nicht aktiv räumlich bewegen und ernähren sich meist autonom (es gibt aber auch Schmarotzer); Tiere sind i. d. R. räumlich beweglich und ernähren sich von anderen Lebewesen.

die sie fangen und enzymatisch verdauen. Diese Ernährungsspezialisten kommen überwiegend in Sümpfen vor, wo der Boden sauer ist und nur wenig Stickstoff zur Verfügung steht. Sie sind autotroph und können nur durch die Photosynthese existieren[59], das Fleisch bietet ihnen aber eine zusätzliche Stickstoffquelle. Da die Fangeinrichtungen solcher Pflanzen relativ klein sind, ist ihre Beute auf kleine Tiere beschränkt. Am bekanntesten sind wohl die Sonnentaugewächse, bei denen die Blattoberflächen von Haaren bewachsen sind, an deren Spitze, bedeckt von einer klaren, klebrigen Flüssigkeit, Insekten kleben bleiben, und die Venusfliegenfalle. Diese fängt Insekten und andere kleine Tiere mit Hilfe von Blättern, die in zwei Hälften geteilt sind und sich bei Berührung schließen. Allgemein bekannt wurde diese Pflanze durch »Audrey II« im Fantasy-/Horror-Musical *Der kleine Horrorladen* und den beiden Filmen[60].

Gefährliche Pflanzen wie die Triffids oder Audrey II geistern seither durch viele Geschichten und manche Romane und sind quasi zu einem eigenständigen modernen Mythos geworden – eher Science Fiction als Fantasy (trotz der Ents), denn es wäre durchaus mit unseren biologischen Kenntnissen vereinbar, dass intelligente Pflanzen die Beschränkung der räumlichen Mobilität überwinden könnten – und dann z. B. das, woran es ihnen wegen der fehlenden Verwurzelung mangelt, wie die Ents mittels eigens angefertigter oder gezüchteter Tränke ersetzen. Diese Idee ist aber noch ein Stück älter als *Der Herr der Ringe*, wie auch die Triffids keineswegs die ersten intelligenten laufenden Pflanzen waren. Bereits 1938 hatte Henry Kuttner in seinem legendären Kurzroman *Die Zeitfalle (The Time Trap)* dergleichen beschrieben, für die Zeit gegen Ende der Entwicklungsgeschichte unseres Planeten:

> *»Pflanzenmenschen! Die Bewohner dieses fernen Zeitsektors! Doch die Evolution müht sich darum, alle Lebensformen zur Perfektion zu entwickeln, sie ihrer Umgebung so gut wie möglich anzupassen. Früher hatten die Bäume nicht das Bedürfnis gehabt, sich von ihrem Standort wegzubewegen, das wußte Mason, weil ihnen der Boden selbst ständig die Nahrung liefert. Aber vielleicht war jene Nahrung mit dem langsamen Verstreichen der Äonen versiegt, und dann hatten sich ihre Wurzeln und Äste langsam ausgestreckt, hungrig tastend. Und dann mochte der erste Baum sich schmerzhaft entwurzelt haben. Und der Mutant*

---

59 Photosynthese (Kohlensäureassimilation) ist die Umwandlung von Kohlendioxid und Wasser in Kohlenhydrate, also Zucker, unter Ausnutzung der Lichtenergie der Sonne; sie ist der wichtigste biochemische Vorgang auf der Erde. Sie findet in Bakterien und grünen Pflanzen statt; Pflanzen produzieren dabei Sauerstoff.

60 Das Musical *Little Shop of Horrors* von Alan Menken und Howard Ashman wurde 1982 uraufgeführt und entstand nach der Vorlage des Films *Kleiner Laden voller Schrecken* von Roger Corman (1960). Auf dem Musical, das zu den meistaufgeführten Stücken ohne feste Spielstätte gehört, basiert der gleichnamige Film von Frank Oz (1986). Während die Blut trinkende und Menschen fressende Pflanze in Cormans Film irdischen Ursprungs ist, handelt es sich im Musical und im zweiten Film um ein Alien.

*hatte anderen das Leben gegeben. Und jetzt, frei von den Fesseln der Äonen,
standen diese Pflanzenmenschen vor ihnen – Mason mußte seine Abscheu nie-
derkämpfen. ›Hört!‹ sagte Murdach. – Ich glaube, sie sprechen zu uns ...‹
›Sprechen?‹ ›»Mit ihrem Geist. Sie haben die Telepathie entwickelt. Spürt ihr
nicht auch eine Art Botschaft?‹«*   (in: Titan 23, s. Jeschke, S. 76)

W o allerdings die Grenze zwischen Tier und Pflanze verläuft, ist fraglich; statt dass
Pflanzen intelligent und mobil werden, ist auch der umgekehrte Weg möglich.
Denn so wie die grünen Pflanzen die Fähigkeit zur Photosynthese erwarben, indem sie
sich Einzeller »zur Untermiete« zulegten[61], so können dies prinzipell auch Tiere.[62] Ob
also die Triffids und »Das Ding aus einer anderen Welt« Pflanzen sind, die gehen und
denken lernten, oder Tiere, die die Photosynthese erwarben, ist Interpretationssache (bei
Kuttner haben sich die Pflanzen Nährbottiche und Sonnenlampen zugelegt).

In der Science Fiction zeigen zwei Klassiker mögliche Interaktionen zwischen ihre
Welt beherrschenden Pflanzen und Menschen: *Die denkenden Wälder* (1975) von Alan D.
Foster (gilt als wegweisendes Werk in der Öko-SF) und *Das Wort für Welt ist Wald* von
Ursula K. Le Guin (1976). In beiden Werken müssen sich hoch technisierte Menschen
auf kolonialisierten Planeten mit einer komplexen Ökostruktur und darin lebenden
»primitiveren« Menschen auseinandersetzen. Ein ähnliches Thema behandelt der deutsche Autor und Thaddäus-Troll-Preisträger Marcus Hammerschmitt in *Target* (1998) In
allen drei Büchern sind Bäume wesentlich; sie sind überhaupt die wichtigsten Pflanzen in
der Phantastischen Literatur. Ob in diesen Werken oder bei Hohlbein in *Der wandernde
Wald*, ob bei Tolkien gleich in mehreren Varianten oder bei Donaldson im *Thomas-Co-
venant-Zyklus*: Bäume sind mächtig und symbolbeladen.[63]

---

61 Die Chloroplasten sind die grünen Zellorganelle der Pflanzen (und einiger Algen), in denen die Photosynthese stattfindet. Sie haben eigenes Erbgut und waren ursprünglich eigenständige Organismen, die sich mit
den Pflanzen in einer Symbiose verbunden haben.

62 Der Tiefseefisch *Malacosteus niger*, ein Drachenfisch, besitzt im Auge ein Chlorophyllderivat, mit dem er die
rötliche Biolumineszenz anderer Lebewesen wahrnehmen kann; Chlorophyllverbindungen sind also auch bei
Tieren möglich.

63 In den Harry-Potter-Büchern von Rowling werden sie indirekt wichtig durch die Auswahl des Holzes für den
Zauberstab. Rowling orientiert sich an alten Legenden, wonach die Stechpalme, aus deren Holz Harrys Zauberstab besteht, das Böse abwenden kann (der englische Name »holly« kommt von »holy«, heilig), wogegen
die Eibe, aus deren Holz Voldemorts Stab besteht, sowohl Tod als auch Auferstehung symbolisieren kann,
zudem ist sie in allen Teilen giftig. Hagrid besitzt einen Eichenstab, weil die Eiche in der britischen Tradition
als »Königin des Waldes« für Kraft, Schutz und Fruchtbarkeit steht. Bei Hermine (Weinstock) und Ron
(Esche) orientierte sich Rowling an einer nach ihren Angaben authentischen Zuordnung der Bäume zu Jahreszeiten durch die Kelten: 4.12. – 20.1. Birke, 21.1. – 17.2. Eberesche, 18.2. – 17.3. Esche, 18.3. – 14.4. Erle,
15.4. – 12. 5. Weide, 13.5. – 9.6. Weißdorn, 10.6. – 7.7. Eiche, 8.7. – 4.8. Stechpalme, 5.8. – 1.9. Haselnuss,
2.9. – 29.9. Weinrebe, 30.9. – 27.10. Efeu, 28.10. – 24.11. Schilfrohr, 25.11. – 23.12. Holunder

Mächtig sind Bäume auch in der Realität, riesig und oft uralt. Da die Menschen die einzigen Wesen auf unserem Planeten, die noch größer werden können, erst in den letzten Jahrzehnten entdeckt haben – Riesentang und Riesenpilze[64] –, waren Bäume für sie stets die größten und ältesten Lebewesen[65]. Das Alter sorgt natürlich mindestens so sehr wie die Größe für die mythologische Aufladung der Bäume. Anders als selbst die mächtigsten Tiere scheint ein Baum immer weiter wachsen zu können und potenziell unsterblich zu sein. Man stelle sich vor, wie eine frühe Gesellschaft reagiert haben dürfte auf einen Baum, der schon seit Menschengedenken die Jahreszeiten anzeigt, ohne sichtbar zu altern, Generation um Generation überlebt – es ist leicht, sich darunter ein Wesen vorzustellen, das die Jahreszeiten bestimmt und den Mittelpunkt oder ein beherrschendes Element der Welt darstellt.

Bei Tolkien, dem Alt- und Großmeister der Fantasy, spielen Bäume eine enorm wichtige Rolle. Nicht nur die Ents, die Baumhirten, sind ein wesentliches Element seiner Mythologie. Der Maler in *Blatt von Tüftler* (*Leaf by Niggle*, 1945, in *Fabelhafte Geschichten*) will bis an sein Lebensende einen Baum, den Baum, fertig stellen: Tüftler *»gehörte zu den Malern, die Blätter besser malen als Bäume. Er pflegte viel Zeit auf ein einziges Blatt zu verwenden und zu versuchen, seine Form, seinen Glanz und das Glitzern der Tautropfen an seinen Rändern einzufangen. Und doch wollte er einen ganzen Baum malen, alle Blätter sollten im selben Stil und doch jedes verschieden sein. Insbesondere ein Bild machte ihm Kummer. Es hatte angefangen mit einem Blatt, das im Winde wehte, und es wurde ein Baum; und der Baum wuchs, er streckte unzählige Äste aus und bekam ganz phantastische Wurzeln. Seltsame Vögel kamen angeflogen und setzten sich auf seine Zweige und mußten auch betreut werden. Dann begann überall um den Baum herum und hinter ihm und in den Lücken zwischen den Blättern und dem Geäst eine Landschaft sich auszubreiten; undeutlich sah man einen Wald, der sich über das Land hinzog, und Berge mit schneebedeckten Gipfeln.«*[66] Diesen Baum wird er erst fertig stellen nach seinem Tod ...

---

64 Das größte bekannte Lebewesen wurde 2000 in Oregon/USA entdeckt: ein Hallimasch, ein Pilz, dessen Myzel sich unterirdisch über 880 Hektar erstreckt (fast 9 Quadratkilometer), rund 600 Tonnen wiegt und auf mindestens 2.400 Jahre geschätzt wird. Der größte Hallimasch Europas wurde 2004 in der Schweiz entdeckt; er hat einen Durchmesser von 500 bis 800 m, bedeckt eine Fläche von 35 Hektar und ist etwa 1.000 Jahre alt. Pilze sind übrigens weder Pflanzen noch Tiere, sondern werden in der Biologie seit etwa 40 Jahren in ein eigenes Reich eingeordnet.

65 Der höchste bisher vermessene Baum ist ein Küstenmammutbaum in Kalifornien mit 115,5 m Wuchshöhe, der dickste bekannte Baum eine Mexikanische Sumpfzypresse im mexikanischen Staat Oaxaca mit einem maximalen Durchmesser von 11,4 m. Eichen können 1.500 Jahre alt werden, Eiben 2.000 Jahre, Mammutbäume 4.000 Jahre. Die ältesten bekannten Bäume sind *Langlebige Kiefern* (*Pinus longaeva*) in den White Mountains in Kalifornien, man vermutet bei einigen ein Alter von über 5.000 Jahren.

66 Zu dieser Geschichte und einigen anderen von Tolkien ausführlich im Jahrbuch der Deutschen Tolkiengesellschaft 2007, Hither Shore 4, siehe Fornet-Ponse.

In Mittelerde stammt das schönste Licht von zwei Bäumen, wie im *Silmarillion* berichtet wird. Nachdem Melkor die ersten beiden Lampen der Valar ausgelöscht hatte, die auf riesigen Pfeilern gestanden hatten, schuf Yavanna, die »Spenderin der Früchte« und »Erdenkönigin«, zwei leuchtende Bäume:

> *Schweigen lag über aller Welt in dieser Stunde, und kein andrer Laut war zu hören als Yavannas Gesang. Bei ihrem Lied wuchsen sie zu jungen Bäumen heran und wurden hoch und schön und traten in Blüte; und so erwachten in der Welt die Zwei Bäume von Valinor. Von allen Dingen, die Yavanna schuf, werden diese am meisten gerühmt, und um ihr Schicksal ranken sich alle Erzählungen von den Ältesten Tagen. Der eine hatte Blätter von dunklem Grün, die von unten wie Silber schimmerten, und aus all seinen unzähligen Blüten troff immerzu ein Tau von silbernem Licht herab, und die Erde unter ihm war gesprenkelt von den Schatten seiner rauschenden Blätter. Der andre trug Blätter von frischem Grün wie eine knospende Buche; an den Rändern schimmerten sie wie von Golde. Blüten hingen an seinen Zweigen in feuriggelben Büscheln, deren jedes wie ein glühendes Horn geformt war, aus dem ein goldner Regen zu Boden fiel; und wenn dieser Baum blühte, so gab er Wärme und helles Licht. Telperion hieß der erste in Valinor ... der zweite aber war Laurelin ...«*

Jeder Baum erblühte und verblasste in jeweils sieben Stunden, und er begann immer eine Stunde, ehe der andere vollkommen dunkel wurde. Die Stunde, in der beide Bäume gleichzeitig leuchteten, nannte man die »Vermischung der Lichter«, und ein Tag dauerte zwölf Stunden und endete mit der zweiten Vermischung der Lichter. Der Tau von Telperion lieferte Varda das Material für Sterne. Das Licht dieser Bäume zieht sich durch die Geschichte bis fast ans Ende des Ringkrieges: Aus den letzten Blüten machen die Valar, nachdem Melkor die Bäume zerstört hat, die Leuchten, mit denen Sonne und Mond am Himmel entlangfahren. Aus dem Licht der Bäume formt der Elbenkünstler Feanor drei leuchtende Steine, die Silmaril, um die Jahrtausende andauernde Kriege entbrennen. Den letzten der Steine, der sichtbar ist, trägt Earendil der Halbelbe mit sich, der als »Abendstern« und »Morgenstern« am Himmel leuchtet. Sein Licht, gefangen in der Phiole, die Galadriel Frodo schenkte, hilft Samweis und Frodo gegen die Riesenspinne Kankra. Und die beiden Bäume wirken noch viel direkter weiter fort. Die Elben verehrten Telperion so sehr, dass Yavanna für sie ein Abbild erschuf, das allerdings nicht leuchtete. Dessen letzter Sprössling ist der Weiße Baum von Gondor, der zu Beginn des Ringkriegs verdorrt ist; nach dem Krieg findet Gandalf einen frischen Schössling.

Mit diesen Bäumen bezieht sich Tolkien wie mit dem Baum von Tüftler – Symbol für das Leben und zugleich für das zumindest in dieser Welt Unerreichbare, für das

Transzendente – auf das uralte mythologische Motiv des Lebensbaums.

In vielen Religionen und Mythologien verbindet ein Baum des Lebens Erde und Himmel oder Unterwelt und Himmel.[67] Bei den Azteken beginnen die Toten ihren Weg in die Unterwelt auf dem Fluss bei einem Sonnentempel und dem Baum des Lebens, begleitet von einem Seelenvogel, wie auf dem aztekischen Bild links zu sehen. Bei den Maya bildete der größte Baum des Waldes, der Kapokbaum, das Zentrum der Welt; seine Wurzeln schufen eine Verbindung in die Unterwelt, in das Reich der Toten, sein Stamm bildete die Brücke zur Welt der Lebenden und erstreckte sich hoch in den Himmel. Bei den Germanen verbindet die immergrüne Weltesche Yggdrasil alle Welten. Sie steht in der Mitte von Asgard; in ihren Wurzeln liegt das Totenreich Hel. Auf ihrer Spitze sitzt der goldene Hahn Vithofnir; sein Krähen wird die Götterdämmerung einleiten. Auch der »Baum des (Elfen-)Königs« in Tolkiens Geschichte *Der Schmied von Großholzingen* verbindet die Welten; der riesige immergrüne Baum in Elbland ragt bis in den Himmel hinauf, trägt zugleich Blätter, Blüten und Früchte, alle unterschiedlich gewachsen und in einem unterschiedlichen Stadium und strahlt ein helles Licht aus.

Stephen R. Donaldson, den manche für Tolkien ebenbürtig halten, greift in seiner *Thomas-Covenant-Saga* wie Tolkien stark auf christliche und nordische Motive zurück. Auch bei ihm gibt es einen »Lebensbaum«, der noch sehr viel mächtiger ist als alle Bäume bei Tolkien; das zweite Buch der zweiten Trilogie, *The One Tree*, ist sogar danach benannt. Auch den Ents vergleichbare Wesen und kämpfende Bäume gibt es.

Im Alten Testament ist der Lebensbaum nicht mehr der Baum, der durch die ganze Welt reicht oder verschiedene Welten verbindet, sondern der, der das Leben schenkt, und zugleich der Baum der Erkenntnis: »*Dann legte Gott, der Herr, in Eden, im Osten, einen Garten an und setzte dorthin den Menschen, den er geformt hatte. Gott, der Herr, ließ aus*

---

67 Die gerne in diesem Zusammenhang erwähnte jüdische Kabbala (s. Fußnote 120 S. 137) kennt zwar einen Lebensbaum; dies ist jedoch eine symbolische Darstellung und kein echter Baum. Die Zehn Elemente des kabbalistischen Lebensbaums, die Sephiroth, bilden in ihrer Gesamtheit symbolisch den himmlischen Menschen. Ebenso symbolisch ist der Baum des Lebens in der Biologie, der die Evolution darstellt.

dem Ackerboden allerlei Bäume wachsen, verlockend anzusehen und mit köstlichen Früchten, in der Mitte des Gartens aber den Baum des Lebens und den Baum der Erkenntnis von Gut und Böse.« (1. Mose 2, 8+9) – »Dann sprach Gott, der Herr: Seht, der Mensch ist geworden wie wir; er erkennt Gut und Böse. Dass er jetzt nicht die Hand ausstreckt, auch vom Baum des Lebens nimmt, davon isst und ewig lebt! ... Er vertrieb den Menschen und stellte östlich des Gartens von Eden die Kerubim auf und das lodernde Flammenschwert, damit sie den Weg zum Baum des Lebens bewachten.« (1. Mose 3, 22+24).

Der Baum des Lebens, dessen Früchte Jugend und/oder Unsterblichkeit schenken, ist ein beliebtes Motiv. Aus dem Kraut der Unsterblichkeit, das Gilgamesch findet und wieder verliert, werden spätestens bei den Griechen Früchte von Bäumen, häufig Äpfel, wie die goldenen Äpfel der Hesperiden, die Herakles mit Hilfe des Titanen Atlas erringt:

>*Unter mancherlei Abenteuern zog der Held weiter, befreite, wie schon erzählt worden ist, den an den Kaukasus geschmiedeten Titanen Prometheus und gelangte endlich, nach der Anweisung des Entfesselten, in das Land, wo Atlas die Last des Himmels trug und in dessen Nähe der Baum mit den goldenen Äpfeln von den Hesperiden gehütet wurde. Prometheus hatte dem Halbgotte geraten, sich nicht selbst dem Raube der goldenen Früchte zu unterziehen, sondern den Atlas auf diesen Fang auszusenden. Er selbst erbot sich dafür diesem, solange das Tragen des Himmels auf sich zu nehmen. Atlas bezeigte sich willig, und Herakles stemmte die mächtigen Schultern dem Himmelsgewölbe unter. Jener dagegen machte sich auf, schläferte den um den Baum sich ringelnden Drachen ein, tötete ihn, überlistete die Hüterinnen und kam mit drei Äpfeln, die er gepflückt, glücklich zu Herakles. >Aber<, sprach er, >meine Schultern haben nun einmal empfunden, wie es schmeckt, wenn der eherne Himmel nicht auf ihnen lastet. Ich mag ihn fürder nicht wieder tragen.< So warf er die Äpfel vor dem Halbgott auf den Rasen und ließ diesen mit der ungewohnten, unerträglichen Last stehen. Herakles mußte auf eine List sinnen, um loszukommen. >Laß mich<, sprach er zu dem Himmelsträger, >nur einen Bausch von Stricken um den Kopf winden, damit mir die entsetzliche Last nicht das Gehirn zersprengt.< Atlas fand die Forderung billig und stellte sich, nach seiner Meinung auf wenige Augenblicke, dem Himmel wieder unter. Aber er konnte lange warten, bis Herakles ihn wieder ablöste, und der Betrüger wurde zum Betrogenen. Denn jener nahm die Früchte vom Rasen auf und ging davon.«* (Schwab)

In vielen Märchen kommt ein Baum mit (meist goldenen) Äpfeln vor, wobei oft explizit vom Baum des Lebens die Rede ist, so auch in einigen Märchen der Brüder Grimm, wie in *Die weiße Schlange*; hier verhelfen die Äpfel auch noch gleich zur wahren Liebe:

>>*Hat Er auch die beiden Aufgaben gelöst, so soll Er doch nicht eher mein Gemahl werden, bis er mir einen Apfel vom Baume des Lebens gebracht hat.< Der Jüngling wußte nicht, wo der Baum des Lebens stand. Er machte sich auf und wollte immerzu gehen so lange ihn seine Beine trügen, aber er hatte keine Hoffnung ihn zu finden. Als er schon durch drei Königreiche gewandert war und abends in einen Wald kam, setzte er sich unter einen Baum und wollte schlafen. Da hörte er in den Ästen ein Geräusch, und ein goldener Apfel fiel in seine Hand. Zugleich flogen drei Raben zu ihm herab, setzten sich auf seine Knie und sagten: >Wir sind die drei jungen Raben, die du vom Hungertod errettet hast. Als wir groß geworden waren und hörten, daß du den goldenen Apfel suchtest, so sind wir über das Meer geflogen bis ans Ende der Welt, wo der Baum des Lebens steht, und haben dir den Apfel geholt.< Voll Freude machte sich der Jüngling auf den Heimweg und brachte der schönen Königstochter den goldenen Apfel, der nun keine Ausrede mehr übrigblieb. Sie teilten den Apfel des Lebens und aßen ihn zusammen. Da ward ihr Herz mit Liebe zu ihm erfüllt, und sie erreichten in ungestörtem Glück ein hohes Alter.«*

Aus *Aschenputtel* kennen wir den Wunderbaum, den Haselbaum, der das Mädchen mit schönen Kleidern versieht (hierzu gibt es eine bösartige Variante von Tanith Lee), in *Einäuglein, Zweiäuglein und Dreiäuglein* gibt es einen Wunderbaum mit goldenen Äpfeln. *Der Machandelbaum* (das ist ein Wacholder), unter dem die Knochen eines erschlagenen Jungen begraben werden, den seine Stiefmutter ihrem Mann ins Essen schmuggelte, lässt aus diesen einen Vogel entstehen, der herumfliegt und singt: »*Mein Mutter der mich schlacht, | mein Vater der mich aß, | mein Schwester der Marlenichen | sucht alle meine Benichen, | bindt sie in ein seiden Tuch, | legt's unter den Machandelbaum. | Kiwitt, kiwitt, wat vör'n schöön Vagel bün ik!*« Und nachdem der Vogel die Mörderin getötet hat, wird er wieder zum Jungen. Ein echter Lebens- und zugleich Orakelbaum! Letzteres ist besonders auch in Märchen der Sinti und Roma beliebt. Diese Funktion des Baumes als Orakel ist alt: Alexander dem Großen wurde sein früher Tod angeblich durch einen Orakelbaum vorhergesagt. Und wenn Yggdrasil welkt, zeigt dies, dass bald Ragnarök anbricht.

Für das Leben stehen Bäume auch in der Geschichte von Philemon und Baucis, wie Ovid sie erzählt. Das beiden alten Leute, die als einzige im Dorf Zeus und Hermes Unterkunft und Gastfreundschaft gewähren, werden nicht nur mit Reichtum und der Bestallung zu Priester und Priesterin belohnt, sondern auch damit, sich nie trennen zu müssen: Am Ende ihres Lebens wird Philemon in eine Eiche und Baucis in eine Linde verwandelt. Nicht umsonst singt Reinhard May: »*Wie ein Baum, den man fällt ... möcht' ich im Stehen sterben!*«

Ein paar Pflanzen, die in der Mythologie und Fantasy immer wieder eine Rolle spielen, seien noch vorgestellt. *Diptam* (*Dictamnus albus*) ist eine mehrjährige, strauchartige, unverholzte Pflanze mit großen, weißen, rot geäderten Blüten und gefiederten Blättern, die etwa einen Meter hoch wird. Sie hat es als mythologisch bedeutsame Pflanze sogar in den Unterricht von Harry Potter geschafft. Sie enthält so große Mengen an ätherischen Ölen, dass diese im Sommer bei großer Hitze entweichen und sich entzünden können, daher nennt man Diptam auch »Brennender Busch« und sagt ihm nach, er könne der Busch gewesen sein, den Mose im Alten Testament sah.

Knoblauch gilt als altbekanntes Mittel gegen Untote aller Art und vielleicht auch Gespenster und Dämonen; wie oft dieser in entsprechenden Romanen und Filmen auftaucht, von Bram Stokers »Dracula« bis zu den Harry-Potter-Romanen (Professor Quirrell riecht stark nach Knoblauch, weil er damit angeblich Vampire abwehren will), lässt sich nicht zählen. Dies hängt zusammen mit der langen Tradition des *Allium sativum* als Heil- wie als Abwehrmittel gegen Dämonen, Vampire und Geister. Auch gegen die Pest wurde Knoblauch eingesetzt und gegen viele andere Erkrankungen. Während man früher dem Knoblauch vor allem wegen seines starken Geruches eine Wirkung zusprach, wissen wir inzwischen, dass er tatsächlich entzündungshemmend wirkt und Bakterien abtöten kann. Paracelsus empfahl die äußerliche Anwendung bei Geschwüren.[68]

Mutterkorn[69] hat zu den Mythen um fliegende Hexen (s- S. 119) beigetragen; wenn davon befallen wird und das Brot eine zu hohe Dosis der von ihm erzeugten Substanzen enthält (die in geringer Dosierung als Medikament verwendet werden), kommt es zum Ergotismus, der zu Krämpfen und zum Tod führen kann; 5 bis 10 Gramm frisches Mutterkorn können für einen Erwachsenen tödlich sein. Im Mittelalter führte mit Mutterkorn verseuchtes Getreide zur Vergiftung ganzer Dörfer und Städte, belegt ist dies seit dem 9. Jahrhundert. Im Bild *Der Kampf zwischen Karneval und Fasten* von Pieter Brueghel dem Älteren sieht man Personen, die an Ergotismus erkrankt sind (den man damals auch Kribbelkrankheit nannte). Ein Befallener ist zu sehen auf dem Isenheimer Altar (Colmar) von Matthias Grünewald bei der *Versuchung des Antonius*; die Krankheit hieß auch Antoniusfeuer, weil der Heilige dagegen helfen sollte. Die Inhaltsstoffe des Mutterkorns regen die Wehen an, daher wurde der Pilz auch für Abtreibungen verwendet und dafür sogar angebaut. Es kann auch zu geistiger Verwirrung und Kon-

---

68 Der zur Familie der Liliengewächse gehörende Knoblauch, nahe verwandt mit Schnittlauch und Bärlauch, ist nützlich Knoblauch zur Vorbeugung gegen Herz-Kreislauf-Krankheiten; regelmäßige Einnahme senkt den Blutfett- und Cholesterinspiegel, den Blutdruck und evtl. den Blutzucker und beugt Thrombosen vor, indem er gerinnungshemmend wirkt. In der Naturheilkunde wird Knoblauch häufig eingesetzt, aber auch die Pharmaindustrie und die Schulmedizin greifen darauf zurück. Am besten wirkt Knoblauch roh.

69 auch Ergot, Krähenkorn, Hahnensporn, Hungerkorn, Tollkorn, Purpurroter Hahnenpilz oder Roter Keulenkopf genannt, Dauerform des Mutterkorn-Pilzes *Claviceps purpurea*

trollverlust kommen (LSD ist chemisch mit den Mutterkornpilz-Alkaloiden verwandt). Viele »Hexenfahrten« und andere ekstatische Erfahrungen werden dem Mutterkorn zugeschrieben; angeblich war seine Wirkung schon 2000 v. Chr. bekannt und es wurden entsprechende berauschende Getränke gebraut – wer weiß, wie viele Mythen und Erzählungen auf solche und ähnliche Einwirkungen zurückgehen mögen!

Wolfswurz, auch *Eisenhut* und *Sturmhut*, werden Pflanzen der Gattung Hahnenfußgewächse (*Acotinum*) mit rund dreihundert Arten genannt. Laut griechischen Mythen entsprang der Eisenhut dem giftigen Speichel des dreiköpfigen Höllenhundes Kerberos, als Herakles diesen aus dem Totenreich entführte und er das Tageslicht erblickte. Die Pflanze ist in Alchemie und Mythologie so bedeutend, dass Prof. Snape Harry Potter in dessen erster Stunde in Zaubertrankkunde danach befragt. Die mehrjährigen Kräuter mit den meist blauen oder purpurroten, manchmal auch gelben oder weißen Blüten, deren oberster Teil wie ein großer, nach unten offener Hut geformt ist, sind sehr giftig; der Blaue Eisenhut (*Aconitum napellus*) gilt als eine der gefährlichsten Pflanzen Europas. Wegen großer Mengen Alkaloide, insbesondere Aconitin, in den Wurzelknollen (»Teufelswurzeln«) führt eine Vergiftung mit wenigen Gramm zu Ruhelosigkeit, erhöhter Speichelbildung, Übelkeit, schwacher oder unregelmäßiger Herztätigkeit, Brustschmerzen, Erschöpfung und oft innerhalb weniger Stunden zum Tod.

Belladonna bedeutet auf italienisch »schöne Frau« und ist ein Name für die *Schwarze Tollkirsche* (*atropa belladonna*), weil der Saft ihrer in der Reife purpurroten bis schwarzen Beeren die Pupillen erweitert und die Augen größer erscheinen lässt; dies wird in vielen Kulturen von Frauen zur Verschönerung genutzt. Bis heute wird eines der Alkaloide aus diesem Saft, das Atropin, bei Augenuntersuchungen eingesetzt. Wie zahlreiche andere Nachtschattengewächse (*Solanaceae*) wurde Belladonna im Mittelalter angeblich zur Herstellung von Hexen- und Zaubertränken benutzt. Die schwarzen Beeren enthalten das Gift Hyoscyamin. Bei Kindern führen bereits drei bis vier Beeren innerhalb von 12 bis 14 Stunden zum Tod durch Atemlähmung; bei Erwachsenen können krampfartige Tobsuchtsanfälle auslösen (deshalb Tollkirsche), ab 10 Beeren sind auch sie in Lebensgefahr[70]. Zu den Nachtschattengewächsen gehören auch wichtige Nahrungspflanzen

---

70 Karl May (1842 – 1912) beschreibt in der Reiseerzählung *Durchs wilde Kurdistan* , Band 2 des sechsbändigen Orientzyklus, wie Kara ben Nemsi (alias Old Shatterhand) der jungen Kurdin Schakara das Leben rettet, nachdem diese sich mit Tollkirschen vergiftet hat. Diese Szene beeinflusst die orientalischen Abenteuer bis in das Spätwerk hinein, da Kara ben Nemsi dadurch Marah Durimeh kennen lernt, eine alte christliche Kurdin, die später u. a. als »Ruh ’i kulyan« in Erscheinung tritt, »Der Geist der Höhle«. Karl May verwendet viele phantastische Elemente in seinen Romanen und greift oft auf Mythen zurück; so spielt der zweibändige Roman *Ardistan und Dschinnistan* auf dem Stern Sitara. Dieses bedeutende Spätwerk Mays ist ein symbolbeladener Roman, der die Entwicklung des Menschen vom niedrigen »irdischen« Anfang zur »höheren Stufe« des bewussten »geistigen« Menschen schildert. – Als beste verfügbare, annähernd vollständige Ausgabe der Werke von May gilt die illustrierte Ausgabe in 92 Bänden des Weltbild-Verlages.

wie Kartoffel, Paprika, Tomate und Aubergine, viele Nachtschattengewächse aber enthalten giftige Alkaloide, Atropin ist nur ein Beispiel. Daher gelten viele der Pflanzen auch dieser Familie als bedeutende Medizin-, Rausch- und Kultpflanzen, ihr Einsatz als Rauschmittel ist schon bei den antiken Griechen, Römern, Arabern und Hebräern belegt. Das bekannteste Alkaloid der Nachtschattengewächse ist das Nikotin aus der Tabakpflanze und damit ein ganz modernes Rauschmittel. Weitere als Rauschmittel bekannte Nachtschattengewächse sind u. a. das *Schwarze Bilsenkraut* (*Hyoscamus niger*) und der *Stechapfel* (*Datura*), beide auch als Hexenmittel verschrieen, die *Engelstrompeten* (*Brugmansia*) und die *Gemeine Alraune* (*Mandragora officinarum*).

Die *Alraune* oder der *Alraun* (englisch *mandrake*) ist besonders interessant und nahezu legendär; an ihrem Beispiel kann man sehr schön die »Karriere« einer Pflanze in Mythologie und Phantastik verfolgen. Letzter Höhepunkt ist wohl ihr Einsatz im zweiten Band von *Harry Potter*. Dort beschrieben als über der Erde unscheinbare, büschelige grüne Pflanze mit einem Hauch Purpurrot, zeigt sie ihre wahre Natur, wenn man die Wurzel aus der Erde zieht: ein scheinbar menschliches Wesen, dessen Schrei bei älteren Alraunen absolut tödlich ist. Harry lernt sie noch als hässliche Babys kennen; schon deren Schrei kann einen Menschen stundenlang außer Gefecht setzen. Die Alraune gilt in Hogwarts als eine mächtige Rückverwandlerin: Mit einem aus ihr gewonnenen Zaubertrank kann man Verwandelte oder Verfluchte in ihren ursprünglichen Zustand zurückversetzen. Nachdem Harry den Basilisken besiegt hat, wird mit Hilfe der Alraunen der Zaubertrank gebraut, mit dem die vom Basilisken Versteinerten wieder ins Leben zurückgerufen werden. Dazu muss man aber warten, bis die Alraunen reif sind, die dann ziemlich menschliche Züge tragen: Sie bekommen Akne, schmeißen lärmende und ausschweifende Partys, werden geschlechtsreif und fangen an, gemeinsam ihre Töpfe zu bewohnen. Schließlich müssen die Alraunenbabys ja irgendwoher kommen ...

In der Literatur findet sich der Alraunglauben häufig, u. a. im *Simplicissimi Galgenmännlein* von Grimmelshausen (1673), in den Erzählungen *Das Galgenmännlein* (1810) und *Mandragora* (1827) von Friedrich de la Motte-Fouque und im mehrfach verfilmten Roman *Alraune* von Hanns Heinz Ewers (1913). In Mythologie und Alchemie gilt die Alraune als die mächtigste und geheimnisvollste aller Pflanzen, sie wird auch *Mandragora-Wurzel* (*Radix mandragorae*) genannt. Mandragora ist eine Gattung mit sechs Arten aus der Familie der oben beschriebenen Nachtschattengewächse. Die eigentliche Alraune, *Mandragora officinarum*, tritt in zwei Formen auf: Eine blüht im Frühling, die andere im Herbst. Die Pflanze hat einen unangenehmen Geruch; ihre Wurzeln wurden bis ins Mittelalter als Narkosemittel vor Operationen, aber auch als Aphrodisiakum, als Glücksbringer in der Schwangerschaft und als angebliches Mittel zum Erreichen der Unverwundbarkeit benutzt. Da der rübenartige, oft gegabelte und verzweigte Wurzelstock entfernt an die Gestalt eines Menschen erinnert, ist die Alraune seit der Antike Objekt heftigsten Aberglaubens. Schon Theophrast (gest. 287 v. Chr.) schreibt von Zeremonien beim Freilegen der Wurzel, die dazu dienen, die Alraune als Aphrodisiakum verwenden zu können. Josephus Flavius (37–93) berichtet im *Bellum Judaicum* (VII, 6, 3), dass jeder, der einen Alraun ausgrabe, sterben müsse; deshalb lasse man die Wurzel von einem Hund aus der Erde ziehen, der dann als »stellvertretendes Opfer« zugrunde gehe. Die Wurzel, Baara genannt, vertreibe Dämonen. Claudius Aelianus (ca. 170–235) erzählt Ähnliches und beschreibt die Alraune zusätzlich als Heilmittel gegen Epilepsie und Augenkrankheiten. Dass die Legenden über den Alraun – beide Begriffe sind üblich – schon damals bei kritischen Zeitgenossen auf Unglauben stießen, belegt eine Stelle aus den »Lügengeschichten« des Lukian von Samosata. Dieser griechische Schriftsteller kritisierte im 2. Jahrhundert mit Satire, Parodie und Ironie den religiösen Wahn und die Leichtgläubigkeit des Publikums: »*Rings um die ganze Insel zieht sich ein Wald, dessen Bäume Mohnblumen und Alraunen von außerordentlicher Höhe sind, unter welchen sich eine ungeheure Menge Fledermäuse aufhalten, als der einzige Vogel, der hier zu sehen ist.*«

Der Name Alraune ist entweder aus der gotischen Wurzel »runa« entstanden oder dem althochdeutschen »alruna«, was beides Geheimnis bedeutet und mit dem Wort Runen verwandt ist. Der Schrei, den die Alraune ausstößt und der Menschen töten soll, wird seit dem Mittelalter erwähnt; man empfahl, ihn durch Trompetenblasen zu übertönen und sich außerdem die Ohren zu verstopfen, um beim Ausgraben der Wurzel keinen Schaden zu erleiden. In »Romeo und Julia« von Shakespare heißt es: »*O! Himmel, ist es nicht wahrscheinlich, daß die scheuslichen Ausdünstungen, das gräßliche Geheul der Gespenster, (gleich den Alraunen, wenn sie aus der Erde gerissen werden,) Töne, von deren Anhören lebende Menschen den Verstand verliehren ...*« (übersetzt von C. M. Wieland). In Goethes »Faust« kommt die Alraune gleich mehrfach vor. Einmal schimpft Mephistopheles über menschliche Zauberer: »*Da stehen sie umher und staunen, Vertrauen nicht dem hohen Fund, Der eine faselt von Alraunen, Der andre von dem schwarzen Hund.*«

Eine Alraune zu besitzen, sollte Glück, Reichtum, Gesundheit und sogar Liebe garantieren, unverwundbar machen und vor dem Gefängnis schützen. Gelegentlich wurde das »Glücksmännlein« oder »Erdmänneken« auch *spiritus familiaris* (Familiar) genannt. Solche »Galgenmännchen« wurden durch Beschnitzen menschenähnlicher gestaltet und in manchen Gegenden Deutschlands sorgfältig in Kästchen aufbewahrt. Von zahlreichen historischen Persönlichkeiten wird berichtet oder sie wurden beschuldigt, sie hätten eine Alraune besessen: Faust, Berthold Schwarz, Johannes Prätorius. Beim Prozess gegen Jeanne d'Arc wurde ihr vorgeworfen, sie habe eine Alraunen-Wurzel bei sich getragen. Der menschenscheue Kaiser Rudolf II. von Habsburg (1576–1612), der zurückgezogen auf dem Hradschin in Prag lebte und wahrscheinlich alchemistische Experimente durchführte, bewahrte angeblich in Holzkästchen, die einem Sarg nachgebildet waren, zwei Alraunen namens Maryon und Trudacyas auf. Es hieß, wenn man diese nicht regelmäßig in Wein badete, schrieen sie wie neugeborene Kinder. Wer eine Alraune bis zum Tode behielt, musste nach den meisten Sagen mit ihr in die Hölle fahren. Schon Hildegard von Bingen schrieb im 12. Jahrhundert, in der Alraune sei der Einfluss des Teufels fühlbarer als in anderen Pflanzen; sie rege den Menschen im Sinn seiner Wünsche zum Guten oder Bösen an. Eine Alraune kann aber von ihrem Besitzer nicht beliebig weitergegeben werden: Er muss sie zu Lebzeiten verkaufen zu einem niedrigeren Preis, als zu dem er sie erworben hat. Wer sie zuletzt besitzt und nicht weitergeben kann, ist dem Teufel verfallen. Daraus wurde die Sage vom Flaschengeist, die von Robert Louis Stevenson, dem Autor der *Schatzinsel*, in der Erzählung *The Bottle Imp* (*Der Flaschenteufel*) literarisch endgültig gestaltet wurde.

Weit verbreitet war der Glaube, Alraunen wüchsen unter einem Galgen aus dem Sperma eines gehenkten Diebes. Bereits der arabische Arzt und Philosoph Avicenna (980–1037) erwähnt, dass der Alraun oder die Alraune ihr Geschlecht nach dem des oder der Gehenkten erhält. Wie menschenähnlich ein solches Wesen aussehen kann, ist auf der Abbildung rechts oben aus dem Buch *Hebrarius zu teutsch* von 1488 zu sehen. Dass das Gewinnen der Alraune nach genauen Regeln erfolgen muss, wird in der lange dem Paracelsus zugeschriebenen Schrift *Secretum magicum* von 1616 angedeutet: »*Dieselbig Wurtz muss man graben, eines Ellenbogen tief (unter dem Galgen), mit einem starken Span, von dem Galgen geschnitten ... Und du musst den Tag merken, daran der Mensch erhängt ist worden, und das Graben muss geschehen im Jahr darnach, an diesem Tage. Aber nit an der Stunde des Tages, sondern an dieser Stunde der Nacht.*«

Eine zusammenfassende Darstellung des Volksglaubens haben die Brüder Grimm in ihrer Sagensammlung geliefert:

> »*Es ist Sage, daß, wenn ein Erbdieb, dem das Stehlen durch Herkunft aus einem Diebesgeschlecht angeboren ist oder dessen Mutter, als sie mit ihm schwanger ging, gestohlen, wenigstens groß Gelüsten dazu gehabt (nach andern: wenn er zwar ein unschuldiger Mensch, in der Tortur aber sich für einen Dieb bekennet), und der ein reiner Jüngling ist, gehenkt wird und das Wasser läßt (aut sperma in terram effundit), so wächst an dem Ort der Alraun oder das Galgenmännlein.*

Oben hat er breite Blätter und gelbe Blumen. Bei der Ausgrabung desselben ist große Gefahr, denn wenn er herausgerissen wird, ächzt, heult und schreit er so entsetzlich, daß der, welcher ihn ausgräbt, alsbald sterben muß. Um ihn daher zu erlangen, muß man am Freitag vor Sonnenaufgang, nachdem man die Ohren mit Baumwolle, Wachs oder Pech wohl verstopft, mit einem ganz schwarzen Hund, der keinen andern Flecken am Leib haben darf, hinausgehen, drei Kreuze über den Alraun machen und die Erde ringsherum abgraben, so daß die Wurzel nur noch mit kleinen Fasern in der Erde steckenbleibt. Darnach muß man sie mit einer Schnur dem Hund an den Schwanz binden, ihm ein Stück Brot zeigen und eilig davonlaufen. Der Hund, nach dem Brot gierig, folgt und zieht die Wurzel heraus, fällt aber, von ihrem ächzenden Geschrei getroffen, alsbald tot hin. Hierauf nimmt man sie auf, wäscht sie mit rotem Wein sauber ab, wickelt sie in weiß und rotes Seidenzeug, legt sie in ein Kästlein, badet sie alle Freitag und gibt ihr alle Neumond ein neues weißes Hemdlein. Fragt man nun den Alraun, so antwortet er und offenbart zukünftige und heimliche Dinge zu Wohlfahrt und Gedeihen. Der Besitzer hat von nun an keine Feinde, kann nicht arm werden, und hat er keine Kinder, so kommt Ehesegen. Ein Stück Geld, das man ihm nachts zulegt, findet man am Morgen doppelt; will man lange seines Dienstes genießen und sichergehen, damit er nicht abstehe oder sterbe, so überlade man ihn nicht, einen halben Taler mag man kühnlich alle Nacht ihm zulegen, das höchste ist ein Dukaten, doch nicht immer, sondern nur selten. Wenn der Besitzer des Galgenmännleins stirbt, so erbt es der jüngste Sohn, muß aber dem Vater ein Stück Brot und ein Stück Geld in den Sarg legen und mit begraben lassen. Stirbt der Erbe vor dem Vater, so fällt es dem ältesten Sohn anheim, aber der jüngste muß ebenso schon mit Brot und Geld begraben werden.«

Statt der echten Alraune, die wild nur im Mittelmeergebiet und im Himalaya vorkommt, nahm man häufig die *Runde Siegwurz* (*Gladiolus communis*) und den als *Langer Siegwurz* bekannten *Allermannsharnisch* (*Allium victorialis*), oft gab es auch Fälschungen. Das *Große vollständige Universal-Lexikon aller Wissenschaften und Künste* von J. H. Zedler berichtet 1732: *»Was sonsten von der Mandragora oder Alruna, Alreona, Alraun, Alruncke, so die die Landstreicher ... zu verkauffen und Homunculum, Galgenmännlein, Heinztel-Männchen, Alraunen-Wurtzel, Pisse-Dieb, zu nennen pflegen, vorgebracht wird, ist lauter Fabel-Werck, weil es nicht Alraun ist, sondern ein gemachtes Bild aus Bryonien-Wurtz in warmen Sand gedörret.«* Noch 1955 verkaufte in Bayern eine Betrügerin als »echte Alraun-Wurzeln« – Salatwurzeln! In esoterischen Zeitschriften werden heute noch Alraun-Wurzeln angeboten.

Kapitel 5: Tiere, Misch- und Fabelwesen

Tiere sind in der phantastischen Literatur seit alters her Protagonisten, in der abendländischen Literatur spätestens seit den Fabeln des Aesop (um 600 v. Chr.), der als Begründer der europäischen Fabeldichtung gilt, und dann über die *Fabeln* des Jean de La Fontaine (1668) bis zu *Der Wind in den Weiden* von Kenneth Grahame (1908), *Die Farm der Tiere* von George Orwell (1945) und *Unten am Fluss* von Richard Adams. Die Tiere besitzen menschliche Eigenschaften (Anthropomorphie, Personifikation) und handeln menschenähnlich; nicht selten soll eine (allgemeingültige) Moral verdeutlicht werden, gibt es auch in den modernen Texten wie bei den alten Fabeln eine belehrende Absicht.

Am Musterbeispiel der (sehr umfangreichen) Fabel *Reineke Fuchs* lassen sich viele Mechanismen der Entwicklung solcher Literaturen aufzeigen wie auch die Bedeutung der einzelnen Tiere. Sie ist heute hauptsächlich durch Goethes Fassung von 1793/94 bekannt, doch ihre Wurzeln reichen bis ins europäische Mittelalter zurück. Der Inhalt ist dabei immer mehr oder weniger gleich: Reineke Fuchs, ein Betrüger und Bösewicht, rettet sich durch geniale Lügengeschichten und ausgesuchte Bosheiten aus allen prekären Lagen und setzt sich am Ende gegen alle Widersacher als Sieger durch. Die Bewertung änderte sich allerdings immer wieder, abhängig von Kultur und Umständen.

Der Fuchs gilt weltweit als besonders schlaues Tier[71]; in Europa taucht er als solches schon bei Aesop auf. Seit dem Mittelalter wird von ihm berichtet, unter Namen wie Reinardus, Renart, Reinhart, Reynaert oder Reynard, zusammengesetzt aus »regin« (Rat) und »hart« (stark, kühn). Eine lateinische Satire von 1040 über einen Gerichtstag des Löwen mit Klagen gegen den Fuchs gilt als älteste Fassung des Epos. In den nächsten Jahrhunderten entstanden Fassungen in der Volkssprache in Frankreich, im 12. Jahrhundert eine in Mittelhochdeutsch, im 13. Jahrhundert eine mittelniederländische Version, die heute zur niederländischen Nationalliteratur zählt. Im 15. Jahrhundert wurde der *Reynard* auch in England bekannt und begründete eine eigene Texttradition, die bis in den Zeichentrickfilm *Robin Hood* von Walt Disney (1973) wirkt: Robin Hood und Lady Marian sind Füchse, Prinz John ist ein Löwe.

In Deutschland erschien 1498 in Lübeck die niederdeutsche Fassung *Reynke de vos* in 7791 gereimten Versen, die reich illustriert und kommentiert war. Sie war ähnlich verbreitet und populär wie *Eulenspiegel* und wurde in mehrere europäische Sprachen übersetzt. 1539 erschien in Rostock der um zahlreiche Kommentare erweiterte Nach-

---

71 Inari, Gott oder auch Göttin im japanischen Shinto, verwendet besonders kluge, rein weiße Füchse als Boten und erscheint oft selbst in Fuchsgestalt. In China erscheinen Geister von Füchsen als Fuchsfee oder Fuchsgeist, sie können männlich wie weiblich und gut wie böse sein.

Reineke Fuchs als Sieger

Wilhelm von Kaulbach, in Kupfer gestochen von Adrian Schleich, erschienen in *Reineke Fuchs* von Johann Wolfgang von Goethe, Cotta'sche Verlagsbuchhandlung, Stuttgart 1846

druck *Reyneke Vosz de olde*, 1544 eine erste hochdeutsche Übertragung in Frankfurt am Main. Es folgten im 16. und 17. Jahrhundert Übertragungen ins Lateinische, Englische, Spanische, Dänische, Schwedische und sogar ins Hebräische. Ab 1750 erschienen freie Bearbeitungen als Volksbücher und schließlich 1752 die Prosafassung von Johann Christoph Gottsched (1700 – 1766). Auf dieser basiert Goethes Nachdichtung.

Die Eigenschaften der Tiere in diesem Epos haben sich im abendländischen Kulturraum als nahezu allgemeingültig durchgesetzt, kaum jemand kommt an ihnen vorbei.[72] Da ist der zunächst abwesende Held, Reineke Fuchs, klug, (hinter-)listig, betrügerisch, ein cleverer Verbrecher. Er ist meist der Schwächere und Klügere und nicht unsympathisch, ein liebender Ehemann und Vater. Auf dem Gerichtstag wird er in Abwesenheit vieler Untaten bezichtigt, besonders vom Wolf, Baron Isegrim[73].

Wolf Isegrim symbolisiert Kraft, Rücksichtslosigkeit, Gier und Bösartigkeit, ist aber auch tölpelhaft und leicht zu überlisten. (Schon damals also stand in der Phantastik der kluge Flinke dem tumben Kraftprotz gegenüber, wie in so vielen modernen Büchern und Filmen – und gewann.) Diese Charakterisierung passt zum Bild des Wolfes im westlichen Volksglauben, in Mythen und Literatur. Allerdings verehrten viele Völker, die von der Jagd lebten, den Wolf als Beschützer oder übernatürliches Wesen, auch in Europa; Vornamen wie Wolfgang erinnern daran. In manchen Kulturen

---

72 Anders ist es, wenn Tiere aus einem anderen Kulturraum beschrieben werden, wie in Rudyards Kiplings *Das Dschungelbuch*, oder gar unsere Welt verlassen wird, wie im *Bannsänger*-Zyklus von Foster. Auch gibt es erheblich mehr Freiheiten, wenn »vermenschlichte« Tiere auf Menschen treffen, wie in Cornelia Funkes *Drachenreiter*. Und wenn die Tiere eher als Tiere und nicht als Menschenabbilder dargestellt werden, kann man sich natürlich von den Klischees lösen, wie etwa Tamora Pierce in ihren *Dhana*-Büchern.

73 in alten Schriften auch Ysengrimus/Isengrimus/Ysengrinus/Isengrinus/Îsengrîn, aus dem Mittelhochdeutschen »îsen« (Eisen) und »grînen« (knurren)

erscheint der Wolf als Totem, so bei den Irokesen, den Turkmenen und den Mongolen. Die Usbeken und Hunnen leiteten ihre Herkunft ebenso vom Wolf ab wie die frühen Türken. Die Geschichte der Wölfin Asena gilt als die bedeutendste Legende der Türken und anderer Turkvölker, ist in vielen Varianten in Zentralasien verbreitet und findet sich erstmals um 300 v. Chr. in der chinesischen Literatur. Ein verletzter Junge, einziger Überlebender eines Überfalls, wird von einer Wölfin aufgezogen, in manchen Varianten auch gesäugt. Diese wurde vom Himmelsgott Tengri gesandt, um das Volk der Türken zu retten. Als Mann zeugt der Gerettete mit der Wölfin zehn Junge. Der Wolf ist daher heute noch ein pantürkisches Symbol und das Tier, das in der alttürkischen Mythologie die bedeutendste Rolle spielt. Auch die Gründer Roms, Romulus und Remus, wurden der Sage nach von einer Wölfin gesäugt[74], ebenso die slowakischen Recken Waligor und Wyrwidub sowie Kyros II., der Gründer des altpersischen Reiches.

In der westlichen Mythologie aber wurde und wird der Wolf eher gefürchtet oder gar gehasst, was sich in vielen Mythen widerspiegelt und auch in der Bibel: »... *ein reißender Wolf: Am Morgen frisst er die Beute, am Abend teilt er den Fang.*« (1. Mose 49,27). Umgekehrt gilt es als Zeichen für das Paradies oder das Reich Gottes, wenn der Wolf harmlos wird: »*Dann wohnt der Wolf beim Lamm*« (Jes 11,6) und »*Wolf und Lamm weiden zusammen*« (Jes 65,25). Auch in der chinesischen Mythologie gilt der Wolf als Symbol für Grausamkeit, Gefräßigkeit und Gier, ähnlich bei den Griechen: Der griechische König Lykaon wurde von Zeus in einen Wolf verwandelt, nachdem er dessen Göttlichkeit auf die Probe stellen wollte, indem er ihm Menschenfleisch zum Essen vorsetzte.[75] In der nordischen Mythologie wird Odin begleitet von den zwei Wölfen Geri und Freki (»Gierig« und »Gefräßig«), die alle Speisen verzehren, die Odin gereicht werden, und manchmal auch Leichen fressen. Der Fenriswolf wird bei der Götterdämmerung Sonne und Mond und sogar Odin verschlingen.

In der westlichen Literatur wird der Wolf oft negativ dargestellt; er versucht meist mit allen Mitteln, andere Tiere fressen zu können und/oder dafür Entschuldigungen zu finden, so in der Fabel *Das Lamm und der Wolf* von La Fontaine:

Ein Lämmchen löschte an einem Bache seinen Durst. Fern von ihm, aber näher der Quelle, tat ein Wolf das gleiche. Kaum erblickte er das Lämmchen, so schrie er: »*Warum trübst du mir das Wasser, das ich trinken will?*« – »*Wie wäre das möglich*«, *erwiderte schüchtern das Lämmchen,* »*ich stehe hier unten und du so*

---

74   Das lateinische *lupa* bedeutet sowohl Wölfin wie auch Hure. Manche glauben, dass in der Sage nicht eine Wölfin gemeint sei, sondern Lavinia, die leichtlebige Gattin des Hirten Faustulus, der das Brüderpaar aufzog.

75   Nach diesem König ist die Lykanthrophie benannt, aus dem griechischen *lýkos*, Wolf, und *ánthropos*, Mensch, was sowohl die Verwandlung eines Menschen in einen Werwolf bedeutet (s. S. 127) wie auch die Vorstellung eines Menschen, ein (Wer-)Wolf zu sein oder sich in einen solchen verwandeln zu können.

weit oben; das Wasser fließt ja von dir zu mir; glaube mir, es kam mir nie in den Sinn, dir etwas Böses zu tun!« – »Ei, sieh doch! Du machst es gerade, wie dein Vater vor sechs Monaten; ich erinnere mich noch sehr wohl, daß auch du dabei warst, aber glücklich entkamst, als ich ihm für sein Schmähen das Fell abzog!« – »Ach, Herr!« flehte das zitternde Lämmchen, »ich bin ja erst vier Wochen alt und kannte meinen Vater gar nicht, so lange ist er schon tot; wie soll ich denn für ihn büßen.« – »Du Unverschämter!« so endigt der Wolf mit erheuchelter Wut, indem er die Zähne fletschte. »Tot oder nicht tot, weiß ich doch, daß euer ganzes Geschlecht mich hasset, und dafür muß ich mich rächen.« Ohne weitere Umstände zu machen, zerriß er das Lämmchen und verschlang es.

Das Gewissen regt sich selbst bei dem größten Bösewichte; er sucht doch nach Vorwand, um dasselbe damit bei Begehung seiner Schlechtigkeiten zu beschwichtigen.

Oft erweist sich der Wolf als dumm und wird reingelegt, nicht selten fallen seine Intrigen auf ihn zurück, in Fabeln wie in Märchen, wo der Wolf auch meist der Bösewicht ist, siehe *Rotkäppchen*, *Der Wolf und die sieben Geißlein* und *Der Wolf und die drei Schweinchen*. In der modernen Literatur finden wir beides: den bösartigen Wolf, wie die Warge oder den Riesenwolf Carcharoth bei Tolkien, aber auch ein positives Wolfsbild, etwa in Kiplings *Das Dschungelbuch*, wo die Wölfe Mogli aufziehen und beschützen, in den *Dhana*-Büchern von Pierce, der *Wolfsaga* von Recheis und *Die Wölfe der Zeit* von Horwood sowie in Filmen wie *Wolfen* (1982: Mutierte Wölfe verteidigen ihre Jagdreviere gegen die vernichtende Zivilisation) und *Die Zeit der Wölfe* (1984: Rotkäppchen trifft auf die Mythen um Werwölfe und Bestien in Menschengestalt).

Nicht so bei Reineke Fuchs: Isegrim ist stark negativ besetzt und wird, wie so oft in Literatur und Mythos, vom Fuchs übertölpelt. Dabei sind sie doch sogar verwandt![76]

Die meisten anderen Tiere kommen aber auch nicht viel besser weg, so der »König der Tiere«, der Löwe Nobel, Musterbeispiel eines starken, aber unfähigen Herrschers, der die Intrigen nicht durchschaut und seinen Hof nicht im Griff hat. Dabei hat der »Leu« (*Panthera leo*) in den meisten Kulturen und Mythen einen guten Ruf, wie auch in der phantastischen Literatur – Aslan als eine Art Gott in den *Narnia*-Romanen von Lewis ist ein besonders »edles« Beispiel. Bereits in Jahrzehntausende Jahren alten Abbildungen und Figuren sind Löwen dargestellt, in vielen Kulturen gilt der Löwe als »König der Tiere«, auf zahlreichen Wappen ist er zu finden. Er ist zwar nur die zweit-

---

76 Fuchs (*Vulpes spec.*) und Wolf (*Canis lupus*) gehören beide zur Familie der Hunde (*Canidae*). Laut manchen Mythen soll durch eine Kreuzung der Schakal entstanden sein; Fuchs-Wolf-Kreuzungen sind jedoch unmöglich, da Füchse erheblich weniger Chromosomen besitzen als Wölfe und (Haus-)Hunde.

größte Katze nach dem Tiger, aber das größte Landraubtier Afrikas, war einst rund ums Mittelmeer verbreitet und gewann durch den *Physiologus* enorme Bedeutung. Dieses Kompendium der Tiersymbolik aus dem zweiten Jahrhundert hatte großen Einfluss auf die westliche Kultur; über den Löwen behauptet es, er könne seine Jungen durch Anhauchen beleben.

In der Antike waren Löwen allgemein bekannt (in Rom u. a. durch Zirkusspiele und Gladiatorenkämpfe), und man war sich stets ihrer Gefährlichkeit bewusst.[77] Daher wird der Nemeische Löwe als menschenfressende Bestie dargestellt; ihn zu töten, ist eine der zwölf Aufgaben des Herakles. Das Sternbild des Löwen ist nach diesem Tier benannt. In der Bibel wird der Löwe an vielen Stellen als Symbol der Gefährlichkeit benannt, so 4. Mose 23, 24: »*... wie ein Löwe, der aufsteht, wie ein Raubtier, das sich erhebt. Es legt sich nicht hin, bevor es die Beute gefressen und das Blut der Erschlagenen getrunken hat.*« Die ägyptische Sphinx ist eine Abwandlung des Löwen, und gerne benennen sich Menschen nach ihm: Der äthiopische Kaiser Haile Selassie nannte sich »Löwe von Juda«.

Der Löwe als mächtiger Kraftprotz ist aber eben nicht der hellste, wie uns König Nobel zeigt. Dieser will in der Fabel Reineke vorführen lassen und schickt erst Braun, den Bären los, der sich von Reineke übertölpeln lässt; nicht besser ergeht es kurz darauf Hinze, dem Kater, beide kommen knapp mit dem Leben davon.

Bären spielen im Mythos wie in der phantastischen Literatur keine sehr große Rolle. Als »Meister Petz« wird der Bär in Märchen meist ähnlich wie in *Reineke Fuchs* als eher gutmütig und manchmal etwas tollpatschig dargestellt, so Balou im Zeichentrickfilm *Dschungelbuch* oder *Pu der Bär* von A. A. Milne. Ausnahmen sind der kluge Bär des Schwarzen Prinzen in der *Tintenblut*-Trilogie von Funke und die »Panzerbären« in Pullmans *His Dark Materials*: Diese sind stark und klug, können aber auch intrigant und starrköpfig sein, sie sind insgesamt sehr vermenschlicht.

Das Sternbild *Großer Bär* dient als Reittier in *Peterchens Mondfahrt* (s. S. 37). Ovid berichtet, Zeus habe einst die Nymphe Kallisto verführt. Nach der Geburt des Sohnes Arkas wurde sie von Zeus' eifersüchtiger Gattin Hera in eine Bärin verwandelt. Jahre später tötete Arkas seine Mutter beinahe irrtümlich bei der Jagd. Zeus verhindert dies,

---

77 Löwen töten erheblich mehr Menschen als Wölfe. Dass die frühere Auffassung, wonach der Wolf *»ungemein blutdürstig«* sei (Meyers Konversationslexikon von 1888«), falsch ist, ist inzwischen bekannt. Die meisten Berichte über Angriffe auf Menschen dürften jeder Grundlage entbehren, gesicherte Belege für Angriffe gesunder Wölfe auf Menschen in Europa gibt es nicht. Hingegen gibt es immer wieder menschenfressende Großkatzen, nicht nur in der Literatur wie Tiger Schir Khan als Menschenfresser oder der menschenfressenden Löwen bei Karl May. In Indien werden regelmäßig Menschen von Tigern getötet. In Tansania sterben schätzungsweise mehr als 200 Menschen jährlich durch Löwen; es ist ein Fall belegt, in dem ein Löwe mindestens 35 Menschen tötete (»Löwen fressen Menschen – ›Man-Eater‹ in Tansania«, Deutschlandfunk 16.6.2006).

verwandelte auch ihn in einen Bären und setzte beide als Sternbilder an den Himmel. Die Bezeichnung Arktis leitet sich davon ab: »Land unter dem (Sternbild des) Großen Bären«. Nordamerikanische Indianer sahen im Kasten des *Großen Wagen* eine Bärin, die Deichselsterne wurden als Jungbären gedeutet, die ihrer Mutter folgen, oder als Jäger.[78]

In animistisch oder schamanistisch geprägten Kulturen tauchen Bären als mächtige Geister oder Götter auf. In arktischen Mythen gibt es den »Herrn der Eisbären«, eine Art Jagdgott; als größte an Land lebende Raubtiere haben Eis-und Braunbären die Menschen wohl schon immer beeindruckt, mehr noch wohl früher der erheblich größere Höhlenbär. Einzeitliche Höhlenmalereien gelten als Hinweise auf einen »Bärenkult«.

Als Bärengötter der Kelten werden Artaios und Matunus/Matun(n)os vermutet, als Göttinnen Artio und eventuell Andarta (Andata/Andate/Andraste). In keltischen Erzählungen gilt der Bär als »König der Tiere«; manche vermuten, der Name Artus leite sich vom keltischen Wort für Bär ab.

Im finnischen Nationalepos *Kalevala* gibt es Hinweise auf Bärenverehrung; danach war es verboten, den Namen des Bären, »karhu«, auszusprechen, stattdessen wurden Umschreibungen gebraucht wie »otso« oder »metsän kuningas« (König des Waldes) Tolkien greift – wie auch sonst oft – auf das Kalevala zurück, wenn er den mächtigen Nordpolarbären in den *Briefen vom Weihnachtsmann* Karhu nennt.

Bei den Samen gab es einen Bärenkult mit einer eigenen Jagdzeremonie für Bären. In Sibirien gilt der Bär als der Herrscher der Wildnis. Im Tengrismus wird von manchen Völkern, so den Ewenken, der Bär als heiliger Ahne verehrt. Das mongolische Wort für Bär bedeutet auch gleichzeitig Vater. In indianischen Mythen und Kulten finden sich ebenfalls Bezüge zum Bären: Es gab Bären-Klans, Bärentänze und den Bär als Totem- und Namenstier. Bei den Ainu gab es ein rituelles Bärenopfer.

Wie der Löwe findet sich auch der Bär, wenn auch seltener, in Wappen, bekannt sind der Berliner Bär und der im Wappen von Bern.

K atzen gelten in Mythologie und Literatur meist als besonders klug und/oder weise; insofern ist Kater Hinze kein typisches Beispiel. Bei Lovecraft gibt es eine eigene Mythologie (*Die Katzen von Ulthar*), bei Leiber leben Katzen in verschiedenen Dimensionen (*Raum-Zeit-Sprünge*), und bei Hohlbein tauchen sie als Göttinnen oder Geister ebenso auf wie bei Tanith Lee. Das hat Tradition: Der letzte Roman von E. T. A. Hoffmann, *Lebensansichten des Katers Murr*, ist teilweise aus der Perspektive des Katers

---

78 Großer Bär: *Ursa Maior* (heißt eigentlich »größere Bärin«), die sieben hellsten Sterne bilden den Großen Wagen, wobei der Schwanz den drei »Deichselsternen« entspricht – Kleiner Bär: *Ursa Minor* (heißt eigentlich *Kleinere Bärin*), auch »Kleiner Wagen« genannt, sein Hauptstern, der Polaris oder Nordpolarstern, steht sehr nahe dem Himmelsnordpol.

erzählt; die *Cheshire Cat* in *Alice im Wunderland* von Lewis Carroll kann sich vom Schwanz her unsichtbar machen, bis nur ihr Grinsen in der Luft schwebt. *Der schwarze Kater* bei Edgar Allan Poe hilft bei der Dingbarmachung eines Mörders, und in *Die Squaw* von Bram Stoker rächt sich eine Katze blutig für den Tod ihres Kindes. Dante, Petrarca, Baudelaire, Maupassant, Colette und viele andere Autorinnen und Autoren äußern sich begeistert über Katzen; Geschichten über besonders oder übernatürlich begabte Katzen gibt es ohne Zahl, und es gibt ganze Krimireihen um intelligente Katzen.[79]

In Märchen sind Katzen häufig besonders klug, wie der *gestiefelte Kater* bei den Brüdern Grimm oder bei *Shrek*. Da sie so beliebt sind, spielen Katzen auch in Zeichentrickfilmen häufig eine Rolle[80], allerdings keineswegs nur eine positive, wie bei *Tom und Jerry* und *Sylvester und Tweety*, wo der Kater die Maus bzw. den Vogel fressen will.

In der Tradition werden Katzen sowohl positiv wie negativ dargestellt. In Ägypten wird seit etwa 5.000 Jahren Bastet verehrt, Gemahlin des Sonnengottes Re und Mutter des Löwengottes Mahes, Göttin der Liebe, der (Zeugungs-)Kraft und des Guten. Als Mondkatze bewacht sie des Nachts die Sonne, deren wohltuende Kraft sie verkörpert. Ihr heiliges Tier ist die Katze, je nach Mythos wird sie als Frau mit Löwen- oder Katzenkopf oder als Katze dargestellt. Shosti, die Hindu-Göttin der Geburt, reitet auf einer Katze. Freya, die nordische Göttin der Liebe und Fruchtbarkeit, fährt in einem von zwei Katzen gezogenen Wagen. In Osttimor gelten Katzen als heilig, in Japan, China und Thailand gibt es den Katzen gewidmete Tempel. Im islamischen Volksglauben ist die Katze das einzige so reine Tier, dass das Wasser, von dem sie getrunken hat, noch zur Waschung vor dem Gebet geeignet ist.

Nach einer orientalischen Sage entstand die Katze während der Sintflut: Um einer Mäuse- und Rattenplage Herr zu werden, nieste die Löwin auf Bitten Noahs zwei mähnenlose Minilöwen aus, das erste Katzenpaar. Nach einer ungarischen Sage soll Eva aus dem Schwanz einer Katze entstanden sein, nach einer rumänischen Sage entstand die Katze aus einer Frau. Im Spätmittelalter wurden Katzen in Europa dämonisiert und für unglücksbringend gehalten; im Volksglauben galten sie als Begleiterinnen von Hexen und Schülerinnen des Teufels. Auf ihrem Rücken sollten Hexen zum Hexensabbat reiten; schwarze Katzen wurden teilweise gnadenlos verfolgt und manchmal sogar, in

---

79 Lilian Jackson Braun (*1916) hat seit 1966 fast 30 Romane vorgelegt aus der *Die Katze, die ...*-Serie (*The Cat Who ...*), in der die beiden Siamkatzen Koko und Yum Yum den Journalisten James Qwilleran bei der Aufklärung von Kriminalfällen unterstützen. Von Akif Pirinçci (*1959) sind seit 1989 sechs Krimis mit Fantasy-Charakter aus der Reihe *Felidae* erschienen, in denen der Kater Francis als Detektiv agiert. Rita Mae Brown (*1944) hat (angeblich mit ihrer Tigerkatze Sneaky Pie Brown als Koautorin) über ein Dutzend Krimis geschrieben über die Abenteuer der Tigerkatze Mrs. Murphy, ihrer Freundin, der Hündin Tee Tucker, und ihres Frauchens Mary Minor Haristeen, sowie einige, in denen kluge Füchse und Hunde die Detektive sind.

80 Beispiele: Disneys *Aristocats* (1970), *Fritz the Cat* (1972), der Anime-Film *Das Königreich der Katzen* (2002)

Körbe gesperrt, auf dem Scheiterhaufen verbrannt. Im 15. Jahrhundert wurde behauptet, Hexen würden in Katzengestalt umgehen, dies findet sich oft auch im Märchen und wird ebenso im japanischen Volksglauben behauptet. Um das Böse zu begraben, wurde in Frankreich einmal eine Katze in das Fundament einer Kirche eingebaut.

Zugleich hatten Katzen in der Volksmedizin einen hohen Stellenwert; fast alles von ihnen wurde zu Heilzwecken verwendet. Teilweise waren Katzen sehr selten und galten als wertvoll; im 10. Jahrhundert durfte sich in England eine Ansiedlung nur Dorf nennen, wenn sie mindestens eine Katze hatte. Im 11. und 12. Jahrhundert trugen die Wikinger Katzenfell und wurde in Frankreich und England Katzenleder zu Handschuhen verarbeitet (noch bis ins 18. Jahrhundert); damals kostete eine Katze in Deutschland fast so viel wie ein Lamm oder eine Kuh.

Mit der industriellen Revolution stiegen Katzen von Nutz- zu Haustieren auf, seit den 1990er-Jahren sind sie weltweit die am weitesten verbreiteten wirtschaftlich nicht genutzten Haustiere und haben damit die Hunde überholt. Bis heute aber gibt es in der westlichen Kultur ein zwiespältiges Verhältnis zu Katzen; neben der Begeisterung für sie gibt es auch die Einschätzung, sie seien falsch und verschlagen und brächten Unglück. Damit sind wir fast wieder bei der Einschätzung von Reineke Fuchs!

Dem übrigens nützen seine Schliche zunächst nichts. Der König, stinksauer, erzwingt sein Erscheinen vor Gericht und erreicht das Todesurteil. Unter dem Galgen, den Hals in der Schlinge, erfindet Reineke aber, getarnt als Beichte, eine Geschichte von Verrat und einem Goldschatz, die ihm die Freiheit bringt. Unter einem Vorwand bricht er zu einer Pilgerreise nach Rom auf und erreicht vorher noch, dass man ihm aus einem Stück Pelz des Bären einen Ranzen macht und Schuhe aus Fell, das man Isegrim von den Vorderpfoten und dessen Frau Gieremund von den Hinterpfoten abzieht. Von unterwegs schickt er, dem Hof zum Hohne, diesem den abgebissenen Kopf seines Pilgergefährten Lampe, des Hasen.

In dieser Fabel wird der Hase als naiv und töricht dargestellt, in den meisten Mythen und Geschichten aber sind Kaninchen und Hasen besonders klug und clever: im Märchen *Der Hase und der Igel*, in *Pu der Bär* (A. A. Milne) und in Buch und Film *Unten am Fluss (Watership down)* von Richard Adams. Zugleich finden sich des Hasen Schnelligkeit und seine Scheu in Begriffen wie *Angsthase* und *Hasenfuß*; daraus hat Adams in *Watership down* eine ganz eigene Mythologie der Kaninchen entwickelt.

Auf alchemistischen Darstellungen weist der Hase als Tunnelgräber den Weg zum Stein der Weisen, in afrikanischen Erzählungen gilt er als gerissen und schlau. Wegen seiner hohen Fortpflanzungsrate gilt er weltweit als Symbol der Fruchtbarkeit und wurde neben dem Ei zum Symbol des Osterfestes.

Das einzig wirklich positiv gezeichnete Tier im *Reineke Fuchs* ist Reinekes Onkel, der Dachs Grimbart, der diesen überredet, wieder zum Hof zu kommen. Dachse tauchen in der Fantasy-Literatur nicht oft auf, spielen dann aber eigentlich immer eine positive Rolle, so in *Der Wind in den Weiden* (Grahame), als Dachsgott in *Dhana* (Pierce) und als freundliche Familie in *Der König von Narnia* (Lewis).

In der Mythologie ist der Dachs als speziell europäisches Tier unbedeutend; phantastische Werke beziehen sich eher auf seine große Bedeutung für den Menschen in früheren Zeiten. So wurde Dachsfett für die Einreibung beispielsweise gegen Rheuma eingesetzt, Dachsfleisch galt als schmackhaft, und Dachshaare wurden einst für Bürsten und werden noch heute für hochwertige Rasier- und Malerpinsel verwendet.

Bei der zweiten Gerichtsverhandlung unterstützt der treue Grimbart natürlich seinen Verwandten, und sie erreichen statt eines Urteils einen Zweikampf zwischen Isegrim und Reineke. Trotz seiner körperlichen Unterlegenheit gewinnt der Fuchs, indem er dem Wolf ins Auge kratzt, Urin in die Wunde spritzt, Sand hinein wirft und Isegrim schließlich in die Hoden kneift. Nach diesem Sieg wird er zum königlichen Rat und Reichsverweser ernannt – womit die politische Parabel perfekt ist.

Natürlich spielen in der phantastischen Literatur noch viele andere Tierarten eine Rolle, von denen einige hier noch vorgestellt werden. Hunde kommen zwar in vielen Büchern vor, als Protagonisten in der phantastischen Literatur aber eher selten, u. a. bei Douglas Adams (*Hunde des schwarzen Todes*), Tolkien (*Roverandom*, Garm im *Bauer Giles von Ham* und *Huan*, der große Jagdhund, im *Silmarillion*), Rowling (Fluffy, der dreiköpfige Wächter), Nix (die »fragwürdige Hündin« in der Trilogie um das alte Königreich) und indirekt bei Pullman, wo die Diener meist Hunde-Dæmonen haben.

Auch mythologisch sind Hunde nicht sehr bedeutend, meist erfüllen sie Wächterfunktionen. Garm, der Höllenhund in der Mythologie der Germanen, bewacht den Eingang zur Hel; er wird während der Götterdämmerung vom Kriegsgott Tyr getötet, während er diesem die Kehle zerreißt. In vielen Kulturen bewacht ein Hund den Eingang (und vor allem Ausgang der Hölle).

Am bekanntesten ist wohl der dreiköpfige Kerberos (Cerberus/Zerberus) aus der griechisch-römischen Mythologie, der meist mit drei Schwänzen mit giftigen Schlangen- oder Drachenköpfen daran dargestellt wird (manchmal hat er auch eine Schlangenmähne und bis zu 50 Köpfe).[81] Er erlaubte den Toten, den Hades zu betreten, ließ jedoch niemanden hinaus. Einige Helden konnten ihn allerdings mit List oder Gewalt

---

81 Kerberos wird auch gerne in der Politik beschworen: »*Dem dreiköpfigen Ungeheuer müssen die Köpfe abgehauen werden: Sozialismus, Multikulturismus, islamischer Fundamentalismus!*«, so der belgische Vlaams-Belang-Chef Filip de Winter auf einem Republikaner-Kongress in Mainz (Frankfurter Rundschau, 08.10.2007).

bezwingen: Der berühmte Dichter und Musiker Orpheus, der seine Gattin Eurydike aus dem Hades holen wollte, konnte ihn mit Musik besänftigen – dies hat Rowling mit Fluffy nachgeahmt –, und das schöne Mädchen Psyche und der trojanische Prinz Aeneas schafften es mit Honigkuchen. Einzig der gewaltige Held und Halbgott Herakles konnte den Höllenhund mit Gewalt besiegen, er holte ihn sogar zeitweise aus der Unterwelt:

> *»Dies Untier hatte drei Hundsköpfe mit gräßlichen Rachen, aus denen unauf-*
> *hörlich giftiger Geifer träufte, ein Drachenschwanz hing ihm vom Leibe her-*
> *unter, und das Haar der Köpfe und des Rückens bildeten zischende, geringelte*
> *Schlangen. […] Er fand ihn an der Mündung des Acheron hingekauert, und*
> *ohne auf das Bellen des Dreikopfs zu achten, das wie ein sich in Widerhallen*
> *vervielfältigender dumpfer Donner tönte, nahm er die Köpfe zwischen die Bei-*
> *ne, umschlang den Hals mit den Armen und ließ ihn nicht los, obgleich der*
> *Schwanz des Tieres, der eine lebendige Schlange war, sich vorwärts bäumte und*
> *der Drache ihn in die Weiche biß. Er hielt den Nacken des Ungetümes fest und*
> *schnürte ihn so lange zu, bis er über das ungebärdige Tier Meister ward, da er*
> *es dann aufhob und durch eine andere Mündung des Hades bei Trözen im ar-*
> *goischen Lande glücklich wieder zur Oberwelt auftauchte. Als der Höllenhund*
> *das Tageslicht erblickte, entsetzte er sich und fing an, den Geifer von sich zu*
> *speien; davon wuchs der giftige Eisenhut aus dem Boden hervor.«*   (Schwab)

In der Sage um die Medusa gibt es einen »Helm aus Hundefell«, Vorläufer der Tarnkappe: *»Wer sich damit bekleidete, … sah, wen er wollte, und wurde von niemand gesehen.«*

Schweine kommen eher selten vor in der phantastischen Literatur, Ausnahmen sind die cleveren Exemplare in Orwells *Farm der Tiere*, Ferkel in *Pu der Bär* (Milne) und das weissagende Schwein Hen Wen im *Taran*-Zyklus von Lloyd Alexander. Sehr häufig vorkommende Haustiere sind hingegen Pferde; neben ihrer Rolle als »normales« Reittier spielen sie besonders in orientalischen und osteuropäischen Märchen eine wichtige Rolle, häufig als kluge Berater, als Flügelross oder als Zauberpferd, ohne dass der Held oder die Heldin die Aufgabe(n) nicht erfüllen könnte. Auch Gandalf hätte in *Der Herr der Ringe* ohne Schattenfell erhebliche Probleme.[82] Die große Bedeutung des Pferdes in der Fantasy entspricht der in der Mythologie vieler Völker. Es gibt zahlreiche Pferdegottheiten wie die walisische Rhiannon. In der griechischen Mythologie war das Pferd dem Meeresgott Poseidon heilig, der u. a. Vater des geflügelten Rosses Pegasos ist. Der »Missbrauch«

---

82 Schattenfell ist der »König« der Mearas, der Pferde von Rohan; diese sprechen die Sprache der Menschen, werden etwa 80 Jahre alt und stammen ab von Nahar, dem Pferd von Orome, Gott der Jagd.

seines heiligen Pferdes durch Odysseus bei dessen List mit dem Trojanischen Pferd war einer der Gründe von Poseidons Hass auf den griechischen Helden.

In der nordischen Mythologie reitet der oberste Gott Odin das achtbeinige Pferd Sleipnir (»der Dahingleitende«), das auf Land, über Wasser, durch die Luft und durch alle Welten laufen kann. Sleipnir ist das Kind des Gottes Loki und des Hengstes Svadilfari; diesen hatte Loki in Gestalt einer Stute seinem Besitzer, einem Riesen, zeitweise entführt. Der Sonnenwagen wird gezogen von den Pferden Arvak und Alsvid, die den Wagen der Sonne über den Himmel zogen. Der zweite Merseburger Zauberspruch, der wohl im 10. Jahrhundert aufgeschrieben wurde, aber einige Jahrhunderte älter sein könnte, dient dazu, den gebrochenen Fuß eines Pferdes zu heilen.

Im Islam spielen Pferde eine wichtige Rolle. Mohammed wird der Legende nach zu Lebzeiten von der heiligen Stute Buraq ins Paradies geleitet, einem weißen pferdeähnlichen Reittier mit Flügeln und Menschenantlitz; auf diesem Tier soll auch der Erzengel Gabriel von Mekka nach Jerusalem geritten sein. Im *Persischen Königsbuch*, dem *Buch der Könige*, des persischen Dichters Abū l-Qāsem-e Ferdousī (940/41 – 1020), einem der berühmtesten Werke der persischen Literatur, ist der Hengst Rakhsh des Helden Rostam ein wahres Wunderpferd, intelligent, unglaublich stark und sehr langlebig.

Hirsche und ihre Verwandten tauchen häufig in Märchen auf, in der Fantasy seltener, dann vor allem im Zusammenhang mit keltischem Hintergrund. In der Mythologie der Kelten gab es den »Hirschgott« Cernunnos. Manche setzen ihn allgemein mit dem sterbenden und wiederauferstehenden Gott gleich, der als Vegetationsgott im Frühling wieder aufersteht, und dann u. a. mit Adonis, Osiris und Dionysos. Die Römer setzten Cernunnos mit Jupiter gleich. Manche vermuten, dass sich der »Wilde Mann«, der »Green Man« und der »Wilde Jäger« verschiedener Mythologien und Kulturen auf diesen Hirschgott zurückführen lassen, eventuell auch der mittelenglische Mythos von Herne, dem »Gehörnten«. Dieser wurde u. a. bekannt als »Herne The Hunter« (Herne der Jäger) durch Shakespeares Komödie »Die lustigen Weiber von Windsor« und verschiedene Geschichten mit Robin Hood (u. a. eine Fernsehserie).

Bei den Griechen und Römern war der Hirsch das heilige Tier der Jagdgöttin Artemis/Diana; weil Agamemnon in Aulis eine Hirschkuh erlegte, forderte Artemis als Sühneopfer seine älteste Tochter Iphigenie. Die Kerynitische Hirschkuh, die ein goldenes Geweih hatte und in Arkadien lebte, musste Herakles als dritte Aufgabe lebend fangen.

In der Bibel steht der Hirsch für die nach Heil suchende oder die gerettete Seele: »*Wie der Hirsch lechzt nach frischem Wasser, so lechzt meine Seele, Gott, nach dir.*« (Psalm 42,2). Deshalb erzählen Heiligenlegenden wie auch Märchen und Sagen manchmal von Begegnungen mit Hirschen mit einem Kruzifix im Geweih, so bei den Heiligen Eustachius oder Hubertus von Lüttich. Besonders beliebt sind weiße Hirsche als Omen oder Zeichen der Unschuld. Auch in der Mythologie der Indianer gelten Hirsche als Symbol der Sanftmütigkeit und der Dankbarkeit, im Shintoismus gelten sie als göttliche Boten.

Besonders unbeliebt in der Mythologie wie in der phantastischen Literatur sind Ratten. In Fabeln gelten sie als hinterhältig, feige und verschlagen, und seit der Antike werden sie mit Vernichtung, Krankheit (Pest!) und Tod in Verbindung gebracht – wie in vielen Vampirgeschichten und -filmen (*Nosferatu*). Sie verursachen seelische und/oder körperliche Qualen wie bei Lovecraft (*Ratten im Gemäuer*, *Träume im Hexenhaus*), Poe (*Brunnen und Pendel*), Orwell (*1984*) und King (*Spätschicht*). Manchmal stehen sie aber auch für die Menschen, wie im berühmten Gedicht *Die Wanderratten* von Heine. In den letzten Jahrzehnten werden Ratten zunehmend positiv gezeichnet, so im Roman *Die Rättin* von Günter Grass (1985), in dem die Ratten vergeblich versuchen, die Menschen vor dem Untergang zu warnen und dann deren Nachfolge antreten, und im ebenfalls den Weltuntergang skizzierenden Roman *Dr. Ratte* von William Kotzwinkle (1971). In *Drachenreiter* von Funke kann die intelligente Ratte Lola ein Flugzeug steuern, und im *Schlüsselreich*-Zyklus von Garth Nix segeln aufrecht gehende menschengroße Wasserratten über das Meer. Den vorläufigen Höhepunkt der positiven Rattendarstellung bietet die Kochratte Rémy im Animationsfilm *Ratatouille* (USA 2007).

Vögel kommen häufig vor in der phantastischen Literatur. In den Fabeln sind es oft die kleinen Vögel, die erfolgreich sind, in Mythen und Literatur eher Adler, Raben und Krähen. Bekannt sind die Bild- und Verserzählung *Hans Huckebein der Unglücksrabe* von Wilhelm Busch, das Gedicht *Der Rabe* von Poe und der davon inspirierte Film *Der Rabe – Duell der Zauberer* (Roger Corman, 1963), der tschechische Märchenfilm *Der Zauberrabe Rumburak* (1984) und der Horrorfilm *The Crow* (»Die Krähe«, USA 1994), der auf der gleichnamigen Comicserie basiert sowie der den Kelten nachgesagten Vorstellung, dass die Seelen der Toten von einer Krähe ins Jenseits begleitet würden, wenn sie allerdings dort keine Ruhe fänden, von der Krähe auch wieder zurückgebracht werden könnten. Hier wird wie in vielen Märchen die ambivalente Rolle von Krähen und Raben deutlich, als Unglücksbringer und Totenvögel, als Leichenfledderer und Heilkundige, als Himmelsvögel und Höllenfahrer. Als gefährliche Spione und Verräter treten Krähen u. a. auf bei Tolkien, bei Lloyd Alexander (*Taran*) und als zombieähnliche Blutkrähen bei Garth Nix in der Trilogie um das alte Königreich. In nordamerikanischen Indianer-Mythen sind die Krähen hingegen Glücksvögel, und im Grimm-Märchen *Die Krähen* verhelfen die Vögel einem betrogenen Soldaten, sein Augenlicht wieder und eine Prinzessin zur Frau zu gewinnen.

In der nordischen Mythologie symbolisiert der Rabe die Weisheit. Odin wird stets begleitet von den beiden Raben Hugin und Munin (»Gedanke« und »Gedächtnis«). Dem griechischen Gott Apollon waren die Raben heilig. Schon im *Gilgamesch-Epos* (s. S. 139) schickt der Weise Utnapischtim, der die Sintflut überlebt hatte, einen Raben aus, um über das Sinken des Wassers zu berichten, später macht es ihm Noah nach. Im mittelalterlichen Volksglauben wurde der Rabe als Diener des Bösen verteufelt – ähnlich im *Drachenreiter* von Funke – und vermögen sich Hexen und Zauberer in Ratten oder Krähen zu verwandeln; dieses Motiv greift Otfried Preußler in *Krabat* auf. In England gibt es die Sage, Artus sei nach seiner letzten Niederlage in einen Raben verwandelt worden; einer anderen Sage zufolge geht es der englischen Monarchie gut, solange es Raben am Tower of London gibt. Deshalb werden den Raben dort die Flügel gestutzt.

Adler werden gerne in Fantasy-Romanen eingesetzt, so von Tolkien – intelligente Riesenadler, deren größter eine Flügelspannweite von fast 60 Metern hatte – und besonders schön und geschickt von Joy Chant. In der Antike war der Adler, der größte europäische Greifvogel, als Vogel des griechischen Gottes Zeus ein Symbol für Macht und Sieg, im römischen Reich war er Wahrzeichen für die höchste weltliche Macht, besonders als Feldzeichen der römischen Legion (Legionsadler). Nach dem Löwen ist der Adler deshalb das beliebteste Wappentier und ziert noch heute die Wappen u. a. der USA, von Mexiko, Polen, Österreich und Deutschland. Die Germanen benannten Jungen nach diesen Vögeln: Arnd und Arnulf. Im Christentum gilt der Adler als Symbol für Verjüngung und Wiederauferstehung und ist das Symboltier des Evangelisten Johannes, laut dem Kirchenvater Hieronymus, weil er im Prolog *»über das Wort, das am Anfang bei Gott war, höher steigt als die anderen und sich in die höchsten Regionen aufschwingt, so wie ein Adler sich zur Sonne erhebt«.* Bei einigen Indianervölkern gilt der Adler als heiliges Tier, noch heute schmücken sie sich teilweise mit seinen Federn.

Die Eule gilt seit alters her als Symbol der Weisheit, so kommt sie auch manchmal in der Literatur vor, etwa in *Pu der Bär* (Milne). Die Griechen betrachteten sie als Sinnbild von Athene, der Göttin der Weisheit und des Krieges; eine Eule, die vor der Schlacht über das Heer flog, galt als Siegeszeichen. In Athen gab es so viele Eulenbilder, dass es sinnlos war, »Eulen nach Athen zu tragen«. Für die Römer allerdings war die Eule ein Pechvogel, der Tod und Katastrophen verhieß, und in den meisten Kulturen gilt sie als Unglücks- oder Todesvogel. In der Bibel symbolisiert sie Zerstörung: *»Ich bin wie eine Dohle in der Wüste, wie eine Eule in öden Ruinen«* (Psalm 102,7, ähnlich Jes 13,21, 14,23, 34,11 und Zef 2,14). In manchen Ländern soll es Unglück bringen, am Tag eine Eule zu sehen (das parodiert Rowling im ersten *Harry-Potter*-Band). Verbreitet ist der Aberglaube, dass der Ruf der Eule den Tod ankündige. Shakespeare setzt dies mehrfach um, so in *Julius Cäsar*: *»Und gestern saß der Vogel | Der Nacht sogar am Mittag auf dem Markte | Und kreischt'* *und schrie.*« In *Macbeth* hört Lady Macbeth die Eule, während ihr Mann den rechtmäßigen König ermordet. Hexen sollen Eulen als Begleiter wählen oder ihre Gestalt annehmen, wie im Märchen *Jorinde und Joringel* der Brüder Grimm. Darauf bezieht sich Rowling, wenn sie Eulen zu Begleitern von Zauberern und Hexen sowie zu Postboten macht.

Auch Fledermäuse werden gerne mit Hexen, Dämonen oder Vampiren in Verbindung gebracht. So können sich Vampire angeblich in Fledermäuse verwandeln, und bei Tolkien ist Thuringwethil, Dienerin von Sauron, eine riesige Vampirfledermaus. Seit alters her gilt die Fledermaus bei vielen Völkern als »Wesen zwischen Nacht und Tag«, im antiken Rom hieß es, sie sei mit dem Teufel verwandt. Laut Ovid wurden die Töchter des Königs von Böotien in Fledermäuse verwandelt, weil sie statt Bacchus zu ehren lieber arbeiteten und plauderten. Die Bibel zählt Fledermäuse zu den unreinen Tieren (3 Mose 11), und zwar den Vögeln; bis ins 18. Jahrhundert galt die Fledermaus in Europa als Vogel, vom Mittelalter bis in den Barock als ein Attribut des Antichrists, Goya nutzte Fledermäuse mehrfach als Symbole des Bedrohlichen.

In China ist die Fledermaus Symbol für Glück und Gewinn, eine etwa 2000 Jahre alte Fledermausgottheit der Maya könnte sowohl positiv wie negativ besetzt sein.

Wie Vögel und Fledermäuse nach oben streben, sind Schlangen nach unten orientiert. In der phantastischen Literatur kommen Schlangen oft vor, häufig in Verbindung mit oder an Stelle von Drachen (s. S. 104ff). In den Harry-Potter-Büchern spielen sie eine wichtige Rolle, von der *Boa constrictor* in Band 1 über das Symbol für Slytherin bis zu Nagini, der Verbündeten von Voldemort.[83]

In der Mythologie sind Schlangen von großer Bedeutung: In der hinduistischen Vorstellung ruht Vishnu mit seiner Gattin Lakshmi im »Milchmeer«, getragen von der tausendköpfigen männlichen Schlange (oder dem Drachen) Ananta; am Ende der Zeit wird dieser giftiges Feuer spucken und die Schöpfung vernichten. Weltumspannend ist die Midgardschlange der nordischen Mythologie Jörmungandr/Jormungand/Miðgarðsormr, wie Hel und der Fenriswolf ein Kind von Loki. Dreimal kämpft Thor gegen sie, bei der Ragnarök werden sie sich gegenseitig töten. Im *Gilgamesch-Epos* (s. S. 139) verliert Gilgamesch die Pflanze der Unsterblichkeit an eine Schlange, und im babylonischen Weltschöpfungsepos »Enuma Elisch« wird der schlangenartige Chaosdrache Tiamat

---

83 Schlangen sind eine Unterordnung der Reptilien (lateinisch *serpentes*) mit extrem langgestrecktem Körper ohne äußere Gliedmaßen (bei einigen kann man Überbleibsel der Hinterbeine entdecken). Ihre schlängelnde, manchmal auch seitliche Fortbewegung und die extreme Beweglichkeit – fast alle können schwimmen, einige werfen sich von Bäumen, dass man vermuten könnte, sie könnten fliegen – hat dazu beigetragen, dass Schlangen häufig negativ betrachtet werden. Zudem sind alle Schlangen Fleischfresser (eine Riesenpython kann Tiere mit bis zu 70 kg Gewicht verzehren). Die meisten Schlangen sind Giftschlangen; daher gelten sie als heimtückisch.

von Marduk besiegt; dessen Symboltier war der Schlangendrache Muschchusch. Die Schlange im ersten Buch Mose wird häufig als Satan interpretiert, der in das Paradies eindringt. In abendländischen Legenden und Mythen wird die Schlange oft mit dem Drachen gleichgesetzt: »*An jenem Tag bestraft der Herr mit seinem harten, großen, starken Schwert den Leviatan, die schnelle Schlange, den Leviatan, die gewundene Schlange. Den Drachen im Meer wird er töten*« (Jes. 27,1) oder auch mit dem Teufel oder dem Antichristen, wie in der Offenbarung des Johannes beim Kampf mit dem Erzengel Michael: »*Er überwältigte den Drachen, die alte Schlange – das ist der Teufel oder der Satan –, und er fesselte ihn für tausend Jahre*« (Offb 20, 2) und er »*wurde gestürzt, der große Drache, die alte Schlange, die Teufel oder Satan heißt und die ganze Welt verführt; der Drache wurde auf die Erde gestürzt und mit ihm wurden seine Engel hinabgeworfen*« (Offb 12, 9).

Der griechische Heros und Halbgott Herakles tötet als Säugling zwei Schlangen und erschlägt die Hydra, die »lernäische Schlange«, der die abgeschlagenen Köpfe immer nachwachsen, bis man sie ausbrennt, und an deren Gift er letzlich zugrunde geht. Als *Ouroboros/Uroboros* ist die Schlange (oder der Drache), die sich in den eigenen Schwanz beißt, ein wichtiges Symbol in der Alchemie und Magie (s. S. 108). In Mesopotamien war die gehörnte Schlange Symbol des Heilgottes Ningizzida, und eine Schlange war das heilige Tier des Aeskulap, des griechischen und römischen Gottes der Heilkunst; der schlangenumwundene Äskulapstab ist bis heute das Symbol des Ärztestandes. Auch in der phantastischen Literatur gibt es »gute« Schlangen, wie Kaa im *Dschungelbuch* (im Buch, nicht im Film) oder *Die weiße Schlange* im gleichnamigen Märchen der Brüder Grimm; (meist weiße) Schlangen gelten als gute Hausgeister.

Spinnen sind vielen Menschen in westlichen Gesellschaften ähnlich unsympathisch wie Schlangen (in anderen Kulturen werden sie teilweise verehrt – oder gegessen). In der Fantasy sind sie beliebt als Monster, wie Aragog und dessen Riesenspinnen, die Acromantulas, im Verbotenen Wald bei *Harry Potter*, die Riesenspinnen, mit denen sich Bilbo im *Hobbit* rumschlagen muss und Kankra in *Der Herr der Ringe*. Wie Insekten, z. B. die Ameisen in *Formicula* (1954), werden Spinnen gerne als Bedrohung eingesetzt in Horror- oder Science-Fiction-Filmen wie in *Tarantula* (1954) und *Arac Attack – Angriff der achtbeinigen Monster* (2002).[84] Glücklicherweise sind Spinnen in der Realität selten

---

84 Spinnen sind keine Insekten, sondern Spinnentiere (*Arachnida*), wie Weberknechte, Milben, Zecken und Skorpione. In der Ordnung der Webspinnen (*Araneae*) gibt es über 100 lebende Familien mit etwa 34.000 Arten. Die achtbeinigen Gliederfüßer sind sehr beweglich, haben meist 4 Paar einfacher Augen, zwei Giftklauen und am Hinterleib Spinnwarzen. Die meisten sind Landbewohner, einige leben im Süßwasser und spinnen Unterwasserglocken. Die größte bekannte Art hat eine Körperlänge von rund 9 cm; die Spannweite der Beine kann 30 cm betragen. Manche Spinnen jagen ihre Beute, indem sie ihr auflauern, wie die Springspinnen. Bei den meisten Arten sind die Männchen sehr viel kleiner und werden nicht selten nach der Paarung vom Weibchen verspeist.

gefährlich, was aber ihre Bedeutung im Mythos nicht mindert. Laut der griechischen Mythologie wurden die Spinnen von Minerva geschaffen, die in Griechenland als Pallas Athene verehrt wurde:

»In Hypäpa, einer kleinen Stadt Lydiens, wohnte eine Jungfrau von niederer Herkunft, Arachne. ... pries man den Namen Arachnes in den lydischen Städten, da sie als Weberin durch Kunst und Fleiß alle sterblichen Weiber übertraf ... Niemals war so die Kunst mit der Anmut gepaart; ob sie die grobe Wolle zuerst aufwickelte, ob sie die Fäden feiner und feiner zog, ob sie mit dem flinken Daumen die Spindel umschwang oder mit der Nadel stickte: Es schien stets, als ob Pallas Athene selbst sie unterwiesen hätte. Davon aber wollte Arachne nichts wissen, sondern sie rief oft beleidigt: ›Nicht von der Göttin lernte ich die Kunst! Sie komme und messe sich mit mir. Besiegt sie mich, so will ich jede Strafe erdulden!‹ Athene hörte ihr Prahlen mit Unwillen, nahm die Gestalt eines alten Mütterchens an, umgab sich die Stirn mit grauem Haar und nahm einen stützenden Stab in die welken Hände. So verwandelt, trat sie in die Hütte Arachnes ...«

Es kommt zum Wettstreit im Weben, der unentschieden endet:

»Als sie ihr Werk vollendet hatte, vermochte selbst Pallas Athene nicht, die Kunst der Jungfrau zu tadeln, aber mit Entrüstung ersah sie aus den Gebilden den gottlosen Sinn der Bildnerin. Darum zerriß sie zürnend die frevelhaften Gemälde und schlug mit dem Weberschifflein, das sie noch in der Hand hielt, die hoffärtige Jungfrau dreimal vor die Stirne. Dies ertrug die Unglückliche nicht, Wahnsinn erfaßte sie, und mit dem Seil umschlang sie verzweifelnd ihre Kehle. Schon hing sie zuckend in der Luft; da hob sie die Göttin, von Mitleid ergriffen, aus der würgenden Schlinge und sprach: ›Lebe, aber hange, du Verwegene, und so sei dein ganzes Geschlecht bis zu den spätesten Enkeln bestraft!‹ Mit diesen Worten sprengte sie Arachnen einige Tropfen von zauberischem Kraute ins Antlitz und ging hinweg. Alsbald verschwanden Haar, Nase und Ohren der Jungfrau, und sie schrumpfte zu einem winzigen, häßlichen Tier zusammen. Als Spinne übt sie noch heute, Faden auf Faden entsendend, die alte Kunst.« (Schwab)

In Westafrika gilt der Spinnengott Anansi/Anancy als Urheber des Wissens und der Klugheit, als Erfinder des Ackerbaus, als Regen- und Wettergott. Mal tritt er auf als Vermittler seines Vaters, des Himmelsgottes Nyame, mal als Schöpfer der Sonne, des Mondes und der Sterne und als Erfinder des Wechsels von Tag und Nacht; nach manchen Mythen hat er den ersten Menschen geschaffen. Auch in der Karibik ist Anansi populär, besonders auf Jamaika und Surinam. Auf den Niederländischen Antillen ist er als Nanzi bekannt.

Fabelwesen sind Wesen, die es nach herrschender Meinung nicht gibt. Dies ist manchmal noch nicht lange so; von Drachen und Einhörnern etwa wurde bis ins 19. Jahrhundert von der abendländischen Wissenschaft angenommen, dass sie existierten. Auch heute gibt es Menschen, die von der Existenz mancher »Fabelwesen« überzeugt sind, wie etwa des Yeti oder des »Ungeheuers« von Loch Ness.[85]

Unter den »traditionellen« Fabelwesen, die vor allem aus der griechischen Mythologie stammen, finden sich viele Mischwesen, die zusammengesetzt sind aus verschiedenen Tieren, wie der schon beschreibende Kerberos (s. S. 89) und die Chimäre. Diese ist von göttlicher Herkunft, eine Tochter der Halbdrachin Echidna, Schwester u. a. der Hydra, des Kerberos und der Sphinx. Erstmals beschrieben wird sie im sechsten Gesang der Ilias: vorne ein feuerspeiender Löwe, in der Mitte eine Ziege und hinten ein Drache; getötet wurde sie von dem schönen Bellerophon auf seinem Flügelross Pegasos. In der Theogonie des Hesiod wird sie dargestellt als Ungeheuer mit drei Köpfen: auf dem Rücken ein Ziegenkopf, an den Enden ein Schlangen- und ein Löwenkopf. Später hieß es, die Chimäre stamme aus Lykien, wo es einen Vulkan gebe, der ihren Namen trage, sie sei eine Metapher dieses Berges, an dem Schlangen und Löwen hausten. Doch schon in der Antike verlor die Chimäre an Glaubwürdigkeit – Plutarch etwa erklärte, Chimaira sei der Name eines Piratenkapitäns, der sein Schiff mit einem Löwen, einer Ziege und einer Schlange hatte bemalen lassen. Langsam wurde sie zum Trugbild und zum Hirngespinst; in der Diskussion um die moderne Gentechnik allerdings wird sie wieder als Mischwesen lebendig und dient als Bezeichnung für Wesen, in denen mehrere Arten vermischt werden.

Viele Fabelwesen haben Flügel und können als Mischung mit Vögeln angesehen werden. Mohammeds Stute Buraq (s. S. 91) ist ebenso ein Beispiel wie der schon erwähnte Pegasos: ein geflügeltes Ross, Sohn des Meeresgottes Poseidon und der Gorgone Medusa, aus deren Nacken er nach einer Version der Sage entsprang, als sie von Perseus geköpft wurde (nach einer anderen Version entstand er aus ihren Blutstropfen). Nachdem Bellerophon, übermütig geworden, versuchte, zum Olymp zu fliegen und von den Göttern zur Erde hinabgestoßen wurde (er war von da an gelähmt und/oder blind), kehrte Pegasos zum Olymp zurück; später wurde er in ein Sternbild verwandelt. Der Mythos von Pegasos geht wahrscheinlich auf orientalische Ursprünge zurück.

---

85 Es gibt sogar ein eigenes (umstrittenes) Gebiet der Zoologie, die Kryptozoologie, um 1950 begründet von Bernard Heuvelmans (1916–2001). Hauptziel ist, verborgene Tiere aufzuspüren und zu erforschen. wobei man sich häufig an Mythen oder Volkssagen orientiert und an der Vermutung, Tieren, die normalerweise den Fabelwesen zugeordnet werden, könnten noch unentdeckte Tierarten zugrunde liegen; diese werden Kryptiden genannt. Dabei unterscheidet man bisher komplett unbekannte Organismen von ausgestorbenen Tieren, von denen angenommen wird, es könnten Exemplare überlebt haben (etwa Dinosaurier oder ein Fischsaurier in Loch Ness). Informationen: Verein für kryptozoologische Forschungen (www.kryptozoologie-verein.de)

Ein anderes geflügeltes Mischwesen zwischen Pferd und riesigem Vogel ist der Hippogreif/Hippogryph, der im dritten Harry-Potter-Band eine wichtige Rolle spielt (Seidenschnabel ist sowohl gefährlich wie zähmbar). Dieses mythische Wesen ist noch nicht so alt und taucht erstmals im *Orlando Furioso* (*Der rasende Roland,* 1516) des italienischen Renaissance-Dichters Ludovico Ariosto auf; ob dieser sich auf ältere Quellen bezieht, ist unbekannt. Ein Hippogreif besteht aus dem hinteren Teil (Körper, Hinterbeine, Schwanz) eines Pferdes und den Vorderteilen (Vorderbeine, Flügel, Kopf) eines Greifvogels; er ist keine Mischung von Pferd und Greif, wie der Name vermuten lässt.

Ein Greif (Gryphus) ist nämlich eine schon in der Antike bekannte Kombination von Löwe und Adler, meist mit dem Rumpf eines Löwen und dem Vorderleib eines Adlers samt Flügeln, Krallen und Kopf; es gibt aber auch die Vorderbeine des Löwen und als Hinterbeine die eines Adlers. Laut Aristeas von Prokonnesos (7. Jhdt. v. Chr.) lebte der Greif in Indien, laut Aischylos (525 – 456 v. Chr.) ritt der Meeresgott Okeanos auf einem Greif. Wahrscheinlich stammt der Mythos aus dem Orient; es finden sich dort viele Greifendarstellungen. Noch in der Renaissance war man in Europa überzeugt, es gäbe Greifen, sie wurden aber immer mehr zu großen Vögeln, wie im Grimm'schen Märchen »Das singende springende Löweneckerchen«: »*... du wirst den Vogel Greif sehen, der am Roten Meer sitzt, schwing dich mit deinem Liebsten auf seinen Rücken; der Vogel wird euch übers Meer nach Haus tragen. Da hast du auch eine Nuß, wenn du mitten über dem Meere bist, laß sie herabfallen, alsbald wird sie aufgehen, und ein großer Nußbaum wird aus dem Wasser hervorwachsen, auf dem sich der Greif ausruht; und könnte er nicht ruhen, so wäre er nicht stark genug, euch hinüberzutragen.*« In den Harry-Potter-Romanen ist der Greif Namensgeber des Zauberers und des Hauses Gryffindor (»goldener Greif«).

Negativ besetzt sind die Harpyien, Frauen mit Vogelflügeln. Ursprünglich gibt es drei in der griechischen Mythologie: Aello (Windbö, Sturm), Ocypetes (Flugschnelle) und Podarge (leichte Flügel oder Schnellfuß) oder Célaèno/Kelaino (Dunkle, Dunkelheit), Sturmdämonen, schnell und unverwundbar; trotzdem kann Herakles Podarge töten. Sie mussten in Zeus' Auftrag die Seelen von Toten in den Tartarus tragen oder auch für ihn töten; später traten sie in Schwärmen von 20 bis 30 Harpyien auf. In *Das Bernsteinteleskop* von Pullman bewachen Harpyen das Totenreich. Und in Südamerika lebt die den Mayas heilige Harpyie, der größte der »Waldadler« mit einer Spannweite bis zu 2 m.

Das vielleicht berühmteste Mischwesen ist die Sphinx, in der griechischen Mythologie eine Schwester der Chimäre (Tochter des vielköpfigen Drachen Typhon), ein Mischwesen aus einem Löwenkörper und dem Kopf (und evtl. der Brust) einer Frau. Sie gab Vorbeigehenden ein Rätsel auf und verschlang sie, wenn sie es nicht lösen konnten: »*Was geht am Morgen auf vier Beinen, am Mittag auf zwei und am Abend auf drei?*«

Erst Ödipus kam auf die Lösung: der Mensch, der als Säugling krabbelt, als Erwachsener kräftig ausschreitet und als alter Mensch ein drittes Bein braucht, einen Stock. Vor allem in dieser Rolle als Rätselstellerin findet sich die Sphinx in der phantastischen Literatur, so etwa in *Die unendliche Geschichte* von Ende, im zweiten Band des *Laura*-Zyklus von Freund und beim Trimagischen Turnier im vierten *Harry-Potter*-Band von Rowling.

Sphinxe sind aber viel älter als die der Griechen; vor allem in Ägypten gibt es zahlreiche Statuen mit Löwenkörper und Menschen-, Widder-, Falken- oder Sperberkopf, häufig mit Köpfen von Pharaonen, aber auch von Prinzessinnen und Königinnen.

Diese Wesen sind meist männlich, daher ist der Fachbegriff *der* Sphinx, die Mehrzahl lautet in der Fachsprache *Sphingen*. Bekannt sind Sphingen seit dem 2. Jahrtausend v. Chr. bei den Phöniziern, Hethitern und Assyrern, als Statuen und Säulen, auf Wandmalereien und als Großplastiken. Meistens stellten sie einen König oder einen Gott dar oder fungierten als Wächterfiguren, z. B. vor Tempeleingängen. Manche Sphingen sind auch geflügelt.

Ein weiteres bekanntes Mischwesen der griechischen Mythologie ist der Kentaur/ Zentaur, ein Menschenoberkörper auf einem Pferdekörper. Ursprünglich waren diese Pferdemenschen bei den Griechen rein männlich, in späthellenistischer Zeit gibt es auch Darstellungen weiblicher Kentauren. In der phantastischen Literatur sind Kentauren häufig positiv gezeichnet, so in den *Chroniken von Narnia* von C. S. Lewis, in vielen Büchern von Swann, in Michael Endes *Die unendliche Geschichte*, in den Elfenbüchern von Bernhard Hennen und den *Artemis-Fowl*-Romanen von Eoin Colfer. In Rowlings *Harry-Potter*-Büchern sind die Zentauren zwiespältig und differenziert dargestellt.

Die Griechen nahmen an, die Bergregionen von Thessalien und Arkadien würden von Kentauren bewohnt; diese zeichneten sich durch Wildheit und Gewalttätigkeit aus, waren bekannt für ihre Trunksucht und Wollust und wurden oft als Begleiter von Dionysos, dem Gott des Weines, dargestellt. Eine Ausnahme war der weise und gütige Chiron (oder Cheiron), Erzieher u. a. der Helden Achilles, Odysseus und Jason und Lehrer des Gottes der Heilkunst, Aeskulap. Die Kentauren waren die größten Feinde der Lapithen, da sie einst bei der Hochzeitsfeier des Königs versuchten, seine Braut zu entführen. Die Kentauren sollen allerdings auch von den Lapithen abstammen: Als deren König Ixion bei einem Gelage die Göttermutter Hera belästigte, schuf Zeus ein Trugbild mit deren Gestalt, um den betrunkenen Ixion abzulenken; dieses wird oft auch als Nebel oder Wolke beschrieben, die dann Nephele genannt wird. Ixion zeugte mit diesem Trugbild den Kentauros, halb Mensch, halb Pferd, der später mit den Stuten am Berg Pelion die Kentauren zeugte. Nach anderer Auffassung entstanden aus der Vereinigung von Ixios und Nephele die Kentauren direkt.

Der Kentaur Nessos tötete durch einen Trick den größten Helden der Griechen, den Halbgott Herakles: Nachdem dieser ihn tödlich verletzt hatte mit einem Pfeil, der mit dem Gift der Hydra versehen war, empfahl er Herakles' Frau, des Helden Gewand mit seinem Blut zu tränken, wenn sie seine Liebe erhalten wolle. Viel später befolgt Deianira diesen Rat, und der unsterbliche Herakles leidet so stark unter dem Gift, dass er sich auf einem Scheiterhaufen verbrennen lässt. Daraufhin fährt er in den Olymp auf, wo er Hebe, die Göttin der ewigen Jugend, zur Frau erhält.

Der Minotauros, der Mann mit dem Stierkopf, ist ein beliebtes Motiv besonders der bildenden Kunst, etwa bei Picasso, aber auch in der Literatur, so bei Dürrenmatt, Borges und Swann. Entstanden ist der Minotauros der Sage nach durch eine Strafaktion des Poseidon. Dessen Neffe Minos, König von Kreta und Sohn des Zeus, hatte Poseidon um ein Wunder gebeten: einen weißen Stier aus dem Meer, den er ihm anschließend opfern wollte. Er behielt den Stier aber und opferte ein anderes Tier. Poseidon verfluchte daraufhin die Frau des Minos, die sich in den Stier verliebte. Aus der Vereinigung ging der Minotauros hervor. Minos ließ für das Tierwesen durch Daidalos ein Gefängnis bauen: das Labyrinth von Knossós. Nach einem gewonnenen Krieg gegen Athen opferte Minos dem Minotauros alle neun Jahre jeweils sieben Athener Jünglinge und Jungfrauen, die als Tribut geschickt wurden. Mit der dritten Tributladung kam Theseus, der spätere König von Athen, und tötete den Minotauros; aus dem Labyrinth fand er heraus, weil ihm die Königstochter Ariadne den berühmten Faden gegeben hatte.

Eines der beliebtesten magischen Tierwesen ist das Einhorn, dem Peter S. Beagle in dem berühmten Buch von 1968 (und Film von 1982) »Das letzte Einhorn« und anderen Büchern ein Denkmal gesetzt hat. Auch Donaldson, Zelazny, Tanith Lee und andere Fantasy-Autoren haben Geschichten über Einhörner geschrieben. In den *Harry-Potter*-Büchern sind Einhorn-Haare ein beliebter magischer Kern für Zauberstäbe, ihre Schweifhaare und Hörner Zubehör für Zaubertränke und ihr Blut kann sogar den zwischen Leben und Tod schwebenden Lord Voldemort am Leben erhalten.

Zum ersten Mal wird das Einhorn erwähnt in einem Buch des griechischen Historikers Ktesias (Ende 5./Anfang 4. Jhdt. v. Chr.) über Indien: »*Es gibt in Indien gewisse wilde Esel, die so groß sind wie Pferde und größer. Ihre Körper sind weiß, ihre Köpfe dunkelrot und ihre Augen dunkelblau. Sie haben ein Horn an der Stirn, das etwa eineinhalb Fuß lang ist und an der Wurzel weiß. Das Einhorn ist sehr schnell und kräftig, und man kann es nicht lebend fangen.*« In anderen frühen Darstellungen aus dem Orient wird das Einhorn beschrieben als Fabelwesen mit dem Körper eines Pferdes, manchmal auch einer Ziege, auf jeden Fall immer mit einem langen, geraden Horn auf der Stirn. Wahrscheinlich sind in dieser Vorstellung das Rhinozeros, Antilopen und der wilde Esel vermischt worden.[86] Indische Fürsten nutzten laut Ktesias häufig Trinkbecher aus Horn, die unten weiß, in der Mitte schwarz und an der Spitze rot waren, und so soll eben auch das Horn des Einhorns ausgesehen haben. Auch im *Physiologus* im 2. Jahrhundert wird das Einhorn beschrieben, ebenso von Hildegard von Bingen im 12. und von Albertus Magnus im 13. Jahrhundert. Der aus dem Horn gekratzte Staub solle ein Gegenmittel gegen Gift sein, und wer aus dem Horn trinke, sei gegen Krankheiten und Vergiftung gefeit.[87] Trinkgefäße, die angeblich aus dem Horn eines Einhorns verfertigt waren, kosteten ein Vermögen. Apotheker behaupteten, in ihrem Laden das Horn eines Einhorns aufzubewahren, um damit heilen zu können, einige wollten damit sogar Tote zum Leben erwecken. Im 18. Jahrhundert wurde auf der Arzneimittelliste der *English Royal Society of Physicians* das *alicorn* aufgeführt – und mit Gold aufgewogen. Um 1640 wurde im

Dieser anonyme Stich aus dem 17. Jhdt. zeigt Varianten, wie man sich damals ein Einhorn vorstellte.

Londoner Tower ein Horn eines Einhornes ausgestellt, das Königin Elizabeth I. gehörte und angeblich 40.000 Pfund wert war. 1669 zeigte Conrad Gesner[88] das Einhorn in

---

86 Der Münchner Zoologe Josef H. Reichholf ist sicher, das Vorbild für das Einhorn sei die Arabische oder Weiße Oryx (*Oryx leucoryx*): mit weißem Körper, rötlichem Gesicht, blauen Augen, pferdeartigen, aber gespaltenen Hufen und bis zu 70 cm langen Hörnern. Die 70 kg schweren Antilopen von der Größe eines Araberponys können sich mit ihren Hornspießen sogar gegen Löwen verteidigen, wie man es dem Einhorn nachsagt. Sowohl die arabische wie die bis zu 200 kg schwere Ostafrikanische Oryx (Beisa-Antilope, *Oryx beisa*) mit über 1 m langen Hörnern wurden im alten Ägypten auf Reliefs häufig von der Seite dargestellt, so dass sie »einhörnig« wirkten. (Artikel: WELT-Online, 03.01.2008, www.welt.de/welt_print/article1512239)

87 Diese Annahme beruht wahrscheinlich auf einer Verwechslung mit Nashornhorn, das nur aus Horn besteht und keinen Knochen im Innern hat. Zu Pulver zerrieben, wirkt die Hornsubsantz Keratin ähnlich wie Aktivkohlepulver und bindet Stoffe, die giftig wirken könnten. Zeitweise wurde solches Pulver mit Gold aufgewogen, da aber schon im Mittelalter die Nashörner selten waren, stammte so manches Horn, das als das eines Einhorns ausgegeben wurde, von einer Antilope oder häufiger einem Narwal, der auch »Einhorn des Meeres« genannt wird: *Monodon monoceros* (vom altgriechischen »monoceros«, Einhorn).

88 Gesner, auch Konrad Gessner, Conrad Gessner, Conrad Geßner, Conrad von Gesner, Conradus Gesnerus (1516 – 1565) war ein Schweizer Arzt, Naturforscher und Altphilologe, ab 1537 Professor der griechischen Sprache, ab 1541 Professor der Physik, ab 1554 Oberstadtarzt in Zürich und gilt neben Ulisse Aldrovandi als einer der Begründer der modernen Zoologie: er wurde berühmt für seine vierbändige »Historia animalium« (posthum um einen fünften Band ergänzt), erschienen 1551 bis 1558, in deutsch 1669/1670 als *Allgemeines Thierbuch*, mit den Bänden »Quadrupedes vivipares« (Lebendgebärende Vierfüßer, 1551), »Quadrupedes ovipares« (Eierlegende Vierfüßer, 1554), »Avium natura« (Vogelbuch, 1555), »Piscium & aquatilium animantium natura« (Fischbuch, 1558) und aus dem Nachlass das Schlangenbuch (1586/7). Wie Aldrovandi beschreibt Gesner auch Fabelwesen, allerdings immer mit kritischem Blick und leichtem Zweifel.

seinem »Thierbuch« als Pferd mit gespaltenen Hufen, das auf der Stirn ein gedrehtes Horn trägt. Laut der »Synopsis der drei Naturreiche«, einem Lehrbuch des Hildesheimer Professors Johannes Lennis von 1844, gelang es einem Herrn Hogdsen, »*von einem gestorbenen Einhorn aus der Menagerie des Rajah von Nepaul die vollständige Haut mit dem noch auf dem Schädel sitzenden Horne zu erhalten, welche er an die wissenschaftliche Gesellschaft von Calcutta einsandte und dadurch alle Zweifel löste. Das Einhorn lebt in der Provinz Dzeng in Tibet, ist scheu u. wild, röthlich, unten weißlich u. hat nur ein sehr spitzes, schwarzes, aufrechtes Horn auf der Stirn (wie es im Wappen der Engländer abgebildet wird) u. den schlanken Bau der Antilopen, weshalb man es* Antilope monoceros *nannte.*« Zwar hatte schon 1638 der dänische Arzt Ole Worm gezeigt, dass viele der angeblichen Einhornhörner Stoßzähne von Narwalen waren. Aber die herrschende Meinung blieb dabei, dass es zwar Betrug gäbe, aber auch das Einhorn.

In der christlichen Literatur wurde das Einhorn oft als Sinnbild des Heilandes gedeutet. Zu zähmen sei es nur durch eine keusche Jungfrau; dieser lege es freiwillig seinen Kopf in den Schoß. Dies wurde oft als Zeichen der Keuschheit der Jungfrau Maria angesehen, häufiger aber auch als sexuelles Symbol. Das Einhorn galt nämlich auch als wild und unbezähmbar, wie im Märchen »Das tapfere Schneiderlein« der Brüder Grimm:

> »*Das Einhorn kam bald daher und sprang geradezu auf den Schneider los, als wollte es ihn ohne Umstände aufspießen. ›Sachte, sachte‹, sprach er, ›so geschwind geht das nicht‹, blieb stehen und wartete, bis das Tier ganz nahe war, dann sprang er behendiglich hinter den Baum. Das Einhorn rannte mit aller Kraft gegen den Baum und spießte sein Horn so fest in den Stamm, daß es nicht Kraft genug hatte, es wieder herauszuziehen.*«

Das einzelnstehende Horn wurde meist als Symbol der Männlichkeit interpretiert; in fast allen Kulturen galt es in gemahlener Form auch als Aphrodisiakum. Da der schöne Körper für Weiblichkeit steht, vereint das Einhorn in idealer Form männliche wie weibliche Elemente. Deshalb bedeutet das chinesische Wort für Einhorn *Ki-Lin* männlichweiblich. In der Alchemie und Magie des Mittelalters war die Versöhnung gegensätzlicher Kräfte das höchste Ideal; deshalb war das Einhorn dort von so großer Bedeutung.

Ein ähnlich wunderbares Fabelwesen wie das Einhorn ist der Phönix. In der modernen Fantasy spielt er keine so große Rolle mehr, außer bei Rowling, wo der Phönix Fawkes, Freund und Begleiter des Schulleiters Dumbledore, beschrieben wird als schönster und edelster aller Vögel: groß wie ein Schwan, scharlachrot und gold gefiedert, mit einem Schweif, lang wie der eines Pfaus, einem langen scharfen goldenen Schnabel und goldenen Krallen. Er ist treu und stark, kann wunderschön singen, seine Tränen haben heilende Kraft, und wenn er stirbt, verbrennt er und erhebt sich »wie der Phönix aus der Asche«. Alle diese Eigenschaften werden dem Phönix auch in alten Mythen zugesprochen. Im alten Ägypten war er als Benu (von altägyptisch benu, »leuchten«) oder Boine ein heiliger Vogel, ähnlich einem Reiher. Er war das Wesen, das als erstes bei der Weltschöpfung auf dem aus dem Schlamm entstandenen Urhügel erschienen war. Meist galt er als Verkörperung des Sonnengottes, später als die Seele des Osiris. Die Griechen und Römer wandelten den Phönix um zum Symbol weltlicher Macht. Nach römischer Vorstellung soll sich der Phönix alle 100 oder 500 oder 1461 Jahre selbst verbrennen und aus der Asche neu aufsteigen. Die Römer sahen als seine Heimat Indien an.

In der christlichen Überlieferung wurde der Phönix zum Symbol der Unsterblichkeit und Auferstehung. Immer wieder erscheint er in der Kunst, oft als Sinnbild Christi oder der Auferstehung oder der unsterblichen Seele. In vielen Märchen wird vom Phönix berichtet. Oft erhält ein Held den Auftrag, den Wundervogel aus fernen Landen zu holen oder ihm eine oder mehrere seiner goldenen Federn zu entreißen. Manchmal ist der Phönix auch ein dämonisches Wesen. In seinem Märchen »Vogel Phönix« hat Hans Christian Andersen (1805 – 1875) den Mythos zusammengefasst – und ergänzt:

> *»Im Garten des Paradieses, unter dem Baume der Erkenntnis, stand ein Rosenstrauch. Hier, in der ersten Rose, wurde ein Vogel geboren, dessen Flug war wie der des Lichts, herrlich war seine Farbe und herrlich sein Gesang. Als aber Eva die Frucht der Erkenntnis brach und sie und Adam aus dem Garten des Paradieses gejagt wurden, fiel vom flammenden Schwerte des strafenden Engels ein Funken in das Nest des Vogels und zündete es an. Der Vogel starb in den Flammen, aber aus dem glühenden Ei flog ein neuer, der einzige, der stets einzige Vogel Phönix. Die Sage meldet, daß er in Arabien nistet und sich selbst jedes hundertste Jahr in seinem Neste verbrennt, und ein neuer Phönix, wieder der einzige in der Welt, fliegt aus dem glühenden Ei empor. Der Vogel umflattert uns, schnell wie das Licht, herrlich von Farbe und herrlich klingt sein wundersamer Sang. Wenn die Mutter an der Wiege ihres Kindes sitzt, schwebt er über dem Kopfkissen und weht mit den Flügeln einen Glorienschein um des Kindes Haupt. Er fliegt durch die Stuben der Genügsamkeit, und Sonnenglanz breitet sich darüber und die ärmliche Kommode duftet nach Veilchen. Doch der Vogel Phönix ist nicht allein der Vogel Arabiens. Er flattert im Nordlichtschein über die Eisfelder Lapplands, er hüpft zwischen den gelben Blumen in Grönlands kurzem Sommer. [...] Er segelt auf dem Lotosblatt mit den heiligen Fluten des Ganges hinab und des Hindumädchens Augen leuchten bei seinem Anblick. Vogel Phönix, kennst Du ihn nicht? Den Vogel des Paradieses, des Gesanges heiligen Schwan. [...] Über Islands Sängerharfe glitt des Schwanes roter, klin-*

gender Schnabel; auf Shakespeares Schultern saß er wie Odins Rabe und flüsterte ihm ins Ohr: Unsterblichkeit. Beim Sängerfeste flog er durch der Wartburg Rittersaal. [...] O, Du Vogel des Paradieses, in jedem Jahrhundert erneut, in Flammen geboren, in Flammen gestorben ... [...] Im Garten des Paradieses, da Du geboren wurdest unter dem Baume der Erkenntnis in der ersten Rose, küßte Dich Gott und gab Dir Deinen rechten Namen – Poesie.«

Das mächtigste und wohl auch bekannteste aller Fabelwesen ist der Drache[89]. Schon seit Jahrtausenden gelten Drachen als mächtige mythische Wesen; nicht selten werden sie mit Schlangen gleichgesetzt. Häufig sind sie große Gottheiten, wie die Urgöttin Tiamat, die von Marduk erschlagen wurde. Aus ihrem Leib schuf der oberste Gott der Assyrer und Babylonier Himmel und Erde, aus ihrem Blut und Lehm die Menschen. Ananta in der hinduistischen Mythologie wurde ebenso schon erwähnt wie die Midgardschlange der nordischen Mythologie – in der der Neiddrache Nidhöggr an der Wurzel der Weltenesche Yggdrasil nagt – wie die Hydra, die Herakles erschlug, und der große Drache der Apokalypse in der Bibel (s. S. 95). Die jüdisch-christlichen Vorstellungen von Drache und Schlange prägen Film und Literatur bis in unsere Zeit; der Kampf von Earendil mit Ancalagon bei Tolkien etwa weist deutliche Parallelen auf mit Michaels Kampf in der Apokalypse, auch darin, dass auf beiden Seiten ganze Heere kämpfen.

Auch werden die Drachenvorstellungen des Abendlandes stark geprägt von griechischen Mythen. Typhon, Sohn der Gaia und des Tartaros, wird als Riese mit hundert Drachen- oder Schlangenköpfen beschrieben; er konnte nicht getötet werden, sondern wurde von Zeus unter dem Ätna begraben, wo er heute noch Feuer spuckt. Herakles erschlug nicht nur die Hydra (S. 95), er musste, um die goldenen Äpfel der Hesperiden zu erlangen, auch einen Drachen bezwingen (S. 73), ähnlich Jason, für den Medea den Drachen in Schlaf versetzte, der das Goldene Vlies bewachte. Kadmos, Gründer und König von Theben sowie Vater der Europa, erschlug einen Drachen und pflanzte dessen Zähne in den Boden; daraus erwuchsen die fünf Stammväter der thebanischen Adelsgeschlechter.[90] Nach seinem Tod wurde Kadmos angeblich in einen Drachen verwandelt. Perseus befreite Andromeda vor der Opferung an einen Drachen – das klassische Motiv der Jungfrau, die dem Drachen geopfert werden soll, und des Helden, der sie rettet.

---

89 Laut Duden unterscheidet man *der Drache* als »geflügeltes Fabeltier« und *der Drachen* als »Kinderspielzeug; zanksüchtige Person; Segelboot; Fluggerät«. Früher wurde diese Unterscheidung nicht gemacht. Es gibt sie auch nur im Nominativ und Genitiv Singular. Der Genitiv des Fabeltiers Drache lautet *des Drachen*, der des Spielzeugs Drachen *des Drachens*.

90 Die übrigen Drachenzahnmänner erschlugen sich gegenseitig, wie auch die, gegen die Jason antreten musste. Dieser musste ein Feld mit Drachenzähnen besäen; unter die bewaffneten Männer, die daraus erwuchsen, warf er einen Felsblock. Im Streit darum töteten sie sich gegenseitig.

Im asiatischen Raum gibt es eine ganz andere Tradition; hier gelten Drachen als eher friedfertig, bescheiden und weise. Das Bild ist hier sehr einheitlich. Wie ihr Hauptelement Wasser stehen sie für Wandlung und Umgestaltung, Veränderungs- und Auflösungsprozesse. Die durch sie verursachten Zerstörungen sind eher wie Naturgewalten zu werten. Sie werden mit dem Kreislauf des Lebens in Verbindung gebracht, mit Unsterblichkeit und (Neu-)Schöpfung. Insbesondere in Japan und China gilt der Drache als höchste spirituelle Macht, steht aber auch für weltliche Macht, für Weisheit und Kraft. In China etwa sehen sich die Herrscher seit Jahrtausenden als Abkömmlinge des Weltenschöpfers Pan-Ku, eines Drachen. In Bhutan, dem »Drachenreich« oder »Land des Donnerdrachen« (»Dzongkha Druk Yul«, so die offizielle tibetanische Bezeichnung) trägt der König den Titel »Druk Gyalpo«: »Drachenkönig«. Druk Yul, den Donnerdrachen, den Beschützer des Landes, sieht man in jedem Tempel und in jedem Kloster. Zwar gibt es auch in Asien bösartige Drachen, vor allem im Volksglauben – in einem japanischen Mythos bekämpft der Sturmgott Susanoo einen achtköpfigen Wasserdrachen –, aber prinzipiell sind die ungeflügelten Drachen Asiens eher positiv besetzt.[91] Allerdings können sie unangenehm werden, wenn man sie reizt. Sie wohnen in den Wolken am Himmel und ziehen sich im Winter unter das Wasser zurück – Symbol für Jahreskreis und Wasserkreislauf, für die Verbindung von Oben und Unten, Himmel und Erde, Winter und Sommer ... und im übertragenen Sinn von Gut und Böse, denn sie bringen sowohl den fruchtspendenden Regen wie Blitz und Donner, Wirbelstürme und Wasserhosen, und wenn sie in Bergen hausen, auch Erdbeben und Vulkanausbrüche. Noch heute glauben viele Menschen in Asien an die Existenz von Drachen und dass gefundene Knochen von Dinosauriern echte Drachenknochen seien. In der phantastischen Literatur des Westens spielen die asiatischen Drachen keine große Rolle, auch wenn es in den letzten Jahren einige Geschichten um asiatische oder ähnliche Drachen gab. Fuchur in *Die unendliche Geschichte* ist wohl davon beeinflusst.

---

91 Die asiatischen Drachen erinnern eher an gewundene Schlangen; der chinesische Drache, Lung, eines der vier magischen Tiere neben Einhorn, Phönix und Schildkröte, hat Hörner, Klauen und Schuppen sowie Stacheln am Rücken. Nach klassischen Auffassungen sollen seine Körperteile denen von neun verschiedenen Wesen ähneln: Kopf (oder Maul) dem eines Kamels (oder Wasserbüffels), Hörner/Geweih denen eines Hirsches, die Augen denen eines Hasen oder eines Dämons, die Ohren denen einer Kuh, eines Bullen oder Ochsen, Hals und Nacken oder auch Leib denen einer Schlange, Hinterleib oder Bauch denen einer Muschel, die Schuppen denen eines Fischs, speziell eines Karpfen, die Klauen denen eines Adlers, die Tatzen oder Pfoten denen eines Tiger, evtl. die Zähne denen eines Wolfes, die Mähne der eines Löwen und die Schnurrhaare denen einer Katze. Von den Seiten des Mauls hängen Barthaare herab, am Kinn ein Spitzbart, in dem oft eine Perle verborgen ist. »Normale« Drachen haben drei oder vier Klauen je Fuß, nur kaiserliche Drachen haben fünf Klauen. Es wird vermutet, dass sich dieses Drachenbild entwickelt hat aus einem schlangenähnlichen Totem eines vorgeschichtlichen Stammes. Als dieser andere Stämme unterwarf, verband er deren Totems mit dem eigenen, so dass aus Schlangendrache, Hirsch, Kamel, Fisch usw. der »kombinierte« Drache entstand. Besonders durch den Buddhismus wurde dieses Drachenbild in weiten Teilen Asiens verbreitet.

In den abendländischen Mythen wuchsen im frühen Mittelalter die verschiedenen Wurzeln zu Drachensagen und -legenden zusammen, bei denen es meist mehr um den Drachentöter als den Drachen geht. Es gibt über 80 christliche Drachenheilige, unter denen besonders Georg hervorsticht. Dieser starb laut Kirchenvater Eusebius am 23. April 303 in Lydda (heute Lod) im heutigen Israel als Märtyrer während einer Christenverfolgung und soll nach einer um 1100 entstandenen Legende in Lybien einen Drachen getötet haben, dem man dort regelmäßig Kinder opferte. Nur wenige Drachenheilige gehen »liebevoll« mit Drachen um, so die heilige Martha, die im 12. Jahrhundert den Meeresdrachen Tarasque gezähmt haben soll, weswegen man ihrer noch jährlich in Tarascon gedenkt.

Zu den bekanntesten literarischen Ausformungen von Drachenkämpfen gehören im deutschen Sprachraum das Nibelungenlied[92] und im englischen das Beowulf-Epos.[93]

---

92 Von einem unbekannten Dichter Ende des 12. Jahrhunderts niedergeschriebenes Epos mit starkem Einfluss auf moderne Kunst, u. a. auf Richard Wagner und Tolkien; hat zumindest bis in die Zeit der Völkerwanderung reichende mündlich überlieferte Wurzeln; wird im 5. Jahrhundert um Worms angesiedelt; manche machen an der Drachentöter-Figur den Übergang von der Stein- in die Eisenzeit fest. Die Geschichte war im Mittelalter gut bekannt und weit verbreitet. Siegfried taucht als Figur, wenn auch unter anderen Namen, viel früher auch in anderen Epen auf, so in der *Edda* als Sigurd, in der Thidreks-Saga oder im *Beowulf*. Die Edda erzählt, dass die Asen Odin, Loki und Hoenir, nachdem sie aus Versehen Otur, den Sohn des Riesen Hreidmars, getötet hatten, der in Gestalt eines Otters fischen war, das Wergeld mit Gold bezahlten, dass sie dem Zwerg Andvari gestohlen hatten, darunter ein verfluchter Ring. Hreidmar weigerte sich, seinen Söhnen Fafnir und Regin ihren Anteil zu geben, und wurde von Fafnir erstochen. Regin floh und wurde zu einem Zwerg, Fafnir legte in einer Höhle auf sein Gold, um es zu bewachen; allmählich nahm er die Gestalt eines Drachen oder Lindwurms an. Er wurde von Sigurd erschlagen. Bei Richard Wagner wird der Ring zu einem zentralen Gegenstand (s. S. 134),

93 Erstes großes Versepos, das in einer germanischen Volkssprache verfasst und überliefert wurde, stilbildendes Werk der englischen Literatur, in westsächsischem Dialekt geschrieben, auf das 10. Jahrhundert datiert. Die Geschichte spielt im mittelschwedischen Gautenreich in der ersten Hälfte des 6. Jahrhunderts und ist in einer stark metaphorischen Sprache verfasst. Der Titel *Beowulf* wurde dem Text erst 1805 nach seiner Hauptfigur gegeben. Der schwedische Prinz Beowulf kommt nach Dänemark, um Dänenkönig Hrothgar gegen das Seeungeheuer Grendel beizustehen, einen Menschenfresser, der schon mal 30 Recken in einer Nacht verzehrt. Aus »Fairness«, Stolz oder Ehrgefühl verzichtet Beowulf auf Waffen und Rüstung und bezwingt den Riesen im Faust- und Ringkampf: Er reißt ihm einen Arm mitsamt der Schulter aus. In der Nacht darauf kommt Grendels Mutter in die Halle des Königs und verschleppt einen der dänischen Recken. Beowulf folgt ihr zu ihrer Heimstadt, dem Nixenmeer, erschießt nebenbei einen von mehreren dort hausenden Drachen, taucht und tötet die Riesin nach stundenlangem Kampf (er kann scheinbar im Wasser atmen). Nach Hause zurückgekehrt, wird er König und herrscht länger als 50 Jahre; seine Regierungszeit wird sehr kurz abgehandelt. Seine Herrschaft endet, als ein Feuer speiender Drache das Land bedroht. Er zieht gegen ihn, wird von allen bis auf einen Getreuen im Stich gelassen und tötet mit dessen Hilfe den Drachen, stirbt aber an seinen vergifteten Wunden. Mit der Bestattung Beowulfs und dem Klagelied der Trauernden endet das Vers-Epos. Tolkien, für den *Beowulf* Forschungsgegenstand war wie seit frühester Jugend Inspirationsquelle, erläuterte in einem Vortrag 1938, dass Beowulfs Frontalangriff wohl die falsche Taktik gewesen sei. – *Beowulf* ist viel weniger als das *Nibelungenlied* von christlichen Werten und Aussagen geprägt, es weist aber schon stark auf christliche Motive hin: Ein Sänger trägt ein Lied über den Helden Sigmund vor, berichtet von dessen Neffen Fitela (= Siegfried) und deren gemeinsamen Kämpfen gegen Riesen und dann das Hauptereignis: Sigmund tötet einen Drachen und erringt dessen Schatz. Sigmund wird als »waelses eafara« (Nachkomme des Welsi) bezeichnet; damit verweist das Epos auch auf die Wälsungen-Sage/Völsunga-Saga, die wohl im 13. Jhdt. entstand und um 1370 niedergeschrieben wurde, und Geschichten wie die »Historie des hürnen Seyfrid«, gedruckt um 1500 in Straßburg.

Das Blut der Drachen hat besondere Eigenschaften. So versteht Sigurd laut der *Edda* die Sprache der Vögel, nachdem er davon gekostet hat (der »hürnen Seyfried« muss im 15. Jahrhundert dazu das Drachenherz verspeisen), und Siegfried im *Nibelungenlied* wird (nahezu) unverwundbar durch das Bad im Drachenblut. Meist aber ist das Blut giftig, am giftigen Blut der Hydra stirbt schon der berühmteste aller Drachentöter, Herakles. Auch Beowulf stirbt nicht nur an seinen Wunden, sondern auch an des Drachen Gift; Tolkien greift in seiner Geschichte um Túrin (*Die Kinder Húrins*) dieses Motiv auf. Auch die Brüder Grimm berichten davon, in der Sage »Winkelried und der Lindwurm«:

> *»In Unterwalden beim Dorf Wyler hauste in der uralten Zeit ein scheußlicher Lindwurm, welcher alles, was er ankam, Vieh und Menschen, tötete und den ganzen Strich verödete, dergestalt, daß der Ort selbst davon den Namen Ödwyler empfing. Da begab es sich, daß ein Eingeborener, Winkelried geheißen, als er einer schweren Mordtat halben landesflüchtig werden müssen, sich erbot, den Drachen anzugreifen und umzubringen, unter der Bedingung, wenn man ihn nachher wieder in seine Heimat lassen würde. Da wurden die Leute froh und erlaubten ihm wieder in das Land; er wagt' es und überwand das Ungeheuer, indem er ihm einen Bündel Dörner in den aufgesperrten Rachen stieß. Während es nun suchte, diesen auszuspeien, und nicht konnte, versäumte das Tier seine Verteidigung, und der Held nutzte die Blößen. Frohlockend warf er den Arm auf, womit er das bluttriefende Schwert hielt, und zeigte den Einwohnern die Siegestat, da floß das giftige Drachenblut auf den Arm und an die bloße Haut, und er mußte alsbald das Leben lassen.«*

Rowling greift die Mythen um das Drachenblut in den Harry-Potter-Romanen auf; so beruht der Ruhm des Schulleiters von Hogwarts, Albus Dumbledore, u. a. auf der Entdeckung von sechs Anwendungen für Drachenblut.

Bis ins frühe 19. Jahrhundert war es Konsens, dass Drachen existierten. Conrad Gesner stellte sie in seinem berühmten *Schlangenbuch* (1589) vor, Ulisse Aldrovandi in *Serpentum et Draconum historia* (1605) und sie finden sich auch im *Musaeum Hermeticum* (1678). Die Existenz des biblischen Drachen Leviatan spielte nicht nur in mittelalterlichen Vorstellungen eine Rolle, er ist bis heute auch ein Symbol.[94]

---

94 von hebr. liwyātān: »der Gewundene«, auch bekannt als Rahab: (weibliches?) Ungeheuer aus der Mythologie der Phönizier, ähnlich einer Schlange oder einem Drachen, manchmal auch als Seeungeheuer beschrieben. Im Alten Testament taucht er/sie mehrfach auf (Psalm 74,14, Jes 27,1, Ijob 41,1-26). Galt im Mittelalter als Personifikation des Teufels, gilt in manchen magisch orientierten Freimaurerlogen noch heute als dämonischer Oberfürst des Wasserelements. Er wird auch im übertragenen Sinne genutzt, so in *Leviathan or the Matter, Forme and Power of a Commonwealth Ecclesiastical and Civil* (1651) von Thomas Hobbes und in den letzten Jahren wieder als Symbol für den all- oder übermächtigen Staat.

Der Uroboros als Symbol für die zyklische Natur des Universums
aus: *Musaeum Hermeticum* (1678)

Ein bedeutendes Symbol war und ist der sich in den Schwanz beißende Drache Ouroborus/Uroboros. In der Alchemie steht er für die zyklische Natur des Universums, den ewigen Kreislauf von Tod und (Wieder-)Geburt, aber auch Kreislaufprozesse wie Destillation/Kondensation oder eine Kombination von Kupfer und Silber. Als Zeichen des Drachenordens ist er »schuld«, dass der Drache indirekt zum Namensgeber des Vampirs Dracula wurde.[95]

Die Drachenvorstellungen seit dem alten Babylon über die Bibel und die Sagen um Siegfried, Beowulf bis zu den modernen Geschichten ändern sich mit der Entwicklung einer mehr oder weniger wissenschaftlichen Betrachtungsweise. Die Darstellung des Drachenkampfes in der Edda ist schon viel »naturalistischer« als die von Tiamat oder des Drachen in der Apokalypse und wird in der modernen Literatur und im Film schließlich fast »realistisch«. Zugleich werden Drachen immer fantastischer und variantenreicher; das moderne Spektrum reicht vom klassischen Drachen als Gegner oder Hindernis über die »guten Drachen« bis zu extrem weisen und/oder mächtigen, fast schon gottgleichen Drachen – und sogar Drachen als Metaphern für Superwesen aus anderen Galaxien.

---

95 ordo draconia, ordo draconis, societas draconia »Gesellschaft mit dem Trakchen«: Ritterorden, gestiftet von König Sigismund von Ungarn (1386 – 1437, ab 1433 Kaiser) zur Bekämpfung der Osmanen und der »im Verborgenen wütenden Christen«, also vor allem der Hussiten; sein Zeichen war ein Uroboros, ein vierbeiniger Drache, der sich in den eigenen Schwanz beißt, welcher zudem noch zweimal um seinen Hals gewickelt ist, wie links abgebildet. Heute noch bekannte Mitglieder waren Oswald von Wolkenstein und Vlad II., Woiwode der Walachei, der sich daraufhin Dracul (rumänisch »Drache« oder »Teufel«) nannte. Sein Sohn, Vlad III. Țepeș (»der Pfähler«, sprich: Tzepesch) Draculea, 1431 – 1476/77, galt als ausgesprochen grausam und wurde von dem irischen Schriftsteller Bram Stoker als Namensgeber für den »Supervampir« Dracula im gleichnamigen Roman (1897) benutzt.

Natürlich gibt es auch heute noch den Drachen als Gegner, als Monster, das besiegt werden muss. Aber seit den Drachengeschichten von Edith Nesbit und Kenneth Grahame um 1900 gibt es eben auch die »guten« Drachen, sogar solche mit eigener Persönlichkeit. Diese wachsen über die »Gegner-Funktion« hinaus. Häufig wird der Drache auch vermenschlicht oder umgekehrt der Mensch »verdracht«, wie bei Dickson.

Besonders bekannt sind in der Fantasy Drachen als Reittiere und nicht selten ebenbürtige Partner der Menschen, wie im Pern-Zyklus von Anne McCaffrey, bei Funke (*Drachenreiter*) oder Paolini (*Eragon*). Schließlich werden Drachen selbstständige Protagonisten und Persönlichkeiten, wie Tolkiens *Smaug* im Hobbit. Und manchmal sind sie den Menschen intellektuell und/oder ethisch überlegen, sind stark, positiv, weise, wie der schwarze Drache Morkeleb bei Barbara Hambly und die Drachen in den *Erdsee*-Romanen von Ursula K. Le Guin.

Drachen gehören zu den ältesten und am weitesten verbreiteten Mythen über Fabelwesen – und sie haben in der phantastischen Literatur wohl auch den weitesten Weg zurück gelegt!

Der Blick des Drachen wird häufig als bannend beschrieben (u. a. bei Tolkien). In diesem Punkt ist der Drache dem Basilisken verwandt.

Der »König der Schlangen« (»kleiner König«, von griechisch »basileus«, König) als aus einem Hühner- oder Schlangenei von Schlangen, Kröten oder im Mist ausgebrütetes Ungeheuer ist seit der Antike bekannt. Plinius der Ältere (23 – 79) beschreibt ihn als Schlange, die auf dem Kopf einen hellen Fleck in der Form einer Krone trage, laut Lucanus (39 – 65) entstammt der Basilisk (wie alle Schlangen) aus dem Blut der Medusa und habe deren versteinernden Blick geerbt. Das Wasser der Flüsse, aus denen er trinke, sei auf Jahrhunderte vergiftet, sein Blick breche Steine und verbrenne das Gras, so schaffe er die Wüste. Der Geruch eines Wiesels töte ihn; im Mittelalter vermutete man, auch das Krähen eines Hahnes. Hildegard von Bingen (ca. 1098 – 1179) berichtet: »*Als sich die Kröte einst trächtig fühlte, sah sie ein Schlangenei, setzte sich zum Brüten darauf, bis ihre Jungen zur Welt kamen. Diese starben; sie aber bebrütete das Ei weiter, bis sich darin Leben reizte, das alsbald von der Kraft der Paradieses-Schlange beeinflusst wurde.*« Mit der Paradiesesschlange ist der Teufel gemeint. Der Basilisk ist ein nun ein vierfüßiger Hahn mit einer Krone, gelbem Gefieder, breiten, dornigen Flügeln und einem Schlangenschwanz, der in einer Klaue oder einem zweiten Hahnenkopf endet; Chaucer schreibt deshalb im 14. Jahrhundert vom »basilicock«. Ulisse Aldrovandi (1522 – 1605) zeigt ihn mit Schuppen statt Federn und mit acht Beinen. Im *Hexenhammer*, dem *Maleus maleficarum* von 1487, der »Bibel« der Hexenverfolgungen, hat der Basilisk einen eigenen Abschnitt. Hier wird erläutert, dass er aus dem Ei eines 7 oder 9 Jahre alten Hahnes schlüpfe, das

EXITIUM IPSE SUI.

94

Ceu speculi adspectu moritur Basiliscus inhaerens
Lumina dum recipit pernitiosa sibi:
Sic malus ipse suo jugulatur (jure) veneno,
et quam construxit decidit in foveam.

Er wird ihnen ihr unrecht vergelten.v23
Der böse Basilist auß hellem spiegel säuget
Zu aignem untergang selbst seiner augen gifft:
wer boßheit anzuthun dem nächsten ist geneiget
ist billig, daß ihn selbst sein mörder=anschlag trifft.

Der Basilisk
aus: *Lust- und Arzneygarten* von Wolfgang Helmhard
Freiherr von Hohberg, Regensburg 1675

von einer Kröte bebrütet worden sei. Sein Blick sei tödlich, weil er durch seine Augen Giftstoffe durch die Luft zum Opfer sende, die dieses behexten und töteten. Wenn man dem Basilisken einen Spiegel vorhalte, werde das Gift zurückgeworfen und der Basilisk sterbe selber. Manchmal wird der Basilisk auch als Halbdrache bezeichnet. Hat das Wesen Beine, Schnabel und Kehllappen, handelt es sich um eine *Cockatrice*.[96]

In der Fantasy werden Basilisken unterschiedlich dargestellt. Im Roman *Der Basilisk. Die Saga vom Ende der Zauberdrachen* von Graham Edwards muss ein junger Drache einen mächtigen an einen Drachen erinnernden Basilisken vernichten, um das Zauberreich zu retten. In *Harry Potter und die Kammer des Schreckens* von Rowling muss Harry gegen einen schlangenähnlichen Basiliken kämpfen, dessen Blick normalerweise tötet. Bei Abschwächung z. B. durch einen Spiegel oder durch Rauch werden die Opfer nur versteinert.

Der berühmte Jabberwocky aus dem Unsinns-Gedichts von Lewis Carroll aus *Alice hinter den Spiegeln* (1871) kann sowohl an ein drachenähnliches Wesen wie an einen Basilisken gemahnen; im gleichnamigen Spielfilm von Terry Gilliam (1977) erinnert das Monster als eine Art Riesenhahn stark an den mittelalterlichen Basilisken.

---

96 Es gibt echte Basilisken: die Gattung *basiliscus* aus der Familie *iguanidae* (Leguane). Die bis zu 80 cm langen harmlosen Allesfresser mit bis 55 cm langem peitschenartigem Schwanz leben in Bäumen in tropischen Regionen Amerikas; die Männchen haben oft einen aufstellbaren hohen Rückenkamm und einen ausgeprägten Kopfhelm. Wenn sie sich aufrichten, können sie auf ihren großen Hinterbeinen über Wasser laufen.

Kapitel 6: Super-, Wer- und Nichtmenschen

In der Phantastischen Literatur wie in Mythen und Märchen wimmelt es von übermenschlichen Helden und Heldinnen. Nicht selten sind sie teilweise göttlich, wie schon der erste aller Superhelden, Gilgamesch (s. S. 139); bei den Griechen waren viele der Helden Halbgötter, wie Herakles und Achill. Oft zeichnen sich spätere Helden schon als Kinder oder bei ihrer Geburt durch besondere Stärke oder Zeichen aus. So wurde Zal, der Vater des Helden Rostam im *Persischen Königsbuch* (s. S. 91) mit schneeweißem Haar geboren und, nachdem ihn sein Vater deswegen ausgesetzt hatte, vom Zaubervogel Simurg aufgezogen. Rostam selbst erschlug schon als Junge einen rasenden Elefanten mit einer Keule, ähnlich wie Herakles als Säugling zwei Schlangen erwürgte. Gerne »outen« sich die Helden auch erst spät; vor allem in osteuropäischen Märchen sind es häufig die in ihrer Jugend als dumm oder tölpelhaft Geltenden oder die besonders Kleinen, die später großartige Taten vollbringen. Dies ist in der Fantasy zum Klischee verkommen: Häufig ist der spätere Held oder die Heldin zunächst der Küchenjunge oder das Aschenputtel, der Außenseiter oder die (scheinbar) unfähige geduldete Schülerin. Das gilt für die *Osten-Ard*-Tetralogie von Williams wie für die *Harry-Potter*-Romane von Rowling, für Donaldsons *Mordnats Not*, McCaffreys erste Geschichte über die *Drachenreiter von Pern* und für *Lirail* von Garth Nix – wobei dies Beispiele für gelungene Umsetzungen sind. Allzuoft aber wird das Motiv als eine Art »Standardbeginn eingesetzt und verliert seinen Reiz.

In diesem Kapitel stehen aber nicht die »normalen«, wenn auch mit übermenschlichen Kräften ausgestatteten, zauberfähigen oder durch beispielsweise göttliche Abstammung übernatürlich begabten Menschen im Mittelpunkt, sondern die vielen Humanoiden-Varianten, die es in Mythen, in Fantasy- und Horrorgeschichten und -filmen gibt.

Riesen gehören zu den ältesten Protagonisten in Mythos und phantastischer Literatur und tauchen auch in der modernen Fantasy auf, wie die Halbriesen Hagrid und Olympe Maxime und die bis zu 7 Meter großen echten Riesen in den *Harry-Potter*-Romanen, wie der namenlose Riese, der in Tolkiens *Bauer Giles von Ham* durch seine Erzählungen den Drachen Chrysophylax veranlasst, die Menschenreiche aufzusuchen, oft wie *Der ertrunkene Riese* von Ballard (in Kluge, *Universum*). Auch in Kunst- und Volksmärchen sind sie beliebte Protagonisten, wie der Mondmann in *Peterchens Mondfahrt* (S. 32 und 34) und manche Menschenfresser bei den Brüdern Grimm. *Der selbstsüchtige Riese* bei Oscar Wilde hingegen dient ebenso dazu, den Menschen den Spiegel vorzuhalten, wie bei Swift in *Gullivers Reisen* die Rieseninsel Brobdingnag, mit der er u. a. Kriegstreiberei und den Kampf um die Weltherrschaft karikiert.

Nach mittelalterlicher kirchlicher Vorstellung sind die Riesen Nachkommen von Göttersöhnen und Menschenfrauen, man bezieht sich dabei auf das Alte Testament: »*Als sich die Menschen über die Erde hin zu vermehren begannen und ihnen Töchter geboren wurden, sahen die Gottessöhne, wie schön die Menschentöchter waren, und sie nahmen sich von ihnen Frauen, wie es ihnen gefiel. [...] In jenen Tagen gab es auf der Erde die Riesen, und auch später noch, nachdem sich die Gottessöhne mit den Menschentöchtern eingelassen und diese ihnen Kinder geboren hatten.*« (1. Mose 6, 1-4). Wie dieser Text zu deuten ist, ist umstritten; im Mittelalter galt er als eindeutiger Beleg für die von Albertus Magnus (1200 – 1280) und seinem Schüler Thomas von Aquino (1225/26 – 1274) umfassend ausgearbeitete Theorie von der Möglichkeit des Verkehrs zwischen Dämon und Mensch; er konnte so zur Begründung der Hexenverfolgungen herangezogen werden (s. S. 121 f). Im späten Judentum und frühen Christentum galten die Göttersöhne als gefallene Engel, deren Söhne, die Riesen, das Böse in die Welt brachten: »*Warum verließet ihr den hohen, heiligen und ewigen Himmel, schliefet bei den Frauen, verunreinigt euch mit den Menschentöchtern... tatet wie die Erdenkinder und zeuget Riesensöhne...?*« heißt es im apokryphen Buch Henoch (16,2). In der hebräischen Bibel sind die meisten Riesen Gegner Israels und werden von dessen Helden erschlagen, wie ein sechsfingriger riesiger Philister (2 Sam 21,20 und 1 Chr 20,6), ein fünf Ellen (ca. 2,50 m) großer Ägypter (1 Chr 11,23) und schließlich Goliat(h): »*Da trat aus dem Lager der Philister ein Vorkämpfer namens Goliat aus Gat hervor. Er war sechs Ellen und eine Spanne groß* [ca. 3,20 m]. *Auf seinem Kopf hatte er einen Helm aus Bronze und er trug einen Schuppenpanzer aus Bronze, der fünftausend Schekel wog* [ca. 60 kg].« (1 Sam 17,4-5,).

Bei den Griechen und Römern waren die meisten Riesen Gottheiten oder deren Abkömmlinge. Die größten waren die Titanen, die sechs Töchter und sechs Söhne der Gaia (Mutter Erde) und des Uranos (des Himmels), das älteste Göttergeschlecht der Griechen (s. auch S. 144). Nach Hesiod waren die wichtigsten: Kronos, der Vater des Zeus, wurde nach der Entmannung seines Vaters Uranos zum Herrscher der Welt und herrscht nach seiner eigenen Entmachtung auf der Insel der Seligen mit seiner Schwester und Gattin Rhea, der Mutter von Hestia, Demeter, Hera, Hades, Poseidon und Zeus; Okeanos, Herr des Ozean, zeugte mit seiner Schwester und Gattin Tethys die Flussgötter und Nymphen; Hyperion, Vater des Sonnengottes Helios, der Mondgöttin Selene und der Göttin der Morgenröte Eos; Mnemosyne, die Mutter der neun Musen; Iapetos, der Vater der vier weiteren Titanen Atlas (s. S. 73), Epimetheus und Prometheus sowie Menoitios.

In der *Titanomachie* kämpften die Titanen Kronos, Koios, Kreios, Hyperion, Iapetos, Atlas und Menoitios gegen die »neuen« Götter unter Zeus und unterlagen nach 11 Jahren; die meisten Titanen wurden in den Tartaros verbannt, Atlas musste den Himmel tragen. Die Olympier konnten allerdings nur gewinnen, weil sie Hilfe von zwei weiteren

Riesengeschlechtern bekamen: den Kyklopen und den Hekatoncheiren. Die ursprünglichen drei Kyklopen/Zyklopen Brontes, Steropes und Arges, Riesen mit nur einem Auge auf der Stirn, waren ebenfalls Söhne des Uranos und der Gaia und wurden von Uranos in der Erde eingeschlossen. Sie schenkten Zeus, nachdem er sie befreit hatte, Blitz und Donner.[97] Die Kyklopen, denen Odysseus begegnete, teilten mit ihnen nur Aussehen und Namen. Sie waren Söhne des Poseidon, am bekanntesten ist wohl Polyphem, den Odysseus blendete. Die »zyklopischen Mauern« gehen auf einen Mythos zurück, wonach einäugige Riesen aus Lykien in Mykene und anderen Städten riesige Bauwerke errichteten.

Auch die drei Hekatoncheiren (Hundertarmigen) Briareos der Starke, Gyes der Begliederte und Kottos der Stoßende waren Kinder des Uranos und der Gaia und wurden von ihrem Vater in die Erde verbannt. Sie halfen Zeus nach ihrer Befreiung gegen die Titanen und bewachten diese danach an den Pforten des Tartaros, wofür sie mit 100 Armen und 50 Köpfen bestens geeignet waren.

Die Giganten (auch Gregeneis, die Erdgeborenen) entstanden aus den Blutstropfen, die zur Erde fielen, als Kronos seinen Vater Uranos entmannte. Laut Hesiod hatten sie vier Arme (Vorbilder der *Haluter* bei Perry Rhodan), nach anderen Vorstellungen Schlangenbeine oder geschuppte Drachenschwänze statt der Füße. Die Giganten versuchten mit Unterstützung ihrer Mutter Gaia, der Erde, den Olymp zu erobern, um ihre Geschwister, die Titanen, zu rächen, scheiterten aber mit dieser *Gigantomachie*, weil die Götter Hilfe von Herakles erhielten; die Giganten konnten nämlich nur vernichtet werden, wenn ein Sterblicher mitkämpfte. Alle Giganten wurden erschlagen oder erschossen.

Der in seiner Nachwirkung wohl wichtigste Titan ist Prometheus. Er schuf die Menschen, zu deren Gunsten er mehrfach Zeus betrog und für die er schließlich das Feuer vom Himmel stahl. Dafür wurde er am Kaukasus angekettet, schlaflos, ohne Speis' und Trank, und jeden Tag fraß ein Adler an seiner (wieder nachwachsenden) Leber, bis schließlich Herakles ihn befreite. Die Menschheit bestrafte Zeus, indem er Prometheus' Bruder Epimetheus, dem »nachher Denkenden«, die künstlich geschaffene wunderschöne Jungfrau Pandora (»die Allbeschenkte«) schickte und ihr eine Büchse (oder einen Krug) mitgab mit allen Krankheiten und Plagen und der Sterblichkeit. Entweder sie oder ihr Gemahl öffneten die »Büchse der Pandora« – zum Leidwesen aller Menschen.

Schon in der antiken Literatur war der Prometheus-Mythos als Stoff beliebt, Goethe bearbeitete ihn mehrere Male, und bis in die Moderne gilt der Mythos als einer der stärksten; er findet seinen Widerhall selbst im »Mad scientist« der Science Fiction und deren Urahn *Frankenstein or the modern Prometheus* (1818) von Mary W. Shelley.

---

97 Sie wurden von Apollon getötet. Dessen Sohn Asklepios/Aeskulap hatte mehrere Tote wieder auferstehen lassen und war dafür von Zeus mit einem Blitz getötet worden; aus Rache tötete Apollon die Kyklopen.

In der Vorstellung der Germanen waren die Riesen eigenständige mächtige Wesen, je nach Lesart zu interpretieren als frühe(re) Götter oder Nebengötter. Zu Beginn der Schöpfung steht der Riese Ymir (s. S. 150), dann tauchen die Frost- und Reif-Riesen auf, von denen die Asen abstammen. Vom Riesen Mimir bezieht Odin sein Wissen und seine Weisheit, indem er diesem (Wasser-?)Riesen ein Auge opfert, nach anderen Mythen auch, indem er dessen abgetrenntes Haupt mit sich trägt. Bei der Götterdämmerung (s. S. 152) kämpfen die Asen gegen die Riesen, darunter Muspell mit dem Totenschiff Naglfar, Hrymir und der Herr der Feuerriesen Surtr (der vielleicht mit Muspell identisch ist).

Von solch gottähnlichen Riesen sind die Riesen, Oger, Trolle und was es sonst an gigantischen humanoiden Kreaturen in der phantastischen Welt gibt, oft weit entfernt, aber nicht selten lassen sich Parallelen und Anklänge finden, etwa bei den extrem mächtigen und sehr sympathischen Riesen in Donaldsons Thomas-Covenant-Saga.

Oger sind die wohl jüngste Abart der Riesen, bekannt durch die Filme um Shrek (seit 2001). Bei Tolkien handelt es sich um riesige menschenähnliche Barbaren, in vielen Rollenspielen um häßliche, sehr große bösartige, meist dümmliche Kreaturen. Das Wort ist erstmals 1697 in Frankreich belegt als *ogre* (»Unhold, Menschenfresser«).

Trolle werden in der phantastischen Literatur sehr unterschiedlich dargestellt, das reicht von den riesigen Kampfbestien bei Tolkien [98] oder Rowling über die sehr viel differenzierter gezeichneten Trolle in den Romanen von Poul Anderson und Christoph Hardebusch bis zu den gutmütigen kleinen Mumintrollen von Tove Jansson. Dieses Spektrum entspricht der Mythologie. Bei den Germanen gab es die Geschichte vom Zwerg Alwis (»der Allwissende«), der für die von ihm für die Asen geschmiedeten Waffen Thrud, die Tochter von Thor, zur Frau bekommen sollte. Thor, der Sohn von Odin, trickste ihn jedoch aus. Als Alwis zur Hochzeit nach Asgard kam, fragte er ihn die ganze Nacht aus, bis das Sonnenlicht den Zwerg in Stein verwandelte. Im nordischen Volksglauben sind Trolle bis heute verbreitet; meist versteht man darunter kleine bis riesige Wesen, die in Höhlen auf Bergspitzen hausen, Reisende fangen und fressen. Diese dickhäutigen Wesen sind praktisch unverletzlich, nur das Sonnenlicht kann sie bezwingen: Je nach Sage versteinert es sie oder bringt sie zum Platzen. Manchmal sagt man Trollen nach, sie würden kleine Kinder stehlen und an deren Stelle ihr eigenes Kind ins Bett legen (Wechselbalg). Im Mittelalter wurden aus den Trollen ungläubige und seelenlose Diener des Teufels, wie im alten schwedischen Volkslied *Herr Mannelig*, in dem ein Ritter die Werbung der Trollfrau ablehnt: »*Die Gaben nähm ich gern an, doch von einer Christin nur | als Christenfrau freit' ich dich auf der Stelle | Doch du bist eine Bergtrollin, von böser Natur | verwandt mit Wesen aus der Hölle.*« (eigene Nachdichtung)

---

98 Im Gedicht *Luftikus* schildert er aber auch einen sehr sympathischen, freundlichen, brotbackenden Troll.

Bei Zwergen ist die Bandbreite noch viel größer. In der Fantasy setzt sich langsam ein einheitliches Bild durch, stark geprägt durch Tolkien und dessen Epigonen, durch Rollenspiele und in letzter Zeit durch die Zwergentrilogie von Markus Heitz. Häufig gibt es »gute« wie »böse« Zwerge, so in Rollenspielen (»Dunkelzwerge«, Duergar, Daergar) und schon in Lewis' *Narnia*-Chroniken (Rot- und Schwarzzwerge).

In der nordischen Mythologie sind Zwerge ein zaubermächtiges kleinwüchsiges Volk, das unter Bergen und Felsen und in Erdhöhlen haust und die Kräfte des Erdinnern repräsentiert, weise, wissend und kunstfertig. Tolkien und Anderson haben Zwergennamen aus der Edda übernommen. In der mittelalterlichen Mythologie galten Zwerge als Elementargeister. Es gibt die These, dass Zwergenvorstellungen auf Bergleute der Bronzezeit zurückzuführen seien, die meist kleiner waren als der Rest der Bevölkerung, auch war Kinderarbeit üblich. Damals häufig auftretende Verkrüppelungen und Wachstumsschädigungen (Rachitis) passen ebenso dazu wie ausgestopfte Mützen zum Kopfschutz.

Im Volksglauben hat sich das Bild der Zwerge sehr ausdifferenziert; auch in den Sagen der Brüder Grimm werden sie unterschiedlich dargestellt. In der Sage vom »Abzug des Zwergvolks über die Brücke« berauben mit Tarnkappen geschützte Zwerge über Jahre die Bauern und werden von diesen zum Abzug gezwungen, wobei sie einen Teil ihrer Schätze abgeben müssen. Einige zurückgebliebene Zwerge sollen aber noch Menschenkinder mit Wechselbälgern vertauschen. In anderen Sagen wird berichtet, wie die hilfreichen Wichtelmänner verschwinden, wenn ihnen Streiche gespielt werden – die Verwandtschaft zu den Heinzelmännchen ist offensichtlich. Von da aus ist es zu den Gartenzwergen, den Schlümpfen und Mainzelmännchen nur noch ein Schritt – ein gewaltiger Abstieg von den nahezu gottgleichen Wesen der nordischen Mythologie.

Denn das waren sie, wie ihre Verwandten, aus denen die Elben und Elfen wurden. In der nordischen Mythologie, von der Edda bis zum Nibelungenlied, gibt es nur die Alben, die mal mit den Asen auf eine Stufe gestellt, mal ihnen untergeordnet werden. In der Snorra-Edda wird unterschieden zwischen Licht- und Schwarzalben, später kommen die Dunkelalben als Mischform hinzu. Es gibt Hinweise, dass man den Alben auch geopfert hat. Was daraus wurde, ist mindestens so unterschiedlich wie bei den Zwergen: Von Tolkiens hochgewachsenen, klugen, kunst- und magiebegabten Elben[99] bis zu Waldemar Bonsels Blumenelf in der *Biene Maja*. Die Fantasy deckt das ganze Spektrum ab: von Licht- zu Schwarz-, Nacht- und Dunkelelfen, von Wald- über Stadt- bis zu Schnee- und

---

99 Man beachte die Schreibweise. Das deutsche »Elf, Elfe« heißt im Englischen »elf«, damit können aber auch Feen, Kobolde oder Zwerge gemeint sein; in der Regel sind es putzige Märchenfiguren. Der Plural dieses Wortes ist normalerweise »elfs«, es gibt aber als altmodische Fassung auch schon lange die Form »Elves«, auf die Tolkien zurückgriff. Im Deutschen wurde dafür der Begriff »Elbe« verwandt, der bereits im 14. Jahrhundert in Minneliedern auftaucht.

Seeelfen, von den arroganten Elohim bei Donaldson über (politisch) »grüne« Elfen, die an keltische Gottheiten erinnern, bei Richard Ford bis zu den verfetteten aerobic-treibenden Feen in Fosters *Bannsänger*-Zyklus, den kleinen geflügelten Elfen, die bei Peter Rühmkorf den Bau eines Raketenkontrollzentrum verhindern, den Polizeielfen in den *Artemis-Fowl*-Romanen von Eoin Colfer und den Hauselfen bei Rowling.[100]

Manchmal werden die Elfen auch als eine Art Sidhe angesehen, nicht selten verliert man beim Betreten ihrer Welt (und auch der Zwerge) Jahre oder Jahrzehnte (s. S. 54 f).

Verwandt mit Zwergen und Elfen sind zahlreiche Gestalten aus verschiedenen Mythologien, auf die gerne in der Fantasy zurückgegriffen wird. Kobolde (englisch *Goblins*) werden immer beliebter, es gibt sogar eine Romanreihe von Jim C. Hines mit ihnen als Helden. Bei Tolkien kommen sie als Schädlinge vor (in *Die Briefe vom Weihnachtsmann*)[101], bei Rowling sind sie mächtig und betreiben die Zaubererbank Gringotts. Kobolde sind bei vielen Völkern bekannt; meist treten sie als Haus- oder Poltergeister in Erscheinung. Kobold wird abgeleitet von »Koben« (Holzverschlag, noch üblich in Schweinekoben). Frei übersetzt bedeutet Kobold »Der im Holzgemach Waltende«. Im Volksglauben werden Kobolde meist als klein, hässlich und rot gekleidet beschrieben. Im »Großen vollständigen Universal-Lexikon aller Wissenschaften und Künste« schreibt Zedler 1737, dass der »Kobolt« am Tag in Häusern oder Ställen »*entweder nützliche Dienste thue, oder allerley Schabernack und Verdruß darinnen anrichte, je nachdem ihm von denen Einwohnern, Knechten und Mägden gut oder schlimm begegnet werde. Ja es ist unter dem Gesinde ein bekanntes Sprichwort: den Kobolt haben, welches von Mägden gesaget wird, die so hurtig und geschwinde sich in ihrer Arbeit bezeigen, daß man solches ohne Beihülffe eines Geistes sich nicht einbilden kann*«. Kobolde sollen auch als Vertrauter (Familiar) von Hexen und Zauberern in Erscheinung treten. Der bekannteste Kobold ist im deutschen Sprachraum wahrscheinlich Rumpelstilzchen. – Kobalt hat seinen Namen von den Kobolden, weil man im Mittelalter annahm, dass diese das Metall anstatt des gesuchten Silbers in die Bergwerke schafften, um die Menschen zu necken.

---

100 Einen Gegenpol zu Tolkiens »guten« Elben, aber auf gleicher mythologischer Grundlage, bildet Poul Anderson: »*Während Tolkien im Grunde ein christlicher Autor ist, der den Sinn der Kunst in einer Läuterung des Menschen und einer Hinführung zum Schönen, Wahren und Guten sieht, ist Andersons Werk durch und durch von jenem heidnisch-nordischen Geist durchdrungen, zu dem wir uns mit einem atavistischen Schauder immer noch hingezogen fühlen.*« (Lin Carter 1971, Vorwort zur Neuauflage von Andersons »Das geborstene Schwert«). Und lange zuvor schuf Lord Dunsany (1878 – 1957) in *Die Königstochter aus dem Elfenland* (1924) Elfen, die Gottheiten näher stehen als den Menschen; sie sind in ihrer Macht und Schrecklichkeit den Alben der alten nordischen Sagen nahe verwandt, in ihrer Zeit-Entrücktheit und Kälte jedoch auch weit davon entfernt.

101 Im *Hobbit* wird durchgehend (mit einer Ausnahme) von *goblins* geschrieben, dies wird in der deutschen Übersetzung sinnvollerweise immer mit Orks wiedergegeben. In den frühen Geschichten von Tolkien ist die Unterscheidung nicht immer ganz klar, erst später wurden die Orks klar ausgestaltet.

Gnome gehören laut Paracelsus zu den Elementarwesen[102] und sind Erd- oder Berg-geister wie auch ihre Verwandten, die Kobolde und die Wichtel, zu denen manche auch die Heinzelmännchen zählen. In der Fantasy reicht die Bandbreite von Rowlings 20 cm großen Wichteln (englisch *Pixie*) und Gartengnomen bis zu zwergenähnlichen Humanoiden bei Poul Anderson oder in Fantasy-Rollenspielen. Verwandte sind die Leprechauns (deutsch auch Ampferwichtel), das »kleine Volk« (*little people*) der irischen Mythologie, etwa 60 bis 90 cm große Kobolde, die am liebsten in Ruhe gelassen werden. Sie haben es nicht nur in Bücher, mehrere Fernsehserien und Filme geschafft, sondern sogar in einen Musical-Film (*Der goldene Regenbogen* (Francis Ford Coppola, 1968).

Zu den meist ungefährlichen, ja beliebten Elementarwesen gehören die Nymphen, bei den Griechen niedere Göttinnen und Personifikationen der Naturkräfte – es gab See-, Quell-, Wald-/Baum- und Bergnymphen. Da sie sich gerne mit Menschen einlie-ßen, waren sie sehr beliebt. Thomas Burnett Swann hat ihnen in seinen Fantasyromanen manch literarisches Denkmal gesetzt.

Eher gefährlich sind hingegen die Elementargeister des Wassers.[103] Wie schon erläu-tert, hatten Gewässer immer etwas Bedrohliches (s. S. 44 ff). Die Germanen fürchteten die Nixen und auch den männlichen Nix, Neck, Nöck oder Wassermann. Beziehungen zu diesen endeten nicht selten tödlich, wie in Goethes Gedicht *Der Fischer*: »*Das Was-ser rauscht', das Wasser schwoll, | Netzt' ihm den nackten Fuß; | Sein Herz wuchs ihm so sehnsuchtsvoll | Wie bei der Liebsten Gruß. | Sie sprach zu ihm, sie sang zu ihm; | Da war's um ihn geschehn; | Halb zog sie ihn, halb sank er hin | Und ward nicht mehr gesehn.*«

---

102 Philippus Aureolus Theophrastus Bombastus von Hohenheim, 1493–1541, genannt Paracelsus, einer der Erfinder der modernen Medizin, hat sein, wie viele meinen, schönstes Buch den Elementargeistern gewidmet: *De nymphis, sylphis, pygmaeis et salamandribus*. Er beschrieb die vier traditionellen Gattungen jener lebenden, aber unbeseelten Wesen, die in den vier Elementen ihren Wohnort haben und mit Menschen Verbindung aufnehmen können: Wassergeister wie Nymphen, Nixen, Undinen, Melusinen und Wassermenschen, Erd-geister wie Gnome, Kobolde, Leprechaune, Zwerge, Pygmäen und Incubi, Luftgeister wie Sylphen/Silvani und Feuergeister wie Salamander. Paracelsus sieht sie als aus dem Chaos stammende und jeweils nur aus einem der vier Elemente geformte Hüter der Naturbereiche, als die »Blüte der Elemente«. Wie die Menschen sind sie sterblich, und, da sie keine Seele haben, »vergehen sie wie das Vieh«. Jede Gattung lebt in ihrem Element wie wir in der Luft und kann in dem Element einer anderen Gattung nicht leben. Die Geister der Luft und des Wassers sind dem Menschen freundlich gesonnen, die des Feuers neutral und die der Erde bösartig. Da sie keine Seele haben, wollen sie durch eine erotische Beziehung zu Menschen an deren Beziehung zu Gott teilhaben. Deshalb gehen sie manchmal mit Menschen eine Ehe ein und erhoffen sich davon eine Seele. In der Studierzimmerszene des »Faust« greift Goethe die Vorstellung auf; Faust ruft die Elemente in einer Beschwörung ganz in des Paracelsus Tradition an: »*Salamander soll glühen, – Undene sich winden, – Sylphe verschwinden, – Kobold sich mühen. – Wer sie nicht kennte – Die Elemente, – Ihre Kraft – Und Eigenschaft, – Wäre kein Meister – Über die Geister. – Verschwind in Flammen, – Salamander! – Rauschend fließe zusammen, – Undene! Leucht in Meteoren-Schöne, – Sylphe! – Bring häusliche Hülfe, – Incubus! Incubus!*«

103 Ich bleibe bei Paracelsus' Einteilung, auch wenn diese in der Phantastischen Literatur kaum verwendet wird.

Nixen treten in der Regel als schöne, junge Frauen auf mit blasser oder grünlicher Haut und grünlichen Haaren, unbekleideten Füßen und nassem Rocksaum, seltener auch mit Fischschwanz. Manche sehen in den Sirenen in der *Odyssee*, die die Männer mit ihrem Gesang verlocken, eine Art Nixen.

In der Nibelungensage raubt Hagen menschen- und vogelgestaltigen Wassergeistern ihre Kleider, für deren Rückgabe weissagen sie ihm. Wagner macht aus diesen Nixen die Rheintöchter. Auch die berühmte Loreley, die (ähnlich den Sirenen) durch ihren Gesang die Rheinschiffe in die Tiefe zieht, soll eine Nixe sein. Nixen finden wir auch in Märchen der Brüder Grimm. Die slawischen Rusálkas sind ertrunkene Jungfrauen oder vom Wassergeist entführte Frauen, die nachts an Land kommen, um zu tanzen. Wer sie sieht oder hört, bleibt nur am Leben, wenn er drei Fragen richtig beantwortet. Die Meerfee Melusine meist mit Schlangenleib, wird in einer erstmals 1387/1394 (im Roman von Jean d'Arras) aufgezeichneten französischen Sage Gattin eines Grafen; als dieser ihre Nixengestalt entdeckt, verschwindet sie. Wie die Undine war dies Vorbild für Erzählungen und Opern; die Undine ist nach Paracelsus ein Wassergeist, der einen Mann heiratet, um eine Seele zu bekommen, einem untreuen Gatten aber den Tod bringt.

Diese Art Nixe ist den Meerjungfrauen ähnlich, von denen Hans Christian Andersen berichtet. Im gleichnamigen Märchen lernt *Die kleine Seejungfer* von ihrer Großmutter:

> »Wir können dreihundert Jahre alt werden, aber wenn wir dann aufgehört haben zu sein, so werden wir in Schaum auf dem Wasser verwandelt und haben nicht einmal ein Grab hier unten zwischen unseren Lieben. Wir haben keine unsterbliche Seele; wir erhalten nie wieder Leben ... Die Menschen dagegen haben eine Seele, die ewig lebt, die lebt, auch wenn der Körper zu Erde zerfallen ist. [...]« – »Warum bekamen wir keine unsterbliche Seele?‹ sagte die kleine Seejungfer betrübt ... [...] Kann ich denn gar nichts tun, um eine unsterbliche Seele zu gewinnen?‹ – ›Nein‹, sagte die Alte. ›Nur wenn ein Mensch dich so lieb gewinnt, dass du für ihn mehr wirst als Vater und Mutter, wenn er mit allen seinen Gedanken und seiner Liebe an dir hinge und den Priester deine rechte Hand in seine legen ließe mit dem Gelübde der Treue hier und für alle Ewigkeit, dann würde seine Seele in deinen Körper überfließen und du bekämest auch Teil an dem Glücke der Menschen. Er gäbe dir eine Seele und behielte doch die eigene.‹«

Während Wassermenschen in vielen Fantasyromanen, wie bei Rowling, einfach unter Wasser lebende Wesen mit einer anderen Kultur sind, geht Anderson in *Kinder des Wassermanns* explizit auf diese mittelalterlich-christliche Vorstellung der seelenlosen Wasserwesen ein.

Elementargeister sind laut Paracelsus auch die Buhlteufel, nach anderer Vorstellung sind sie Dämonen. Laut dem Talmud stammen beide Varianten ab von der Teufelin Naëma (s. S. 121). Ein Incubus (von lat. *incubare:* ausbrüten) ist männlich und verkehrt geschlechtlich mit Frauen im Schlaf oder Traum, meist ohne dass sie sich daran erinnern (so konnten »sündhafte« Träume erklärt werden). In der frühen Neuzeit wurden aus dem Glauben, dass auch der Teufel als Incubus erscheinen könne, viele unverheiratete schwangere Frauen als Hexen verbrannt; die Teufelsbuhlschaft galt als erwünschter Akt und Zeichen des Abfalls von Gott. Männer, die der Hexerei angeklagt waren, wurden nicht selten bezichtigt, Incubi zu sein.

Ein Succubus (von lat. *succumbere:* unten liegen) ist das weibliche Gegenstück, das Männern im Schlaf oder Traum als Liebhaberin/Verführerin erscheint und mit ihnen geschlechtlich verkehrt, auch hier in der Regel ohne Erinnerung (dies erklärte »sündhafte« Träume und Samenergüsse). In der frühen Neuzeit wurden viele Frauen, die der Hexerei angeklagt waren, auch beschuldigt, Succubi zu sein.

Hexen sind in der modernen Fantasy beliebte Protagonistinnen, so bei Tanith Lee oder Rowling. Dabei werden ganz unterschiedliche Traditionen und Mythen zu Grunde gelegt, oft werden Hexe und Zauberin (wie auch Hexer und Zauberer gleichgesetzt), wie etwa bei Rowling. In der Wissenschaft, z. B. der Ethnologie, wird zwischen Hexerei und Zauberei unterschieden, meist so, wie es die Bevölkerung in Afrika tut: Man unterscheidet Hexen (und Hexer), denen ihre Fähigkeiten angeboren sind, z. B. der Böse Blick, von Zauberern und Zauberinnen, die sie durch oft blutige oder schamanistische Initiationen erwerben müssen (in diesem Sinne ist der »Hexer« Geralt bei Sapkowski ein Zauberer). In Europa wird nur Hexen nachgesagt, dass sie auf Besen reiten; erstmals ist die Behauptung 1451 belegt im Manuskript *Le Champion de Dames* von Martin le Franc. Der Begriff Hexe stammt vom althochdeutschen *hagzissa* und bedeutet ein sich in Hecken oder auf Zäunen aufhaltendes Wesen, wird oft mit »Zaunreiterin« übersetzt. Hexen gibt es in fast allen Kulturen, u. a. in asiatischen, afrikanischen und orientalischen. Im Alten Testament wird die »Hexe von Endor« beschrieben, eine Hellseherin und Totenbeschwörerin, die den Geist des Propheten Samuel aus der Unterwelt aufsteigen lässt, um König Saul dessen Tod zu prophezeien (1 Sam 28). Im 7. Jahrhundert führte eine Berberfürstin im Gebiet des heutigen Tunesiens als Hexe und Prophetin ihr Volk sechs Jahre lang im (vergeblichen) Kampf gegen die arabischen Eroberer: El Kahira, das heißt: die Zauberin. Im europäischen Volksglauben gehen Hexen (selten Männer) einen Pakt mit dem Teufel ein. Erst im Spätmittelalter bildete sich die Hexenvorstellung heraus, die schließlich zu den grauen- und massenhaften Hexenverfolgungen der frühen Neuzeit führte. Zwar gab es solche auch schon vorher, so verbot bereits der *Codex Hammurabi* im 18. Jahrhundert v. Chr. die Zauberei, und 367 n. Chr. kam es auf Anordnung des römischen Kaisers Valerian zu Hexenverfolgungen. Doch die schlimmsten Verfolgungen gab es zwischen 1450 und 1750, dabei kamen nach vorsichtigen Schätzungen 100.000 bis 500.000 Menschen ums Leben, vielleicht auch erheblich mehr.[104]

Das Wort *Zauber* (und dann Zauberer/Zauberin) wird abgeleitet vom althochdeutschen *zoubar*, einer Bezeichnung der roten Farbe, mit der eingeritzte Runen bestrichen wurden, das englische Wort *spell* für Zauberspruch vom angelsächsischen *speld*, Span, Splitter, das auch das Runentäfelchen bezeichnete. *Magier* kommt vom altiranischen *maga* (Opfergabe, Opferdienst); Herodot bezeichnete als Magier Angehörige einer Sippe des medischen Volkes mit priesterlichen Funktionen und großem politischen Einfluss. Zu ihren Praktiken zählten Astrologie, Dämonologie und Magie, sie galten als Stern- und Traumdeuter sowie Wahrsager und waren Anhänger des persischen Propheten

---

104 In Großbritannien gab es den ersten Hexenprozess 1324, die erste Hinrichtung einer Hexe 1566 (sie wurde gehängt), und erst 1735 wurde gesetzlich die Hexenverfolgung abgeschafft, auch in den USA gab es grausame Hexenverfolgungen, z.B. in Salem 1692. Anna Göldi, die sogenannte »letzte Hexe Europas«, wurde 1782 im schweizerischen Glarus hingerichtet. Der Höhepunkt der Hexenjagden lag überall zwischen 1560 und 1630. Zwar zählte schon seit Kirchenvater Augustinus (354–430) der Teufelspakt zu einem festen Bestandteil der christlichen Dämonologie, doch wurde er erst von den Dominikanern Albertus Magnus (1200–1280) und dessen Schüler Thomas von Aquino (1225/26–1274) zu einer umfassenden Theorie ausgebaut vom Vertrag zwischen dem Satan bzw. einem Dämon und einem Menschen, von einer Gegenwelt des Teufels und seiner menschlichen Verbündeten, die es zu bekämpfen gelte. Damit konnte jede magische oder auch nur als abergläubisch bewertete Handlung als Teufelsdienst verfolgt und als Ketzerei bestraft werden. 1225 kam der »Sachsenspiegel« den kirchlichen Forderungen nach harter Bestrafung von zauberischen Delikten nach und sah für Zauberei und Ketzerei den Feuertod vor. Die uneingeschränkte Anwendung des Inquisitionsprozesses gegen Zauberei verordnete Papst Johannes XXII. in seiner Bulle »Super illius specula« (1326). Größere Bedeutung erreichte diese Verfolgung aber erst im 15. Jahrhundert. 1437 entwickelte der Dominikaner Johannes Nider die Idee einer im Untergrund wirkenden satanistischen Hexensekte. Mit der »Hexen-«Bulle »Summis desiderantes affectibus« leitete Papst Innozenz VIII. die systematische Hexenverfolgung ein, der »Durchbruch« in der Hexenverfolgung (die gar nicht so einfach durchzusetzen war gegen den gesunden Menschenverstand der Mehrheit des Volkes wie des Klerus) kam dann 1487 mit dem berühmt-berüchtigten »Hexenhammer«, dem »Malleus maleficarum« von Jacob Sprenger (Ordensprovinzial der Dominikaner) und Heinrich Institoris (Inquisitor und – natürlich – Dominikaner, eigentlich Heinrich Cramer), der die Hexenlehre praktisch zum Abschluß brachte. Alleinautor war übrigens Cramer, der sich aber ohne Mithilfe von Sprenger nicht durchsetzen konnte. Er sprach im Deutschen von »unholden oder hegksen«; da er den Begriff Unhold bevorzugte, hätte er das Werk wohl mit »Unholdenhammer« übersetzt, doch bekannt wurde es unter dem etwa 100 Jahre später entstandenen Begriff »Hexenhammer«. Es war lange eines der verbreitetsten und meist übersetzten Bücher; 1669 erschien die 30. Auflage. Nahm man den »Hexenhammer« ernst, bedrohten die Hexen (und Hexer) nicht nur die Kirche, sondern die ganze Weltordnung und waren als Statthalter des Teufels für alles Böse verantwortlich. Um sie ausfindig zu machen, wurden »Hexenproben« eingeführt, die den Beschuldigten gar keine Chance mehr ließen, etwa das Stechen in ein Muttermal oder einen Leberfleck – floss kein Blut, war man überführt. Bei der Wasserprobe wurde man mit gebundenen Händen ins Wasser geworfen. Wenn man unterging (und ertrank), galt man als unschuldig, wenn man sich über Wasser hielt, war die Schuld bewiesen, da nur der Teufel geholfen haben konnte. Auch zählte nun die Denunziation statt einer Anklage und wurde die Folter ins Beweisverfahren eingeführt. Es gibt heute noch (oder wieder) Hexenverfolgungen, seltener in Europa, aber in Afrika ist in den letzten Jahren ein regelrechter Hexenwahn entstanden. Jedes Jahr werden dort mehrere Hundert Menschen wegen Hexerei verbrannt.

Zarathustra/Zoroaster (um 630 bis 550 v. Chr.). Dessen stark ethisch geprägter Dualismus mit Ahriman/Angra Mainju/Areimanios/Anromainyus, dem bösen Gott, und Ormuzd/Ahura Mazda (»Gott Weisheit«), dem guten Gott, wirkte auf zahlreiche Philosophien und Religionen ein, bis hin zu Juden- und Christentum. Die Priester der heute 150–200.000 Gläubigen in Indien, Iran und Pakistan könnte man als »echte« Magier bezeichnen. In den *Geschichten von 1001 Nacht* tauchen die Parsen, wie die Zoroastrier in Indien auch genannt werden, mehrmals als die Bösen und als Feueranbeter auf.

Hexen und Zauberern wurde oft nachgesagt, mit Dämonen zu verkehren. Im Griechischen bedeutet *daimon* Verteiler, Zuteiler: »Zuteiler des Schicksals«. Homer verstand darunter die griechischen Götter, bei Hesiod wurden daraus Zwischenwesen zwischen Göttern und Menschen, entstanden aus dem zweiten der drei Menschengeschlechter, dem silbernen, das von Zeus wegen mangelnder Ehrfurcht wieder von der Erde entfernt wurde, aber als Dämonen weiter existieren durfte. Allgemein meint man heute übermenschliche, aber nicht göttliche Mächte oder Personifikationen, die dem Menschen nutzen oder (meistens) schaden können. In vielen Naturreligionen spielen Dämonen eine wesentliche Rolle, aber auch im Islam, im Judentum und im Christentum. Nach Überlieferungen des Talmud sollen sowohl Lilith, Adams erste Frau, wie auch Adam selbst nach ihrer Trennung mit Teufeln und Teufelinnen Unzucht getrieben haben, Adam 130 Jahre lang, bis Gott ihm Eva schuf. Aus diesen Aktivitäten entstanden Schreckgeister und Dämonen. Die Schönste der Teufelinnen, Naëma, gebildet aus Kains Seele, ist die Mutter aller Buhlteufel. Auch das Neue Testament kennt »*dämonistische Deutungen. Als ein Zauberer Simon (Vulgata: ›Simon magus‹) sah, wie Petrus durch Handauflegung den Geist vermittelte, wollte er ihm diese Vollmacht abkaufen, erfuhr aber dessen entrüstete Abweisung (Apg 8,9-24). Hinfort verkörperten Simon Petrus und Simon Magus den rechten und falschen Umgang mit den Überkräften. Die apokryphen Petrus-Akten vom Ende des 2. Jahrhunderts wissen bereits von einem Wunderwettkampf zwischen den beiden, ausgetragen in seinem letzten Akt auf dem Forum zu Rom. [...] Wichtig ist das theologische Konzept, das im Hintergrund steht: Es gibt besondere Kräfte, deren gute im Bunde mit dem allmächtigen Gott vermittelt werden, die bösen aber mit dem Teufel und den Dämonen.*« (Angenendt, S. 387). Nach einer weitverbreiteten Vorstellung im Mittelalter kamen Dämonen, um die Seele des Verstorbenen zu holen; manchmal mussten sie auch mit Engeln um die Seele streiten. Der Brauch, die Kirchenglocken zu läuten, wenn jemand im Sterben lag, diente der Vertreibung dieser Dämonen. Die Vorstellung von der Möglichkeit der Paarung und des Vertrages zwischen Dämonen und Menschen, wie sie vor allem von Albertus Magnus und seinem Schüler Thomas von Aquino im 13. Jahrhundert entwickelt wurde, bestimmte stark die Inquisition und die Hexenverbrennungen

(s. S. 112). Im *Buch der Offenbarungen über die Nachstellungen und Verschlagenheiten der Dämonen gegen die Menschen* schreibt Abt Richalm Anfang des 15. Jahrhunderts, böse Geister umströmten jeden Menschen *»wie das Wasser den Ertrinkenden«*. 1565 lieferte Johannes Wier eine ausführliche Hierarchie und Beschreibung von über 7 Millionen von ihm erfasster Dämonen, eine sehr nützliche Quelle für phantastische Geschichten.[105]

In rund 90 % aller Religionen und Kulturen gibt es die Vorstellung von Besessenheit durch Geister oder Dämonen[106] und häufig auch Methoden, diese auszutreiben. Exorzismen gibt es heute noch u. a. im Christentum, im Voodoo und in afrobrasilianischen Religionen wie Candomblé, Macumba oder Umbanda, in Afrika gehört ein Exorzismus manchmal zur Behandlung von Krankheiten. Papst Benedikt XIV., ein Freund Voltaires und Gegner des Aberglauben, versuchte im 18. Jahrhundert erfolglos, den Exorzismus abzuschaffen. Unter Benedikt XVI. werden wieder verstärkt Exorzisten ausgebildet.

Auch im Hinduismus spielen Geister und dämonische Wesen eine große Rolle. In den um 1000 v. Chr. verfassten Veden werden eine Vielzahl böser Geschöpfe wie die Asuras und die Panis beschrieben, die den Menschen Schaden zufügen und die Götter bekämpfen. Nach orthodoxer buddhistischen Lehre ist einer der drei Bereiche, in denen die Menschen mit schlechtem Karma wiedergeboren werden, der der andauernd Krieg führenden Dämonen, die auch immer wieder Menschen plagen.

Eine der bekanntesten Dämoninnen ist Lilith (Lilitu), ursprünglich eine sumerische und babylonische kindermordende und blutsaugende Sturmdämonin mit kannibalistischen Tendenzen; ihr männliches Pendant hieß Lilu. Laut Jesaja bewohnt sie die Ruinen von Edom: *»Wüstenhunde und Hyänen treffen sich hier, die Bocksgeister begegnen einander. Auch Lilit (das Nachtgespenst) ruht sich dort aus und findet für sich eine Bleibe«.* (Jes 34,14). Laut dem babylonischen Talmud tötet die Dämonin Lilith, mit langen Haaren und Flügeln versehen, gerne Männer, die allein in einem Haus schlafen. Nach einer bekannten jüdischen Sage, plastisch geschildert im *Alphabet des ben Sira* aus dem 9. oder 10. Jahrhundert, das im Mittelalter weite Verbreitung fand, war Lilith Adams erste Frau, wie er aus Staub erschaffen, also ihm gleichwertig. Sie verweigerte ihm die Unterordnung (sprich: das Unter-ihm-Liegen), floh und zeugte zahlreiche Dämonen. Gott schickte die drei Engel Sanvai, Sansanvai und Semangloph, sie zurückzubringen, sie aber entschloss,

---

105 In der Fantasy ist die Frage, ob ein Wesen eine Gottheit oder ein Dämon ist, häufig nur eine Frage der Sichtweise, wie bei Catherine Webb, die nordische Mythologie mit christlichen Engel- und Dämonen-Ideen vermischt. Es gibt auch positive Protagonisten, Dämonen beispielsweise in der *Bartimäus*-Trilogie von Stroud.

106 Zelazny erklärt in seinen SF-Romanen die Verbindung von übernatürlichen Wesenheiten mit Menschen (eine Art Besessenheit, manchmal übernehmen die außerirdischen »Götter«) als *»volutaristische Bewusstseinsspaltung in Verbindung mit einem Gottkomplex und extrasensorischen Kräften«* (*Die Insel der Toten*) und die Gottheit selbst als *»parasitären autonomen Komplex mit paranormalen Fähigkeiten«* (*Der Tod in Italbar*).

sich, zur kindertötenden Dämonin zu werden. Wenn sie aber bei einem Kind die Namen dieser Engel auf einem Amulett sieht, verschont sie es. Lilith spielt spätestens seither in der jüdischen Magie eine wichtige Rolle, erwürgt des Nachts Kinder, eignet sich als Succubus den männlichen Samen an, tötet die Männer oder macht sie krank. Im *Sefer Chassidim* (um 1200) sitzt sie als lauerndes Gespenst auf Bäumen, von deren Zweigen dann Blut tropft. Heute ist Lilith eine zentrale Symbolfigur des jüdischen Feminismus. In der phantastischen Literatur spielte sie in den letzten Jahrhunderten eine zunehmende Rolle, z. B. bei Karl Edward Wagner, und gilt manchen als Urmutter der Vampire.

Diese bekanntesten aller Blutsauger, Untoten und Wiedergänger tragen ihren Namen zwar noch nicht lange; erst gegen Beginn des 18. Jahrhunderts wurde der serbokroatische Begriff allgemein üblich für die Verstorbenen, die nachts aus den Gräbern steigen, um Lebenden das Blut auszusaugen. Die Wesen aber sind seit Jahrtausenden bekannt. In Balkanländern nennt man den Vampir vukodlak (serbisch) oder brukolak (griechisch), was aber beides Wolfspelz, also eigentlich Werwolf, bedeutet. Gemeint ist hier immer der »klassische« Vampir, wie er durch viele Bücher und Filme bekannt geworden ist. Der Vampir ist aber keineswegs nur ein abendländisches oder gar christliches Monster; auch in Afrika, bei den Germanen, Griechen, Römern und Kelten gibt es Blutsauger-, Wiedergänger- und Untoten-Vorstellungen, in Mexiko, China, Indien, oder Malaysia – Vampire kommen in den Legenden praktisch aller Völker seit alters her vor.

Der »klassische« Vampir ist ursprünglich wohl in Bulgarien und dem Gebiet des heutigen Rumänien beheimatet, auch wenn es Vorfahren anderswo und erheblich früher gab. Der Vampirglaube ist dort seit Jahrhunderten und bis in unsere Zeit verbreitet. So grub man vor 200 Jahren die Leichen von Kindern nach drei, die junger Leute nach fünf und andere nach sieben Jahren aus, um zu schauen, ob sie sich in Vampire verwandelt hatten. Waren die Leichen nicht vollständig verwest, wurden sie einem »Reinigungsverfahren« unterzogen. Noch 1920 soll es in der Bukowina zu zahlreichen Leichenausgrabungen gekommen sein. Die Angst vor den »Wiedergängern« war groß.[107]

Über den »klassischen« Vampir waren die Vorstellungen schon immer unterschiedlich, dies merkt man stark in Literatur und Film. Hier Beispiele aus dem Volksglauben:

---

[107] ... und ist es noch heute. In Rumänien glauben noch große Teile der Bevölkerung an Vampire. Dort wurde 1997 eine Scheidung ausgesprochen, weil die Frau eine Hexe und ein »energetischer Vampir« sei und ihrem Mann die sexuelle Energie raube. 1897 wurde in den USA eine Vampirhinrichtung vollzogen, 1913 gab es in Preußen einen Prozess gegen Leute, die aus Vampirfurcht eine Leiche ausgegraben und geköpft hatten. Die Lehre der orthodoxen Kirche war mit ein Grund dafür, dass der Vampirglauben in Ländern mit orthodoxem Glauben besonders stark verbreitet war. Exkommunizierte, zum Islam Konvertierte, nichtehelich Geborene – jedem, der gegen ihre Gebote verstieß, drohte der Vampirstand. Denn Exkommunizierte kommen nicht in den Himmel, sondern liegen unverwest im Grab, bis der Bann von ihnen genommen wird.

Der Vampir liegt tagsüber mit offenen Augen im Sarg, manchmal auch komplett in Blut eingetaucht. Er kann sich verwandeln in verschiedene Tiere und in Nebel – ja sogar in einen Heuschober. Er kann an senkrechten Wänden klettern, fliegen, auf den Strahlen des Mondlichtes reisen, ist seine Stärke von den Mondphasen abhängig, hat er kein Spiegelbild, wird er von Sonnenlicht oder Wasser zerstört, kann kein fließendes Wasser überqueren und keine Nahrung zu sich nehmen ... Oft wird ihm nachgesagt, er könne Menschen bezaubern, und nicht selten ist sein Mythos mit dem des Gestaltwandlers verbunden.

Ich verwende eine weite Definition: »*Ein Vampir im allgemeinen Sinne ist ein ehemaliger Mensch, der entweder nach seinem Tode in menschlicher Gestalt weiterexistiert oder aber seine Existenz über das natürliche Maß hinaus verlängert bzw. das Altern aufhält, jeweils indem er sich der Lebenskraft lebender Menschen bedient.*« (Schneidewind, *Vampir-ABC*). Nicht das Blut-Trinken ist das Entscheidende am Vampir. Es ist das parasitäre oder raubtierhafte unnatürliche Wieder- oder Weiter-Existieren mit Lebenden als Opfern.

Dass Vampirmythen so verbreitet sind, hat in Religion und Mythologie liegende Gründe, aber auch medizinische Ursachen[108]. Vor allem aber reizen wohl die Faszination der Unsterblichkeit und das extrem starke Motiv des Aussaugens.

Schon vor 2000 Jahren wird im indischen *Baital Pachisi* ein untoter Blutsauger beschrieben, der dem modernen Vampir verblüffend ähnlich ist, es gibt dort noch mehrere andere Arten von Blutsaugern. In der griechischen Mythologie gab es die Empusen, verwandlungsfähige weibliche Spukgeister, die am liebsten ihre Liebhaber auffressen, aber auch Kinder töten und das Blut aussaugen, in Rom gingen die Lamien um: gespensterhafte Frauen, die junge Männer und Kinder anlockten, ihr Blut tranken und sie verspeisten. Sie waren benannt nach der schönen Lamia, in die Zeus sich verliebte und die, von Hera verflucht, ihre Kinder tötete und danach, wahnsinnig und häßlich geworden, anderen Müttern die Kinder raubte. Zeus schenkte ihr die Verwandlungsfähigkeit. Die Lemures, auch Larven genannt, waren die Seelen ruchloser Verstorbener, die in der Nacht als Geister umgingen und manchmal den Lebenden Blut aussaugten. Romulus richtete ihnen ein Fest aus, die *Lemuria* oder *Lemuralia* (9., 11. und 13. Mai). In diesen drei Nächten blieben alle Tempel geschlossen und waren Eheschließungen verboten.

In manchen Kulturen kommen die Toten wieder, wenn sie zu früh verstarben, weil jedes Leben »zu Ende gelebt« sein will. Plötzliche Eingriffe wie Unfall, Mord, Selbstmord unterbrechen den natürlichen Ablauf; die Seele findet im Grab keine Ruhe. Aber auch Menschen, die sich extrem Böses haben zuschulden kommen lassen und/oder mit

---

108 Tuberkulose, Tollwut, Milzbrand, Xeroderma pigmentosum, Porphyrie, Scheintod, aber auch »normale« Verwesungs- und Zersetzungserscheinungen, die vor 300 Jahren weitgehend unbekannt waren: vom erigierten Penis und der »neuen« Haut über scheinbare Fettleibigkeit bei vorher hageren Menschen bis zu blutigen Fingernägeln, Schaum vor dem Mund und Blubbern und Ächzen beim Austreten von Lungenflüssigkeit

dem Teufel im Bunde standen, können wiederkehren, oder Menschen, die eine Rache zu vollziehen haben. Schließlich gibt es die unverschuldete »Verdammung« zur Wiederkehr: durch fehlerhafte Trauer der Hinterbliebenen (in Vietnam), durch die Geburt am falschen Tag oder Ort oder durch die falsche Todesart. In Poul Andersons Version von *Hauks Saga* muss der Sohn dem alten Krieger, der den schmählichen »Strohtod« starb und nun immer wieder kommt, im Kampf das Genick brechen, um ihn zu erlösen – eine typische Vorstellung in der nordischen Mythologie. Der Neuntöter in Island kam neun Jahre lang aus dem Grabe zurück, um sich für seinen vorzeitigen Tod zu rächen.

Oft gab es die Vorstellung, dass Tote zu sexuellen Aktivitäten fähig seien; laut dem Talmud soll Herodes noch sieben Jahre lang mit seiner ermordeten Gattin geschlafen haben. In Sagen und Märchen zeugen tote Männer oder gebären tote Frauen Kinder, oder tote Mütter kommen, um sie zu säugen. Die Grenze zu den Succubi ist fließend. Im Mittelalter wurden aus dem Glauben, dass Tote noch zeugen könnten, viele unverheiratete schwangere Frauen als Hexen verbrannt. Nicht selten wurden der Hexerei beschuldigte Menschen zusätzlich als Blutsauger, Vampire oder Menschenfresser angeklagt.[109]

Im 12. Jahrhundert berichtet Wilhelm von Newburgh vom Sanguisaga, einem unheilbringenden Toten, der die Luft verpeste, Krankheiten verbreite und Menschenblut trinke. Im Spätmittelalter fürchtete man im Deutschland die Nachzehrer, auch bekannt als Gierhals, Gierrach, Totenküsser oder Dodelecker, deren *»Schmätzen im Grabe«* (Martin Böhm 1601) man weithin hören konnte; sie verzehrten ihre Leichentücher und Teile ihres Körpers. Erst als Wiedergänger, die dann auch Blut saugten, wurden sie gefährlich. Meistens wurde das erste Opfer einer Pestepidemie als Nachzehrer verdächtigt.

Eine Milzbrand-Epidemie im Jahre 1725 ist ursächlich für die europaweite fast seuchenartige Verbreitung des Vampirmythos in der serbischen Form.[110]

---

109 Laut einer verbreiteten Sage wurde Paracelsus (der leider den Hexenverbrennungen kräftig Vorschub leistete) beinahe zum Wiedergänger: Er soll mit dem Teufel ausgehandelt haben, ihn nach 365 Tagen als jungen Mann wiederaufersteh'n zu lassen, wenn seine Leiche in Stücke geschnitten und diese mit Pferdemist vermischt vergraben werde. Leider grub ein allzu neugieriger Diener die Leiche nach 363 Tagen aus; diese soll zwar zusammengesetzt und verjüngt gewesen sein, doch hatte der Kopf noch keine Zeit zum Anwachsen gehabt.

110 Der Wiener Gerichtsmediziner Prof. Christian Reiter konnte nachweisen, dass der berühmte Fall des Peter Plogojowiz, der 1725 als Vampir 9 Menschen getötet haben soll, auf eine Milzbrand-Epidemie an der habsburgisch-osmanischen Grenze zurückgeht. Die dorthin entsandten Militärärzte, gehalten, auf den örtlichen Aberglauben einzugehen, untersuchten und pfählten Leichen; weil sie auf ihren Sold warten mussten, brachten sie die Presse ins Spiel, und dadurch verbreitete sich der Vampirglaube rasant über Europa. Nicht einmal 50 Jahre später gab es Dutzende (wissenschaftliche) Bücher zum Thema. Danach entstanden zahlreiche Vampirerzählungen, u. a. von Baudelaire, Byron, Goethe, Gogol, Heine, E. T. A. Hoffmann, Maupassant, Polidori, Novalis, E. A. Poe und Turgenjew. Besonders berühmt wurden *Carmilla* von Sheridan Le Fanu (1872) und *Dracula* von Bram Stoker (1897). Viele moderne Autorinnen und Autoren haben zum Genre Eigenständiges beigetragen, u. a. H. C. Artmann, Poppy Z. Brite, Barbara Hambly, Stephen King, Tanith Lee, George R.R. Martin, Richard Matheson, Kim Newman, Anne Rice, Dan Simmons, Boris Vian, Jörg Weigand und Colin Wilson.

Eine besondere Form des Untoten ist der Zombie. Darunter versteht man einen durch Magie wieder erweckten Toten, willenloses Werkzeug dessen, der ihn »erschaffen« hat. Es gibt in Literatur und Film auch Zombies, die diese Kontrolle abwerfen und zu eigenständigen Wiedergängern werden. Grundlage ist eine Tradition des Voodoo. Auf Haiti wurden und werden Menschen durch ein Gift in eine Art Scheintod versetzt, manchmal freiwillig, um der Justiz zu entgehen, häufiger als Strafe oder um jemanden zu schädigen. Eine »Erweckung« mittels des Gegengiftes innerhalb eines Tages kann ohne Schäden gelingen, nach mehreren Tagen hat man irreversible Gehirnschäden und ist leicht steuerbar, manchmal absolut willenlos, dies wird verstärkt durch ihre Glaubenswelt. Trotz eines staatlichen Verbotes gibt es auf Haiti noch heute Plantagen, auf denen Zombies als willenlose Sklaven arbeiten (*zombie cadavres*) und gibt es immer wieder Prozesse wegen Mordversuchen mittels »Zombiegift«. Während Haiti von 1915 bis 1934 unter US-Besatzung stand, fand der Zombie Eingang in die amerikanische Populär-Kultur.

Untoten- und Wiedergängermythen sind häufig mit Gestaltwandlermythen verbunden. Dazu gehören Doppelgänger als beliebtes literarisches Motiv. Zur Zeit Homers war die Auffassung weit verbreitet, es gäbe jeden Menschen zwei Mal: in seiner wahrnehmbaren Erscheinung und in einem unsichtbaren Abbild. Dieses werde erst frei im Tode – und sei nichts anderes als die Psyche. Die Annahme von einem »Doppel-Leben im Menschen« findet sich wahrscheinlich schon bei unseren frühen Vorfahren und setzt sich fort von den *Fravaschi* in Persien über das *Ka* in Ägypten, die *psyche* im antiken Griechenland und den *genius* im alten Rom bis in die heutige Zeit. Häufig übernimmt dieses zweite Ich schützende Funktionen, wie der *daimon* im antiken griechischen Mythos und der *genius* der antiken römischen Mythologie – die *Dæmonen* von Pullman sind daran angelehnt. Schon in der Antike wurde mit dem Doppelgänger-Motiv gespielt, wurde es literarisch verarbeitet, in Verwechslungs-, Götter- oder Zwillingskomödien. In der Romantik und der frühen Phantastik wird es dann stark weiter entwickelt, wie bei E. T. A. Hoffmann (*Die Elixiere des Teufels*), Dostojewskij (*Der Doppelgänger*) und Poe (*William Wilson*).

Die wahrscheinlich bekannteste Form des Gestaltwandlers ist der Werwolf (von germanisch *wer*: Mann), ein Mensch, der sich bei Vollmond in einen Wolf verwandeln und die Kontrolle über sich verlieren soll. Werwesen sind in der modernen Fantasy sehr beliebt. Während in älteren wissenschaftlichen und literarischen Werken meist ihre bedrohliche Seite betont wird, nehmen in jüngerer Zeit in Geschichten und Filmen andere Aspekte mehr Raum ein: der Reiz der Freiheit, die Rückkehr zur Natürlichkeit, die mit der Wildheit verbundene Erotik ... es gibt immer mehr positive Darstellungen, u. a. bei Rowling, Stallman und Tanya Huff.

Werwesen gibt es in vielen Mythologien, nicht nur Werwölfe, sondern auch Katzen- und Schlangenmenschen, Werlöwen, Werhyänen, Wertiger, Werbären (wie Beorn bei Tolkien) und Werratten. Im europäischen Mittelalter und in der frühen Neuzeit wurde von Männern berichtet, die einen Pakt mit dem Teufel eingegangen sein und von ihm einen Gürtel aus Wolfsfell erhalten haben sollen, mit dessen Hilfe sie sich verwandeln konnten; nicht wenige der Hexerei angeklagte Männer wurden bezichtigt, ein Werwolf zu sein. In Deutschland wurden noch im 17. Jahrhundert Menschen als Werwölfe hingerichtet, meist mit dem erfolterten, manchmal auch freiwillig abgelegten Geständnis, Menschenfleisch gegessen zu haben. Die Verwandlung in einen Werwolf durch einen Biss ist eine Hollywood-Erfindung und geht auf den Film *The Wolf Man* (1942) zurück.

Bereits im Gilgamesch-Epos (s. S. 139) wird ein Schäfer von Ishtar in einen Wolf verwandelt. Ovid berichtet in den *Metamorphosen* vom griechischen König Lykaon, der von Zeus in einen Wolf verwandelt wurde, weil er und seine Söhne ihm Menschenfleisch vorsetzten, daher kommt der Ausdruck *Lykanthropie* für die Verwandlung in einen Wolf (und heute für den Glauben, sich in einen Wolf verwandeln zu können, von vielen als Geisteskrankheit angesehen). In der isländischen Saga von Egil wird berichtet, dass sich Egils Großvater abends in einen Wolf verwandelte. Manche bringen dies mit den Berserkern in Verbindung, die im Kampfrausch gewaltige Kräfte mobilisierten und keine Schmerzen oder Wunden wahrnahmen, der Name wird dann interpretiert, dass wie ein Bär gekämpft wird. Andere suchen den Ursprung dieses Mythos bei den Skythen, die laut Herodot behaupteten, sich jährlich einmal für wenige Tage in einen Wolf zu verwandeln. Der Brauch, sich mit einem Wolfsfell zu verkleiden, sei von diesen zu den Germanen gekommen. Der Mythos wurde wie bei den Vampiren wohl auch durch Gendefekte und Krankheiten wie Porphyrie und Tollwut unterstützt.

In Afrika sind Vorstellungen über Werwesen weit verbreitet und werden meist mit Hexerei in Verbindung gebracht. In Osteuropa gibt es die Legende, dass ein Werwolf, der in tierischer Gestalt getötet wird, als Vampir wiederkehrt.

Die letzten menschenähnlichen Wesen in diesem Kapitel scheinen eindeutig auf der »guten« Seite zu stehen: die Engel (von griechisch *Angelos*, Bote), doch so einfach ist das nicht. Diese in vielen Religionen vorkommenden Wesen, die als Mittler zwischen einer Gottheit und den Menschen stehen und als überirdische Boten dienen, sind vor allem bekannt im Judentum, im Christentum und im Islam. In der Bibel erscheinen sie Abraham als Boten Gottes (1 Mose 22,11) und als Führer (1 Mose 24,7) und Mose in einer feurigen Flamme im Dornbusch (2 Mose 3,2, wahrscheinlich Michael) und in der Feuer- und Wolkensäule (2 Mose 14,19). Engel können warnen (4 Mose 22), sie vertreiben die Menschen aus dem Paradies (1 Mose 3,24) und sie können töten: »*In jener Nacht zog der En-*

gel des Herrn aus und erschlug im Lager der Assyrer hundertfünfundachtzigtausend Mann. Als man am nächsten Morgen aufstand, fand man sie alle als Leichen.« (2 Könige 19,35). Auch hier wird Michael vermutet; die Stelle zeigt, wie gefährlich Engel sein können.

Allgemein gelten Engel als Vermittler des göttlichen Willens, wie bei Hiob oder der Verkündigung an Maria durch den Erzengel Gabriel. Im Neuen Testament sind Engel überaus häufig: Da erfahren Zacharias und Elisabeth vor der Geburt von ihrem Sohn Johannes (dem Täufer, Luk 1,11-38), Josef sagt ein Engel voraus, wer sein Sohn sein wird (Matth 1,20-24), Josef und Maria werden von Engeln vor Herodes gewarnt, nach Ägypten geschickt und wieder zurückgeholt (Matth 2), während Jesu Versuchung in der Wüste dienen ihm die Engel (Matth 4,11 und Mark 1,13), und den mit sich ringenden Jesus im Ölberg trösten sie (Luk 22,43). Die Verheißungen Elisabeth und Maria finden sich ähnlich im heiligen Buch des Islam, im Koran (Sure 3,38-47), in dem auch sonst die Bedeutung der Engel betont wird: »*Wer auch immer ein Feind Allahs ist und seiner Engel und seiner Gesandten und Gabriels und Michaels, dessen Feind ist Allah, denn siehe, Allah ist ein Feind aller Ungläubigen.*« (2,98)

Der Höllensturz der Engel, wie ihn Milton in »*Das verlorene Paradies*« darstellt und den auch Pullman erzählt, lässt sich der Bibel entnehmen: »*Gott hat auch die Engel, die gesündigt haben, nicht verschont, sondern sie in die finsteren Höhlen der Unterwelt verstoßen und hält sie dort eingeschlossen bis zum Gericht.*« (2. Petrus 2,4); zum Kampf der Engel in der Apokalypse siehe S. 95.

Nach der im Judentum entstandenen Engellehre (Angelologie) sind die Engel hierarchisch gegliedert. Nach der für Katholiken beim 4. Laterankonzil 1215 verpflichtend festgelegten Engelslehre haben die himmlischen Wesen einen unsichtbaren unirdischen »Astralleib« oder »Feuerleib« und sind in 9 Ordnungen aufgeteilt: Seraphim, Cherubim, Throne; Mächte, Herrschaften, Gewalten; Fürsten, Erzengel, Engel. Diese Einordnung hatte Dionysius Areopagita um 500 n. Chr, genannt Pseudo-Dionysius, in seinem Traktat *Über die himmlische Hierarchie* niedergelegt. In der Volksfrömmigkeit sind vor allem die Erzengel Michael, Gabriel, Raphael, Uriel und die Schutzengel bekannt.

In der Sterbestunde kämpfen die Engel mit den Dämonen um die Seelen.

Die Reformation hat nicht den Glauben an Engel abgelehnt, sondern nur deren Anbetung und kultische Verehrung (Angelolatrie): »*Also beten wir die Engel nicht an, trauen ihnen auch nicht..., sondern danken und loben Gott, daß er sie uns zugute geschaffen hat.*« (Martin Luther) Auch das Judentum lehnt die Angelolatrie in weiten Teilen ab. In der katholischen Kirche werden Engel jedoch wie in der Esoterik in letzter Zeit zunehmend wichtiger, das erkennt man an der immer stärker werdenden Bedeutung der Schutzengel.

Kapitel 7: Schwert, Stab, Kelch und Zahl

Wundersame Gegenstände spielen oft eine wichtige Rolle in der phantastischen Literatur. Besonders wichtig sind Zauber- oder Wunderwaffen. In Fantasy und Rollenspielen sind magische Schwerter heute eine Selbstverständlichkeit, wie das Schwert von Gryffindor bei *Harry Potter*, *Schwanzbeißer* (*Caudimordax*), *Narsil/Andúril, Glamdring, Orkrist, Stich* und *Gurthang/Anglachel* bei Tolkien, letzteres das einzige intelligente und sprechende Schwert in Mittelerde. Es hatte einen eigenen Willen, ähnlich wie *Stormbringer* in der *Elric*-Saga von Moorcock; beide sind verflucht und töten am Ende ihren Herrn, wie auch *Tyrfing* in Andersons *Das geborstene Schwert*. In Mythen tauchen Schwerter erst relativ spät auf[111]; ihre große Bedeutung ab dem frühen Mittelalter zeigt sich in dem magischen Schwert von Sigurd, *Gram* (bei Wagner *Notung/Nothung*). Dieses hatte Odin in einem Apfelbaum; herausziehen könne es nur, für den es bestimmt sei. Sigmund gelingt dies, Odin aber zerstört das Schwert wieder, und Sigmunds Sohn Sigurd schmiedet die Waffe später neu. Das erste Motiv finden wir bei *Excalibur*[112], das Merlin in einem Stein verbarg, aus dem es nur der rechtmäßige König Artus herausziehen konnte. Das des Neuschmiedens ist in der Fantasy beliebt, so bei Tolkien (*Narsil*, das Königsschwert von Aragorn) und Anderson (*Das geborstene Schwert*, beide 1954). Viele Helden aber müssen ihre Schwerter erobern, so wie Siegfried *Balmung* mit dem Nibelungenhort.

In den antiken Mythen sind andere Waffen wichtiger: Lanzen – Achilles hat von seinem Vater Pelion eine Lanze geerbt, die außer ihm niemand schwingen kann[113] – und vor allem Bögen[114]. Herakles erhält Pfeil und Bogen von Apollon; er schenkte sie seinem Freund und Waffenträger Philoktetes, der als einziger bereit war, seinen Scheiterhaufen anzuzünden. Dieser galt als der beste Bogenschütze der Griechen beim trojanischen

---

111 Schwerter sind erst seit etwa 3.000 Jahren bekannt (Stahlklingen seit etwa 800 Jahren) und tauchen deshalb in frühen Mythen nicht auf. Ursprünglich kurze Hiebwaffen, wurden sie im Mittelalter als Anderthalbhänder (Bastard-, Schlacht-, Sattelbaumschwert) bis zu 130 cm und als Bidenhänder/Bihänder/Zweihänder bis zu 2 m lang.

112 Excalibur (oder Caliburn) soll seinem Träger übermenschliche Kräfte verliehen haben, und seine Scheide den, der sie bei sich trug, unverletzbar machen. Nach manchen Legenden war Excalibur nicht das Schwert aus dem Stein, das Artus in einer Schlacht zerschlug, sondern wurde diesem von der Herrin vom See gegeben. Artus konnte erst tödlich verletzt werden, nachdem ihm seine Halbschwester Morgan LeFay die Scheide geraubt hatte.

113 Laut dem apokryphen Nikodemusevangelium, den *Acta Pilati* (Pilatusakten) aus dem 4. bis 6. Jahrhundert, wurde der römische Centurio Longinus, der Jesus nach dessen Tod einen Speer in die Seite gestochen hatte, später Christ und starb als Märtyrer. In einem päpstlichen Schreiben wurde erstmals im 13. Jahrhundert seine »Heilige Lanze« mit der Lanze, die seit dem frühen Mittelalter zu den Herrschaftsinsignien des deutschen Reiches gehörte, identifiziert. Sie spielt immer wieder in Fantasyromanen und -filmen eine wichtige Rolle, so in Heitz *Die Mächte des Feuers* und Michael Scott Rohans *Pfortenwelt-Trilogie*.

114 Pfeil und Bogen sind seit mindestens 10.000, vielleicht auch schon 30.000 Jahren in Gebrauch.

Krieg und erschoss u. a. den Trojaner Paris, der nächstbeste Schütze war Odysseus, der einen Bogen besaß, den nur er und sein Sohn zu spannen vermochte.[115] Wie wichtig den Griechen der Bogen war, sieht man daran, dass zwei ihrer wichtigsten Gottheiten ihn als Symbol und Waffe führten: Artemis (Diana), die Göttin der Jagd, einen silbernen Bogen, Symbol der Mondsichel, der ihr von den Zyklopen geschenkt worden war, und ihr Zwillingsbruder, der Lichtgott Phöbus Apollon, der wie sie mit seinen Pfeilen auch Krankheiten verschicken konnte. Liebesgott Eros (Amor/Cupidus) entzündete mit seinen goldenen Pfeilen die Liebe bei den Getroffenen (und nach manchen Sagen mit eisernen Pfeilen den Hass). Auch der indische Gott Shiva führt einen unfehlbaren Bogen.

Im mittelalterlichen England war der Langbogen eine sehr wichtige Waffe, die manche Schlacht zu entscheiden half; in den Sagen um Robin Hood wird ihre Bedeutung deutlich.

Auch ein Stab kann eine Waffe sein, in der Fantasy wird er aber häufiger eingesetzt als Zauberstab. Das reicht von den mächtigen Stäben von Gandalf und Saruman bei Tolkien oder in den *Chroniken von Thomas Covenant* bei Donaldson bis zu den zierlichen Stäben in den *Harry-Potter*-Romanen. In der Mythologie sind Zauberstäbe eher selten, es gibt aber einige von großer Macht. Der griechische Götterbote und Gott der Diebe, Hermes, führte den goldenen Kerykeion, von Schlangen umwunden und von Flügeln gekrönt. Dem Stab des Aeskulap, des griechischen und lateinischen Gottes der Heilkunst, sagte man auch besondere Kraft nach. Die Schlange war ihm heilig, und bis heute ist der von einer Schlange umwundene Äskulapstab das Symbol des Ärztestandes. Den Stab, den Mose in eine Schlange verwandelt (2 Mose 4 und 7), mit dem er Plagen über Ägypten brachte (2 Mose 7 – 10), das Meer teilte (2 Mose 14) und Wasser aus dem Fenster schlug (4 Mose 20), kann man auch als Zauberstab interpretieren.

Gerne werden Musikinstrumente mit wundersamen Eigenschaften ausgestattet. In Märchen lassen verzauberte Fideln die Menschen gegen ihren Willen tanzen. Die Flöte, mindestens seit 35.000 Jahren bekannt, spielt häufig eine Rolle bei Kulthandlungen und wurde schon in der Antike für Heilmusik eingesetzt. Sie steht für Vergänglichkeit und Wiederkehr, aber auch für das Be- und Verzaubern (Jagdzauber, Schlangenbeschwörung, Rattenfänger von Hameln, Mozarts *Zauberflöte*...). Wie die Fidel kann sie verraten, was das Material erlebt hat, aus dem sie gefertigt ist: was der Baum sah, von dem ihr Holz stammt, oder der Eigentümer des Knochen erlebte, aus

---

115 Wer Odysseus' Bogen zu spannen und den Pfeil durch die Ösen von 12 Äxten zu senden vermochte, der sollte sein Weib Penelope zur Gattin bekommen. Keiner der Freier konnte die Sehne auf den Bogen spannen, Telemachos aber, Odysseus' Sohn, wäre es beim vierten Versuch gelungen, hätte ihn sein verkleideter Vater nicht abgehalten. Dieser spannt dann den Bogen leicht, durchschießt die 12 Axtösen und tötet die Freier.

dem sie geschnitzt wurde (*Der singende Knochen* der Brüder Grimm). Ähnliches wird manchen Harfen nachgesagt. Der Harfe verwandte Instrumente spielen öfter eine Rolle in der Mythologie. Orpheus, laut griechischen Mythen der Erfinder der Musik, erfand und spielte die Lyra/Leier, mit der er Gottheiten, Menschen und sogar Tiere, Pflanzen und Steine betörte. Ähnliches wird im *Kalevala* vom Schöpfergott und Zaubersänger Väinämöinen berichtet, der die erste Kantele erfand, ein zitherähnliches Instrument. In der Bibel wird häufig vom Spiel mit Harfen oder Zithern[116] berichtet; der spätere König David soll damit böse Geister von Saul ferngehalten haben: »*Sooft nun ein Geist Gottes Saul überfiel, nahm David die Zither und spielte darauf. Dann fühlte sich Saul erleichtert, es ging ihm wieder gut und der böse Geist wich von ihm.*« (1 Sam 16,23).

Glocken stehen in vielen Mythologien und Religionen für die Kommunikation mit übersinnlichen Wesen, wie im tibetischen Buddhismus, wo Glockengeläut den Übergang zwischen den Welten symbolisiert. Garth Nix setzt dies sehr schön um in seinen Geschichten um das alte Königreich, in denen manche mit Glocken (oder auch Flöten) die Toten beschwören können. Im 2. Buch Mose wird den Priestern geboten, sich mit Glocken zu schmücken. Im Christentum zeigt Glockengeläut die Zeit zum Gebet an, soll die Ankunft des heiligen Geistes verkünden und laut mittelalterlichem Glauben Dämonen vertreiben. Dies greift Anderson in *Kinder des Wassermanns* auf, wenn mit Glockengeläut die Wassermenschen vertrieben werden. Noch heute schmücken sich in manchen Gegenden Europas Menschen mit Glöckchen, um Geister und den bösen Blick abzuwehren, oder läuten das alte Jahr aus oder das neue Jahr ein.

Manchmal spielen in der Fantasy magische Hörner eine Rolle: bei Tolkien Boromirs Horn und das Horn der Mark, bei McKiernan das Reichshorn der Zwerge, die glauben, dass jedes Ding zerstört werden könne, wenn der richtige Ton auf dem richtigen Instrument gespielt werde – und zur Zerstörung wurde ihr Horn geschaffen. In seiner Urform eines der ursprünglichsten Musikinstrumente, aus Tierhörnern, Stoßzähnen, Schneckengehäusen oder Muscheln, später auch aus Holz oder Ton, spielt das Horn in der Mythologie häufig eine Rolle. In Assyrien wurden schon um 2000 v. Chr. Hörner aus Schneckengehäusen für kultische Handlungen eingesetzt, mit ähnlichen Hörnern beschworen südamerikanische Priester vor Jahrhunderten die Regengötter. Das Füllhorn *Cornu Copiae* war in der Antike Symbol der Schicksalsgöttin Tyche oder auch der Fortuna, Symbol des Glückes und der Fruchtbarkeit, für Reichtum und Überfluss. Ähnliches bedeutet das Horn des indischen Gottes Shiva. Olifanten (niederländisch: Elefant) waren ab etwa 1000 aus Byzanz eingeführte reich verzierte Hörner aus ausgehöhlten Elefantenstoßzähnen. Sie gehörten bald zu den Insignien der Ritterschaft, man konnte mit ihnen selten

---

116 die hebräische Kinnor, ähnelt einer Lyra oder Kithara, hat von oben nach unten verlaufende Saiten

mehr als zwei, höchstens drei Töne erzeugen. In England wurde später daraus ein Amtssymbol, oft aus Gold. Im französischen Rolandslied (um 1100) wird erzählt, wie Roland, Markgraf der Bretagne, Paladin (und Neffe?) von Karl dem Großen, 778 in den Pyrenäen in einen baskischen Hinterhalt geriet. Entweder wurde er erschlagen und dabei sein Horn zerstört – oder beim Blasen des Horns zerplatzten dieses und seine Halsschlagader!

Der Gral, oft »heiliger Gral« genannt, findet in den letzten Jahren zunehmend Eingang in die Populärkultur, in der Fantasy ist er schon lange ein beliebtes Motiv, wie in Michael Scott Rohans *Pfortenwelt-Trilogie*. Ein Kelch oder Kessel als magisches Symbol ist aber viel älter als der Gral. Die Entwicklung von Gefäßen aus Kupfer oder Bronze war ein so großer Fortschritt gegenüber Tontöpfen, dass man mit diesem alltäglichen Gegenstand bald einen ganzen Kult verband. Seine Verwendung ist ein kultureller Akt, der auf einer ganz profanen Ebene stattfindet: Er macht es möglich, dass zwei Elemente, Feuer und Wasser, zusammenkamen, ohne dass das Wasser das Feuer löscht; man gibt etwas Totes hinein, wie ein Stück Fleisch, und erhält ein Nahrungsmittel, etwa einen Braten. Von vielen wird der Kessel mit weiblichen Gottheiten wie der großen Muttergöttin in Verbindung gebracht. Bei den Kelten stand der Kessel für Heim, Geborgenheit und gesicherte Ernährung, diente zum Kochen der Speisen wie zum Brauen von Bier, war Sinnbild für Gastfreundschaft, Reichtum und Fülle. Bereits in den frühen Sagen gibt es Kessel wie den des irischen Königs Conchobar, die nie leer wurden. Man gab den Toten große Kessel mit ins Grab, damit sie an den Feiern im Jenseits gebührend teilnehmen konnten, und braute in Kesseln magische Tränke. Nach Lukan wurden in großen Kesseln Menschenopfer dargebracht, indem man diese darin ertränkte. Diese keltischen Traditionen greift Lloyd Alexander in seinen *Taran*-Büchern auf.

Der Gral wird erstmals erwähnt im apokryphen Nikodemusevangelium, den *Acta Pilati* (Pilatusakten, 4. bis 6. Jahrhundert). Nach ihnen wurde Josef von Arimathäa wegen Leichenraubes zu 40 Jahren Gefängnis verurteilt. Im Kerker erschien ihm Jesus, übergab ihm den Gral und bestimmte ihn zu seinem Hüter; durch die Kraft des Kelches überlebte Joseph die Haft. Später brachte er oder sein Schwager Bron den Gral nach Britannien und gründete eine Kirche in Glastonbury.[117]

Laut der zweitältesten literarischen Quelle, der *Estoire dou Graal* von Robert de Boron (um 1200) ist der Gral der Abendmahlskelch, das Gefäß, das Jesus benutzt haben soll beim letzten Abendmahl, und zugleich der Kelch, in dem Joseph von Arimathäa Christi Blut auffing bei der Kreuzigung. Bei ihm ist der Gralskönig Bron oder Hebron

---

117 Der Legende nach soll Josef bei seiner Ankunft in Glastonbury seinen Wanderstab in die Erde gesteckt haben, aus dem ein Dornenbusch gewachsen sei, der stets an Weihnachten geblüht habe. Nach einer anderen Legende vergrub er den Gral am Fuße des Glastonbury Tor, eines Hügels, der auch als Eingang nach Avalon gilt.

ein Sohn der Veronika, der Schwester von Joseph von Berimathie, wie er bei ihm heißt. In der ältesten bekannten Gralserzählung, dem unvollendeten Perceval-Versroman *Le Conte du Graal* von Chrétien de Troyes (verfasst 1179 bis 1191), ist der Fischer- oder Gralskönig ein Onkel mütterlicherseits von Perceval, in anderen Quellen Parsivals Großvater. Bei Wolfram von Eschenbach (um 1200) und Wagner heißt der Gralkönig Anfortas. Dieser sündigte und wurde mit einer unheilbaren Wunde bestraft, die zudem impotent machte. Diese Wunde kann nur ein »reiner Tor« heilen. Hierdurch wird der Gral in die Sagenkreise um Artus und Parzival eingebunden.

In das mittelalterliche christliche Gralsbild flossen auch orientalische Elemente ein. Eschenbach stellt ihn als Stein dar, hier ist die Beziehung zum Schwarzen Stein der Kaaba überdeutlich. Meist jedoch wird der Gral als Kelch dargestellt und hat als solcher die positiven Funktionen des Kessels übernommen, die heilende wie die Füllhornfunktion. Nach mittelalterlicher Auffassung ist er auch fähig, zu bestrafen, wenn man sich ihm schuldig und unversöhnt nähert; hier steht die Reinheit des Grals im Zentrum. Sagen, Literatur, Theater, Oper (*Parzifal* und *Lohengrin* von Wagner) und Film (*Excalibur*, 1981) haben sich des Motivs des Grals und vor allem der Gralssuche angenommen. In den letzten Jahrzehnten, in Zeiten zunehmender Sinnsuche, von Esoterik und New Age, dient die Gralssuche vielen als Symbol der Suche nach einen transzendenten, überirdischen Reich, nach dem Himmel auf Erden wie einem Paradies im Jenseits, oder der keltischen Anderswelt, aber auch nach einem allgemeinen, weit über die christliche Interpretation hinausreichenden Ideal. Für Rudolf Steiner und die Anthroposophen steht der Gral für das Bild des stets geistig Strebenden.

Spätestens seit Dan Browns Bestseller (2004) und dem darauf basierenden Film *The Da Vinci Code – Sakrileg* (2006) sind die Thesen, die Michael Baigent, Henry Lincoln und Richard Leigh 1982 in *Der Heilige Gral und seine Erben* aufstellten, allgemein bekannt: Der altfranzösische Ausdruck *Sangreal* müsse als *Sang Real* gelesen werden, königliches Blut. Der Gral stehe für die Merowinger als Nachkommen von Jesus und Maria Magdalena, im weiteren Sinne auch für den weiblichen (Mutter)schoß, Weiblichkeit und Gebärfähigkeit. Auch wenn es über die Beziehung von Jesus zu Maria Magdalena und eventuelle Nachfahren unterschiedliche (durchaus seriöse) Auffassungen gibt: Diese Interpretationen des Grals sind ähnlich einzustufen wie seine Erfindung selbst in den Petrusakten und dann durch die mittelalterlichen Autoren: als eine Art Fantasy.

Manchmal wird der Gral mit dem Stein der Weisen gleichgesetzt, dem sagenhaften Endprodukt einer langwierigen Operation der Alchemie, mit dem sowohl das Elixier des Lebens gewonnen wie auch die Transmutation weniger edler Metalle in Gold bewirkt werden kann – wie vielen aus dem ersten *Harry-Potter*-Band bekannt sein dürfte.[118] Erstmals wird der Stein erwähnt bei Zosimos von Panopolis, einem der berühmtesten ägyptischen Alchemisten (3. Jahrhundert). Der Stein sei wertvoll, er sei vielgestaltig, aber ohne eindeutige Form. Mit geringsten Mengen könne man große Mengen Quecksilber oder Blei in Gold verwandeln, und wer ihn besitze, erlange die göttliche Macht, ewiges Leben zu spenden. Seither versuchen die Alchemisten mit den verschiedensten Methoden, den Stein der Weisen zu schaffen. Ausgangspunkt ist immer die *materia prima*, genannt auch *materia lapidis*, *materia cruda*, *materia proxima* oder Jungfernerde. Die Herstellung, oft »Magisterium« genannt, erfolgt in 4 bis 12 Schritten, Paracelsus nennt sieben: Zunächst wird die »materia prima« in »Merkurialwasser« verflüssigt (*Solution* oder *Liquefaktion*). Diese Lösung wird in »venter equinum«, im »Bauch der Erde«, vergraben, schwärzt sich und verfault (*Putrefaktion*), dann hellt sich die Schwärze wieder auf. Der durch Verdunstung verlorengegangene Geist muss wieder zurückgegeben werden, indem die Substanz mit »lacta philosophica« (philosophischer Milch) genährt wird (*Reduktion*). Die Materie wird gelb, dann rot (»*wütet als roter Drache gegen sich selbst*«), bis sie sich »*in Blut verwandelt*«. Nun muss durch *Koagulation* oder *Fixation* der Geist wieder feste Form annehmen, dabei entsteht der Stein der Weisen.

Spiegel und Spiegelbilder finden sich seit der Romantik häufig in der phantastischen Literatur, z. B. mehrfach bei E.T.A. Hoffmann, für den der Spiegel eine »reflektierende Metapher« war: für Selbsterkenntnis und Selbstanalyse bis hin zu Selbstbetrug und Selbsttäuschung, für Selbstdarstellung bis hin zu Narzissmus und übertriebener Selbstbezogenheit, für das Bewusstwerden der Differenzen von Subjekt und Objekt, Freiheit und Natur, Begriff und Anschauung, Glauben und Wissen und manches mehr.

Eine der Funktionen von Spiegeln in der phantastischen Literatur: Sie sind Tore in eine andere Welt (oder vielleicht auch unser Inneres): in dem 1871 als Nachfolger von *Alice im Wunderland* erschienenen *Alice hinter den Spiegeln* von Lewis Carroll, in *Lilith*, (1895) von George MacDonald, einem Vorbild der Inklings, also auch von C.S. Lewis und Tolkien, bei Donaldson in seinem Zweibänder *Mordants Not* und bei China Miéville (Spiegel, 2002). Spiegel als Tore haben Tradition: In dem argentinischen Märchen *Der Spiegel, der ins Jenseits führte* gelangt eine junge Frau durch einen Spiegel in einer Vollmondnacht ins Totenreich zu ihrem Mann, wird von ihm schwanger, kehrt zurück und gebärt in unserer Welt ein Kind.

---

118 Der *lapis philosophorum* oder *lapis philosophicum* (lat.), hieß in Europa »Stein der Philosophen«, da man hier die Alchemisten auch Philosophen nannte. Dies gilt auch in England, so dass der Stein in Rowlings Buch (und im Titel) *Philosopher's Stone* heißt. Da der Verlag in den USA glaubte, dass die Amerikaner damit nichts anfangen könnten – es gibt bei ihnen keine Tradition der Alchemie, sie würden Philosophen meinen – nannte man Stein für die US-Ausgabe um in *Sorcerer's Stone* , des Zauberers Stein. Andere Namen für den Stein der Weisen sind: El Iksir (arabisch), Azoth, Magisterium, Roter Löwe, Rote Tinktur, Astralstein.

Spiegel können entlarven: den Vampir, der kein Spiegelbild hat, oder die Vampirforscher im Tanz der Vampire, eben weil sie eines haben. Das Spiegelbild zeigt *eine* Wahrheit: sei es das wahre Bild, wie in *Der Außenseiter* von Lovecraft, seien es Wunschbilder, wie der Spiegel *Nerhegeb* bei Harry Potter, dessen Inschrift »*nerhegeb z reh nie drebaz tilt naniedth cin*« man rückwärts lesen muss: »*Nicht dein Antlitz aber dein Herzbegehren.*« Galadriels Spiegel bei Tolkien kann noch mehr, ist aber auch schwerer zu interpretieren: Er »*zeigt Dinge, die waren, und Dinge, die sind, und Dinge, die noch sein mögen, aber was er nun sieht, weiß selbst der Weiseste nicht immer.*« Da ist der Zauberspiegel in Schneewittchen doch viel eindeutiger!

Mythologisch gehört der Spiegel in eine Familie mit Schatten und Doppelgängern (s. S. 126), ist aber wahrscheinlich jünger: Zwillinge gibt es seit Menschengedenken, selbst hergestellte Spiegel kennt die Menschheit erst seit der Kupfersteinzeit[119], vorher musste man sich mit einem Blick ins Wasser begnügen. Daher geht es auch bei dem berühmtesten antiken Spiegelbildmythos um ein Spiegelbild im Wasser: um jenes des Narziss. Dieser war laut Ovid der Sohn des Flussgottes Kephisos und Ergebnis einer Vergewaltigung der Nymphe Leiriope. Weil er die Liebe der Nymphe Echo zurückwies – die seither in Schluchten einsam seufzt – oder weil sich seinetwegen ein zurückgewiesener Verehrer umbrachte – die Quellen sind sich da nicht einig –, wurde er von Artemis oder Aphrodite verflucht. Narcissus/Narzissos verliebte sich in sein Spiegelbild im Wasser und verzehrte sich entweder danach und starb deshalb, oder er brachte sich um; letzteres nach Pausanias, weil ein ins Wasser fallendes Blatt sein Spiegelbild trübte und er zum Schluss kam, er sei hässlich geworden. Nach seinem Tod wurde er in eine Narzisse verwandelt.

Wie viele antike Helden zeichnet sich Narziss nicht gerade durch intellektuelle Glanzleistungen aus. Seine Geschichte aber war eine der meist erzählten und dargestellten der Antike, und sie zeigt wunderschön, wofür der Spiegel in jener Zeit in all seiner Mehrdeutigkeit stand und teilweise bis in unsere Zeit steht: für das scheinbar wahrhaftige Selbstbildnis, für Selbsterkenntnis, Klugheit und Wahrheit, aber auch für Eitelkeit und Wollust. Der Spiegel ist ein Symbol für ein Abbild und oft auch die Seele einer Person, in dem die Seele auch eingefangen und festgehalten werden konnte: In der griechischen Mythologie wird die Seele des Dionysos von den Titanen in einem Spiegel gefangen, und auch Narzissos wurde von der Reflexion seines Bildes auf dem Wasser festgehalten. Im Alten Ägypten waren die Worte *Spiegel* und *Leben* sogar identisch, und Keltinnen wurden mit ihrem Spiegel begraben.

---

119 Vor etwa 10.000 Jahren gab es in Mesopotamien die ersten polierten Bronzespiegel. Erst im 14. Jahrhundert, lernte man, in glühende Glaskugeln Metall-Legierungen einzublasen. Ab der Renaissance gab es Zinn-Amalgam-Spiegel, so genannte Quecksilberspiegel – sie wurden in Deutschland 1886 wegen ihrer Giftigkeit verboten – und erst im 19. Jahrhundert wurde der uns heute vertraute Silberspiegel entwickelt.

Zu den beliebten magischen Gegenständen in der Fantasy gehören Ringe, am bekanntesten ist wahrscheinlich *Der Eine Ring* von Sauron, den Bilbo findet und Frodo bzw. Gollum vernichtet in Tolkiens *Der Herr der Ringe*. Dies passt zur Verbreitung dieses Schmuckstücks, das seit der Antike als Macht- und Würdezeichen bekannt ist, dem aber auch starke Symbolkraft zugesprochen wird: als Zeichen der Bindung, der Liebe und der Treue, als Schutz- und Heilring. In der christlichen Kirche symbolisiert ein Ring die Verbundenheit mit Christus und dem christlichen Glauben. Nonnen symbolisieren mit dem Nonnenring ihre Position als »Braut Christi«, die Ringe von Äbten, Bischöfen und Kardinälen sowie der Fischerring des Papstes zeigen deren Autorität an.

Auch Zauberringe haben eine starke Tradition. Für Tolkien und vor allem Wagners *Ring des Nibelungen* ist der *Andvaranaut* bedeutsam, der Ring des Andvari, von dem in den beiden *Eddas* erzählt wird. Er hat die Fähigkeit, Gold zu vermehren. Auf dem Ring liegt allerdings ein Fluch. Als die Asen Odin, Loki und Hoenir bei einem Gang über die Welt hungrig werden, erschlagen sie einen Fischotter. Dieser ist aber der verwandelte Riese Ot(u)r. Dessen Vater Heidmar, bei dem sie übernachten, verlangt Wergeld für den erschlagenen Sohn. Die Asen haben kein Geld, und so fängt Loki den als Fisch im Wasser lebenden Zwerg Andvari und zwingt ihn zur Herausgabe seinen gesamten Schatzes, auch des letzten Stückes, des Rings. Daraufhin verflucht der Zwerg diesen: Er solle zwei Brüdern den Tod und acht Fürsten Krieg bringen und niemandem von Nutzen sein. Heidmar wird von seinem Sohn Fafnir beim Streit um das Gold erschlagen und wird bei dessen Bewachung zum Drachen, später werden sowohl Fafnir wie dessen Bruder Regin von Sigurd getötet. Laut der Snorra-Edda gibt Sigurd den Ring als Liebespfand an Brynhild weiter und schenkt ihn später seiner Frau Gudrun. Während der Ring im *Nibelungenlied* und der *Thidrekssaga* kaum noch eine Rolle spielt, wird er bei Wagner in dessen Opern-Tetralogie *Der Ring des Nibelungen* zu einem zentralen Motiv.

Ein bekannter magischer Ring aus der Literatur der Aufklärung ist jener aus der *Ringparabel* in Lessings *Nathan der Weise*. Saladin verwendet ihn in seinem Gleichnis als Symbol für die wahre Religion: Er habe die magische Eigenschaft, seinen Träger »*vor Gott und den Menschen angenehm*« zu machen.

Ringe können wie andere Schmuckstücke als Amulette oder Talismane diesen. Ein Amulett ist ein Gegenstand, dem magische Kräfte zugeschrieben werden und den man als Zaubermittel bei sich trägt. Meist ist ein Amulett ein Stück Stein oder Metall, in das eine Inschrift oder Zeichen eingraviert ist und das man um den Hals hängt oder in ein Schmuckstück einarbeitet. Schon die antiken Ägypter trugen Amulette zum Schutz vor Krankheit und Zauberei. Im Judentum trägt man Pergamentstücke mit Gesetzesabschnitten als Amulette z. B. gegen Dämonen und böse Geister; bei den Pharisäern galten solche Amulette als sichtbare Zeichen der Frömmigkeit. Das frühe Christentum kannte Amulette, in denen das griechische Wort *ichthys* (Fisch) eingraviert war (die Initialen der griechischen Worte *Jesus Christus, Sohn Gottes, Erlöser*. Im vierten Jahrhundert wurde christlichen Geistlichen verboten, Amulette herzustellen oder zu verkaufen, im Jahr 721 ächtete die Kirche das Tragen von Amuletten und verurteilte es als Aberglauben. Durch den wachsenden Reliquienkult im Mittelalter wurden Amulette wieder beliebt, und heute erfüllen oft Zeichen des Glaubens die Funktion von Amuletten, etwa ein Kreuz um den Hals. Im islamischen Volksglauben sind Objekte als Amulette begehrt, denen die *Baraka* anhaftet, die göttliche, heilbringende Kraft, die Mohammed und islamische Heilige besaßen und die diesen Gegenständen anhaftet, besonders an Silber. Besonders beliebt sind der Fisch und die Hand mit fünf Fingern, oft »Hand der Fatima« genannt, nach der Tochter des Propheten. Amulette sollen auch vor dem Bösen Blick schützen.

Ein Talisman ist ursprünglich ein astrologisches Symbol, von dem man glaubt, dass es dem Träger oder der Besitzerin nutzt oder Glück bringt oder ihn oder sie schützt. Talismane sind besonders als Halsschmuck verbreitet. Der Begriff wird auch benutzt für nichtastrologische Glücksbringer wie die beliebte »Hasenpfote« oder Haarsträhnen geliebter Personen, die, wenn sie schützen sollen, auch als Amulett dienen können.

Zum Schluss werfen wir noch einen Blick auf »Nicht«-Gegenstände, die in Mythologie wie in Literatur und Film eine wichtige Rolle spielen: Zahlen. Die Lehre von deren tieferen Bedeutung, die Nummerologie, ist in der Schule von Harry Potter sogar Unterrichtsfach, dort heißt sie Arithmantik, angelehnt an die griechische Arithmomantie (aus *arithmos*, Zahl, und *manteia*, Wahrsagung), eine antike Wahrsagungstechnik durch Zahlen. Jedem Buchstaben wurde ein bestimmter Wert zugeordnet; bei Kämpfen sollte der gewinnen, dessen Name den höheren Wert hatte. Solche Zahlenmystik war schon in Sumer und Babylon bekannt, besonders verbreitet ist sie mit dem hebräischen Alphabet, dessen Buchstaben gleichzeitig Zahlen sind. In der Kabbala[120] gehört die *Gematria*, wie die numerologische Technik dort heißt, zu den wichtigsten Techniken. Am einfachsten erhält man eine typische Zahl für etwas oder jemanden, indem man die Zahlen aller Buchstaben zusammenzählt (eine »Quersumme« bildet) und dies wiederholt, bis man

---

120 Im weiteren Sinne jede spekulative jüdische Geheimlehre und Mystik, im engeren Sinn eine esoterische theosophisch motivierte Bewegung, die im 13. Jahrhundert in Spanien und in der Provence entstand. Grundlegendes Werk ist das *Buch des Glanzes (Sefer haz-zohar)*, der »Sohar«, verfasst zwischen 1280 und 1286 von dem Spanier Moses de León. Durch ein ausgefeiltes theosophisches System in symbolischer Sprache werden die zehn Sefiroth, die Reiche oder Ebenen, durch welche die göttliche Kraft in der Schöpfung wirkt, berechenbar, und damit die Welt und die menschliche Geschichte. Alles was geschieht, wird zu Symbolen für Prozesse des »Innenlebens« Gottes. Im 18. Jahrhundert entstand daraus der polnische Chassidismus. Noch heute spielt die Kabbala eine nicht unerhebliche Rolle, Einflüsse finden sich auch in christlichen Kreisen.

eine Zahl erhält, der man eine Bedeutung zuweisen will.[121] Die Bewertungen der Zahlen werden häufig aus der Natur abgeleitet, aus kulturellen oder religiösen Traditionen. Manche Zahlen spielen in fast allen Kulturen eine wichtige Rolle: die 5 und die 10 wegen der Zahl der Finger und Zehen, und in Kulturen, die die Zahl der Wochentage und der Sternbilder aus der sumerisch-babylonischen Tradition übernommen haben, die 7 und die 12.

Die Bedeutungen sind je nach Kultur unterschiedlich. Bei uns gilt die 2 meist als Unglückszahl, steht aber auch für Dualität, für (glückliche) Beziehungen, für Streit. Die 1 ist wie die 3 eine göttliche Zahl. 4 als Zahl des rechten Winkels, der Himmelsrichtungen und des Maßes, mit dem der Mensch seine Welt ordnet, steht für Ganzheit, aber auch Stillstand, ohne wie die 8 vollkommen zu sein. 5, die Zahl der Stofflichkeit, der Erde und der Macht, gilt im islamischen Volksglauben als Zahl der Finger einer Hand als glücksbringend. 7 steht als Summe der weltlichen 4 und der göttlichen 3 für Vollkommenheit. Ähnliches gilt in vielen Kulturen für die 12, die wie beim Tierkreis den perfekten geschlossenen Kreis symbolisiert; es gibt 12 Monate und 12 Apostel. Die 13 sprengt diese Vollkommenheit und steht häufig für Unglück; in vielen Hotels findet man weder ein Zimmer mit einer 13 noch einen 13. Stock[122] , und 13 bei Tisch sind unbeliebt[123].

Die 666 als »Zahl des Tiers« oder des Antichristen findet sich häufig in esoterischen Schriften, in SF- und Fantasy. Die »teuflische« Interpretation dieser Zahl als Vorankündigung des Weltendes basiert auf einer wörtlichen Auslegung der Apokalypse des Johannes: »*Wer Verstand hat, der überlege die Zahl des Tieres; denn es ist die Zahl eines Menschen, und seine Zahl ist sechshundertundsechsundsechzig.*« (Offb 13,18).[124]

Häufig gelten ungerade Zahlen als männlich oder positiv, gerade Zahlen als weiblich oder negativ. Allerdings wird diese Zuordnung gerne auch gebrochen. Fritz Leiber erzählt in *Ritual des Abgangs* eine romantische Liebesgeschichte zwischen einem weltfremden Mathematiker und der *Sieben*, die ihn als Frau in die Welt der Zahlen entführt – ein schönerer Abschluss der Beschäftigung mit Mythologie lässt sich kaum denken!

---

121 Ein Beispiel soll das Verfahren verdeutlichen: Das Wort MYTHEN besteht aus den folgenden Buchstaben im Alphabet (A = 1, B = 2 usw.): 13 + 25 + 20 + 5 + 14, addiert ergibt sich 77. Davon ist die Quersumme 14, die Quersumme davon ist 5. Man kann auch die einzelnen Ziffern addieren, dann ergibt sich 23 und auch 5.

122 Im SF-Thriller *The 13th Floor* (D/USA 1999) nach dem Roman *Simulacron-3* von Daniel F. Galouye (1964) symbolisiert der dreizehnte Stock einen Ort, der nur im Bewusstsein existiert, quasi einen Nicht-Ort.

123 Von manchen wird dies auf die Vernichtung der Templer am 13.10.1307 (ein Freitag!) zurückgeführt. Es gibt aber auch andere Traditionen: In Spanien, Griechenland und Teilen Lateinamerikas gelten Dienstage, die auf den 13., fallen, als Unglückstage, in Italien ist Freitag der 17. ein Unglücksdatum. Im Judentum ist die 13 eine Glückszahl und ein Symbol Gottes, weil sie über der Zwölf steht. Auch in Japan gilt die 13 als Glückszahl.

124 Im Internet findet man auf einer Seite von Microsoft-Hassern folgende Berechnung: Wandelt man den Namen des Microsoft-Chefs BILL GATES um in ASCII-Code, erhält man 66 + 73 + 76 + 76 + 71 + 65 + 84 + 69 + 83, macht summiert 663. Zählt man die III aus seinem Namen hinzu (er heißt vollständig Bill Gates III), erhält man 666 – das soll der »Beweis« sein, dass Bill Gates der Antichrist ist!

Anhang I: Kulturen, Mythologien, Religionen

Eine wichtige Grundlage unseres abendländischen Mythenschatzes bilden die Sagen des klassischen Altertums. Manchen sind sie vertraut durch die immer wieder neu aufgelegten Erzählungen von Gustav Schwab, heutzutage aber vielen wohl eher durch Filme wie *Die Fahrten des Odysseus* (1955, mit Kirk Douglas und Anthony Quinn), *Die Abenteuer des Odysseus* (1997, mit Isabella Rossellini, Irene Papas, Geraldine Chaplin und Christopher Lee) und *Troja* (2004, mit Brad Pitt, Eric Bana, Orlando Bloom und Sean Bean) oder durch die zahlreichen Herkules- und Fantasy-Filme. Diese Filme haben aber oft mit den Original-Sagen nur noch wenig zu tun, *Troja* etwa ändert sowohl die Ursachen wie das Ende des Krieges.

Sumer, Assyrien und Babylon

Das Königreich Babylonien, nach seiner Hauptstadt auch Babylon genannt, war im zweiten vorchristlichen Jahrtausend die bestimmende politische Macht im Zweistromland Mesopotamien. Es lag am Unterlauf der Flüsse Euphrat und Tigris zwischen der heutigen irakischen Stadt Bagdad und dem Persischen Golf. Das kulturelle Zentrum des Gebietes war die Stadt Babylon, die im Laufe der Zeit von Herrschern aus zahlreichen Volksstämmen erobert und regiert wurde. In seiner Kultur mischen sich sumerische und semitische Einflüsse, und diese Kultur wiederum hat einen großen Einfluss auf die Vorstellungen des Judentums und zahlreicher antiker Völker sowie in der Benennung der Wochentage bis in unsere Zeit.

Seit etwa 4000 v. Chr. lebten in diesem Gebiet die Sumerer; Uruk, ihre bedeutendste Stadt, eine der ältesten der Welt, war bekannt für den Tempel der Göttin Inanna. Ihnen verdanken wir mit dem Gilgamesch-Epos eine der wichtigsten frühen literarischen Überlieferungen; sie war im Nahen Osten in Form verschiedener Dichtungen in mehreren altorientalischen Sprachen verbreitet und findet zahlreiche Entsprechungen in den sumerischen Mythen und später bei den Assyrern und Babyloniern. Zahlreiche Elemente aus diesem Mythos haben sich bis in unsere Zeit erhalten, viele Motive tauchen immer wieder auf.

Held des Epos ist Gilgamesch, der (wenn es ihn gab) im Zeitraum von 2700 bis 2600 v. Chr. über Uruk herrschte. Der Name lautete ursprünglich Bilgamesch und bedeutet »der Alte ist ein junger Mann«. Gilgamesch ist zu zwei Dritteln Gott und zu einem Drittel Mensch und ein so grausamer Herrscher, dass die Götter auf die Gebete der unterdrückten Bürger hin den wilden Tiermenschen Enkidu (Engidu) schicken, der Gilgamesch zu einem Ringkampf herausfordert. Keiner gewinnt, und die beiden werden Freunde. Durch die sexuelle Vereinigung mit einer Prostituierten wird Enkidu der Natur entfremdet und »zivilisiert«, und gemeinsam erleben die zwei einige Abenteuer. Die Liebesgöttin Ishtar (Inanna), zugleich Schutzgöttin der Stadt, verliebt sich in Gilgamesch; als der sie zurückweist, läßt sie ihren Vater den Himmelsstier nach Uruk schicken, der der Stadt sieben Dürrejahre beschert. Gilgamesch und Enkidu erschlagen ihn, die Götter bestrafen dafür Enkidu mit dem Tod. Gilgamesch macht sich, um seinen Freund zu retten, auf einen beschwerlichen Weg und lässt sich vom Fährmann Urschanabi über das »Wasser des Todes« setzen. Vom Helden und Weisen Utnapischtim, der die Sintflut überlebt hatte und am Ende der Welt lebt, will er das Geheimnis der Unsterblichkeit erfahren. Obgleich er die Probe nicht besteht, verrät ihm Utnapischtim, dass er im Meer die Pflanze

Bilgamesch (»jung wird der Mann als Greis«) finden könne. Gilgamesch findet die Pflanze, sie wird ihm aber von einer Schlange gestohlen. Gilgamesch lässt Enkidus Geist aus der Erde erscheinen und ist erschüttert über dessen Klage; unter anderem erfährt er von den glücklosen, ausgestoßenen Geistern, den »Edimmu« genannt, Prototyp des »Verdammten« wie des »Wiedergängers«. Zurückgekehrt, bleibt ihm nur, auf die auf seine Anweisung erbaute gigantische Stadtmauer zu schauen, als das Mittel, seinen Namen unsterblich zu machen. Der Einfluss des Gilgamesch-Epos auf andere Mythen ist enorm, insbesondere im Hinblick auf die Geschichte einer weltumspannenden Sintflut; diese taucht im Deukalion-Mythos der Griechen ebenso auf wie in der Geschichte von Noah bei den Israeliten.[1]

Über die nächsten Jahrtausende bildeten sich verschiedene Stadtstaaten und dann Großkönigreiche wie das von Kisch im 28. vorchristlichen Jahrhundert. Vom 24. bis 22. Jahrhundert gab es das Reich der Akkader, es folgte das Neusumerische Reich, bis ab etwa 2000 v. Chr. die Region von Assyrien und Babylon dominiert wurde. Das assyrische Reich existierte etwa vom 17. Jahrhundert bis zu seiner Vernichtung um 608 v. Chr.; das neuassyrische Reich ab etwa 750 v. Chr. gilt als das erste Großreich der Weltgeschichte. Die Sprache der Assyrer war ein akkadischer Dialekt, ihre Kultur war sumerisch beeinflusst. Hauptgott war Assur, Reichs- und Kriegsgott und Gott der Fruchtbarkeit. In neuassyrischer Zeit verdrängt er sogar den babylonischen Hauptgott Marduk. Dann verschwindet er für Jahrhunderte aus den Quellen, wird aber in den ersten 3 nachchristlichen Jahrhunderten wieder verehrt.

Babylon wurde im 19. Jahrhundert v. Chr. von den Amoritern gegründet. Hammurabi dehnte in der ersten Hälfte des 18. Jahrhunderts das Reich aus und herrschte über Assur, Sumer und Akkad. Das Altbabylonische Reich dominierte in Mesopotamien, bis es im 16. Jahrhundert von den Hethitern erobert wurde. Mehrfach wurde Babylon in den folgenden Jahrhunderten auch von von den Assyrern erobert, zuletzt 648 v. Chr. von Assurbanipal. Nach dessen Tod brach das assyrische Reich auseinander, es begann das Neubabylonische Reich. 612 eroberte Babylon die assyrische Hauptstadt Ninive. Von 605 bis 562 herrschte der aus der Bibel bekannte große König Nebukadnezar II., der u. a. Syrien und Israel unterwarf und nach mehreren Aufstände Jerusalem zerstörte und die Bevölkerung nach Babylon verschleppen ließ. Streitigkeiten zwischen König und Priesterschaft (durchaus vergleichbar dem Streit zwischen weltlichen und kirchlichen Kräften im Mittelalter!) und der Verrat der Priester setzten dem Reich ein Ende: 539 v. Chr. eroberten der persische König Kyros II. Babylon ohne Gegenwehr.

Die Perser waren tolerant, gaben den Städten ihre Götter zurück und entließen die Juden nach Hause; Gelehrte aus Ägypten, Persien, Indien und Griechenland kamen nach Babylon, um hier zu lernen. Damit begann die Ausbreitung der babylonischen Mythen, deren Spuren wir heute beobachten.

Die Babylonier glaubten an zahlreiche Götter, meist in Menschengestalt, unsterblich und unsichtbar, die jeweils einen kleinen, klar abgegrenzten Bereich des Universums regierten. Jedes Objekt wie auch jeder Mensch unterstand einem persönlichen Schutzgott. Der oberste aller Götter war Marduk. Als Reichsgott Babylons war er der Schöpfer des Alls und der Menschen und galt außerdem als Gott des Lichtes und des Lebens, als Sonnengott, als Bestimmer des Schicksals und Totenerwecker.

---

1 »*Bis auf die polytheistischen Teile, die sie ausmerzten, hielten sie sich ziemlich detailgetreu an das Gilgamesch-Epos. (In unserer zynischen, modernen Zeit würden wir von einem Plagiat sprechen)*« so Isaac Asimov; für ihn ist Utnapischtim »*die erste Person, deren Namen wir kennen, die in einer Science-Fiction-Story ›der letzte Mensch auf Erden‹ war*«. Er erklärt auch sehr schön, wieso es sich bei der Flut handelte, die »*die ganze Erde unter Wasser setzen sollte ... denn erstens hielten die Sumerer wahrscheinlich das Land Sumer und die unmittelbar angrenzenden Staaten für die ganze Erde; zweitens, sind Sie je einem Schriftsteller begegnet, der widerstehen könnte, die Tatsachen auszuschmücken?*« (Asimov/Waugh/Greenberg, S. 10 f)

Jedes Frühjahr wurde zum Thronbesteigungsfest aus dem Schöpfungsmythos »Enuma Elisch« vorgetragen, wie er die Urgöttin Tiamat, den großen Drachen, erschlug, aus deren Leichnam Himmel und Erde und aus ihrem Blut und Lehm die Menschen schuf. Nach einer alten Legende wurde Marduk wie Jesus zum Tode verurteilt, gegeißelt und zusammen mit Verbrechern hingerichtet; auch bei ihm floss Blut aus einer Wunde, die ein Speerstoß verursacht hatte. Auch er stieg anschließend hinab in die Hölle und erlöste die dort Gefangenen. Manche sehen deshalb in ihm ein Vorbild für Jesus. Er hatte über fünfzig Ehrentitel und wurde in der Spätzeit unter dem Namen Bel verehrt, oft auch mit Baal gleichgesetzt. Wichtig waren auch Ishtar/Inanna, die Göttin der Liebe und des Krieges, Sin, Gott des Mondes, Schamasch, Gott der Sonne und der Gerechtigkeit, und Adad, Gott des Windes, des Sturms, der Flut und der Gewitter. Auf dem Basaltrelief rechts aus dem 8. Jahrhundert vor Christus ist er dargestellt in Gestalt eines orientalischen Großkönigs. Er steht auf einem Stier und schwingt ein Bündel Blitze. Es gab außerdem zahllose Dämonen, Teufel, Ungeheuer und Engel.

Den Himmel dachten sich die Babylonier als Gewölbe oder Zelt oder als Gewand Marduks, den Regenbogen als das Halsband der Ischtar.

Über das Leben nach dem Tode findet man bei den Babyloniern und Assyrern viele der Vorstellungen, die bereits im Gilgamesch-Epos ausgedrückt sind. Das Schicksal im Jenseits entscheidet sich auf Erden. Es existierten sehr deutliche Vorstellungen von Gut und Böse; nicht umsonst ist die älteste vollständig erhaltene Rechtssammlung der »Kodex des Hammurabi« (ca. 1750 v. Chr.; es gab aber schon 300 Jahre vorher dergleichen, allerdings nur in Fragmenten erhalten). Die Gesetze waren sehr hart, und das aus gutem Grund: Wurde man nämlich auf Erden für seine Verfehlungen bestraft, konnte das Jenseits ohne Qualen sein, erlangte man aber auf Erden keine Sühne (dazu brauchte man meistens die Fürsprache eines Priesters) –, wurde man zum »Verdammten«, zum »Edimmu«. Durch nachträgliche Besserstellung – oder Misshandlung – der Leiche konnte das Schicksal im Jenseits jederzeit verändert werden. Dies war bei vielen Völkern ein Grund für ehrenvolle Bestattungsriten und ebenso häufig ein Motiv, Leichen zu schänden. »*Die Hölle beginnt gewissermaßen in diesem Leben; die Lebenden können sogar die Toten durch die Behandlung der Grabstätte bestrafen, wovon die Eroberer auch systematisch Gebrauch machen, indem sie die Gräber und die Leiber der Toten in den besiegten Städten zerstören.*« (Minois, 21) Von Assurbanipal ist aus dem Jahr 646 folgende Inschrift überliefert: »*Die Gräber ihrer ehemaligen und heutigen Könige, die Ischtar nicht verehrten und die meine königlichen Väter beunruhigt haben, ich habe sie verwüstet, ich habe sie zerstört. Ihre Gebeine werde ich in der Sonne bleichen und sie dann nach Assyrien mitnehmen. Indem ich ihren Geistern die Ruhe im Grabe und die Opfergaben nahm, habe ich erreicht, dass sie niemals in Frieden ruhen werden.*« (Minois, 23 f)

Die Unterwelt Arallu oder Kigalla (»Land der Toten«) wurde beherrscht von Nergal und dessen Gattin Ereschkigal. Diese wird bei den Assyrern im Lauf der Zeit immer grauenerregender. Auf einer Tafel von Aschur aus der Mitte des 8. Jahrhunderts vor Christus findet sich die Vision des assyrischen Fürsten Kumma. »*Der ›Verteidiger des Bösen‹ hatte einen Vogelkopf, er hatte Menschenfüße und Menschenhände, mit ausgebreiteten Schwingen flog er hin und her. Der Schiffer der Unterwelt hatte einen Vogelkopf, vier Hände und vier Füße. [...] Ein Mann hatte einen pechschwarzen Körper und einen Vo-*

gelkopf. Er trug einen roten Mantel, in der linken Hand trug er einen Bogen, in der rechten ein Schwert. Mit dem linken Fuß trat er auf eine Schlange. [...] Die Hölle war voller Schrecken, vor dem Fürsten stand alles starr. Er brüllte mich wütend an und sein Schrei war wie ein heulender Sturm. Sein Szepter, Zeichen seiner göttlichen Macht, glich einer schauderhaften Schlange.« (Minois, 23).

In der babylonisch-assyrischen Mythologie bzw. Religion erkennen wir also schon viele der Motive und Topoi, die uns noch heute vertraut sind, von der Sintflut über die Suche nach Unsterblichkeit, von den Gottheiten und Dämonen bis zu den Vorstellungen der Unterwelt. Weitergegeben über Griechenland und Rom wie auch Ägypten und die Bibel beeinflussen uns diese Ideen bis heute.

Ägypten

Für eine uralte Kultur wie die des antiken Ägypten (besiedelt seit spätestens dem siebten vorchristlichen Jahrtausend), für die man alleine 30 pharaonische Dynastien kennt, ist es unmöglich, eine einheitliche Mythologie darzustellen. Charakteristisch ist zu allen Zeiten eine große Zahl von Gottheiten und die Bedeutung des Totenkultes. Nach einer verbreiteten Schöpfungsvorstellung entstanden aus dem Urozean, dem Gott Atum, der Sonnengott Ra (oder Re), der vier Kinder hatte: Schu, Gott der Luft und der Lebenskräfte (und der Sonne), Tefnut, Göttin der Feuchtigkeit (und des Mondes), Geb, Gott der Erde, und Nut, die Himmelsgöttin. Geb und Nut hatten drei Söhne, Set, Osiris und Horus, den späteren Sonnengott und Weltenherrscher (nach anderer Überlieferung Sohn von Isis und Osiris) und zwei Töchter, Isis und Nephthys. Osiris und Isis entmachteten durch eine List von Isis den Vater Re und beherrschten die Erde. Nachdem Nephthys Osiris verführt und Anubis geboren hatte, tötete Set seinen Bruder. Isis balsamierte den Körper mit Hilfe von Anubis ein und erweckte ihn wieder zum Leben; ab da regierte Osiris in der Unterwelt das Reich der Toten; sein Sohn Horus tötete in einem gewaltigen Endkampf Set und wurde der neue Beherrscher der Welt.

Neben diesen Hauptgöttern gab es zahlreiche regionale Nebengötter, von denen viele, wie später bei den Römern, von unterworfenen oder befreundeten Völkern übernommen wurden und einige, wenn ihre Re(li)gion besondere Bedeutung errang, zu Obergottheiten wurden, so zeitweise der Mondgott Thoth, der Sonnengott Aton und die Himmelherrin Hathor. Nur Ra wurde die ganze Zeit über im ganzen Reich verehrt. In spätantiken Mysterienkulten wurden Horus, Osiris und besonders Isis angebetet.

Den Himmel sahen die Ägypter als Ozean, auf dem die Gestirne in Schiffen fahren, wie auf dem altägyptischen Relief links erkennbar. Später wurde er auch als Schale aus Metall betrachtet, wie ein Lobpreis auf Horus andeutet: *»Du bist der, dessen Flügel den Himmel öffnen, du brichst auf das Erz mit deinen Hörnern.«*

Die Lebenskraft teilten die alten Ägypter in (mindestens) drei Elemente ein: Ba (das Ungeborene), Ka (das Lebende und Sterbende) und Akh (das Tote); nach anderen Vorstellungen hatten sie sogar sieben Seelen, die sie von Hathor erhielten: Aakbu, den im Blut wohnenden Geist des Lebens, Ab, das aus dem Herzblut der Mutter geformte Herz, Ba, den Geist, der nach dem Tod erscheint, Ka, das im Spiegelbild sichtbare andere Selbst, Kbaihut, die äußere Erscheinung und der Schatten, Khat, den materiellen Körper, und Ren, den geheimen Namen der Seele.

Als Abbild des Körpers begleitete das Ka diesen durch das ganze Leben und löste sich nach dem Tod von ihm, um seinen Platz im Reich der Toten einzunehmen, dem Amenti, auch Khert-Neter, Neter-Miertet oder Duat genannt. Dies konnte es jedoch nur, wenn der Körper erhalten blieb; deshalb entwickelten die Ägypter die Kunst der Einbalsamierung. Als Ersatz für den Fall, dass der Körper zerstört würde, sollten Abbilder aus Holz oder Stein dienen, die ins Grab gestellt wurden. Dieses wurde ganz besonders geschützt, am beeindruckendsten mit den Pyramiden. Die Beschreibung des Weges ins Totenreich und zahlreiche Zaubersprüche zur Abwehr von Gefahren gab man dem Toten in einem Totenbuch mit, dem »Zweiwegebuch«.

Die Reise war nämlich höchst gefährlich: Dämonen lauerten an den sieben Toren und verlangten die richtigen Antworten. Diese konnte man ersatzweise von kleinen Statuetten beantworten lassen, die im Grab beigegeben wurden, den Uschebtis (»Antwortende«), oder man schwächte die Gefahren ab durch Magie oder versicherte sich der Hilfe der Nut. Wer den Weg nicht fand, blieb ohne jede Pflege im dunklen Grab liegen, nach anderer Ansicht musste er mit dem Kopf nach unten am Gegenhimmel hängen oder andere grausame Qualen erdulden. Kam das Ka ins Reich der Toten, wurde es von Osiris und 42 Assistenten beurteilt; nach manchen Vorstellungen wog Anubis dabei das Herz des Ka, und Thoth führte Buch. Auch für diese Prüfung gab das Totenbuch Verhaltensregeln. Ein sündiges Ka wurde zu grausamen Strafen verurteilt, etwa im Feuerkessel geplagt, oder vom »Totenfresser« vernichtet, im anderen Fall kam es auf die Felder von Yaru, deren Korn stets hoch wuchs und wo es wie auf der Erde weiterlebte, es gab auch die Vorstellung besonderer paradiesischer Örtlichkeiten wie das »Binsengefilde«. Manchmal musste das Ka für Osiris arbeiten, doch auch dies konnten die Uschebtis für einen erledigen.

Man findet aber auch die Ansicht, dass das Totenreich für alle nur trostlos sei. Nach anderen Vorstellungen wiederum war die Erlösung das Auflösen des Ka, und die Strafe bestand in lang währenden Qualen, die dem Vergessen und langsamen Auflösen dienten. In weit verbreiteten Vorstellungen von der Seelenwanderung fand stattdessen die Umwandlung des Ka in ein Ba, ein Ungeborenes, eine neue Seele statt. Andere sahen in den Sternen die Kas der Toten, die am Himmel weiterleben, es gab auch die Vorstellung, dass mit jedem Mensch ein Stern geboren werde und eine Sternschnuppe den Tod dieses Menschen anzeige.

Über Jahrhunderte war der Einfluss der ägyptischen Mythologie auf die Populärliteratur gering. Dies änderte sich nahezu schlagartig mit Napoleons Ägyptenfeldzug (1798–1801) und dem Fund des Steins von Rosetta (1799); Ägypten war »in«, und nach der Entzifferung der Hieroglyphen erst recht. Man sieht es an Romanen wie *Der Graf von Monte-Christo* (1844/46) von Dumas und *Die sieben Finger des Todes* (1904) von Bram Stoker (der Dracula-Stoker!). Und daran hat sich bis heute nicht viel geändert, im Gegenteil: Durch Funde wie die Büste der Nofretete und das Grab des Tut-anch-Amun und gut gemachte Ausstellungen wird das Interesse immer wieder entfacht. Anne Rice beispielsweise hat einen Mumienroman veröffentlicht, Hohlbein spielt seit Jahren mit ägyptischen Mythen – dies wie auch die große Zahl der Filme, die auf ägyptischen Mythen (oder meist deren Neuerfindung) basieren, von vielen alten und neuen Mumienfilmen bis zu »Stargate« (1994), zeigt, wie sehr uns das alte Ägypten bis heute beschäftigt.

Griechenland und Rom

Die griechische Mythologie beeinflusst unsere modernen Vorstellungen von mythischen Ereignissen stärker als jede andere; viele der in diesem Buch erwähnten Wesen stammen aus ihr, von der Medusa über die Chimäre bis zu Kerberos und der Hydra. Sie umfasst eine Vielzahl von Gottheiten und zahlreiche Legenden, die etwa um 700 vor Christus aus lokalen Götterkulten in drei klassischen Mythensammlungen – der »Theogonie« des Hesiod sowie der »Ilias« und der »Odyssee« des Homer – niedergelegt und zu einem ausdifferenzierten Pantheon ausgearbeitet wurden (wobei sich die Dichter nicht immer einig sind). Die griechischen Gottheiten waren sehr menschlich und verzichteten auf Offenbarungen oder spirituelle Lehren. Sie weisen viele Eigenschaften der vorgriechischen Gottheiten und Naturkräfte auf, denen sie entstammen, und finden sich später wieder in denen der Römer. Christoph Martin Wieland (1733 – 1813) gibt 1789 in seiner Übersetzung der »Lügengeschichten und Dialoge« des Lukian von Samosata (120 – 189 n. Chr.) ein »Kurzes Schema der Verwandtschaft der Griechischen Götter«:

>*Das erste Götterpaar war Uranos und Ge, d. i. Himmel und Erde, denen man den Äther und die Hemera, so wie diesen Chaos und die Finsterniß (Achle) zu Eltern gab. Weiter wollte sich der Stammbaum der Götter nicht hinaufführen lassen. Vom Himmel und Erde stammt die Familie der Titanen ab, die in ihren verschiedenen Zweigen, beynahe alle griechischen Götter in sich begreift. Die bekanntesten unter den Titanen sind: Oceanus, Cöus, Hyperion, Iapetus und Kronos, oder wie ihn die Lateiner nennen, Saturnus: die vornehmsten Titaniden: Tethys, Rhea, Themis, Phöbe, Mnemosyne, Dione und Theia. Diese Titanen und Titaniden sind insgesammt Kinder des Himmels und der Erde, und also Bruder und Schwestern. Ausserdem hatten Uranos und Ge (wie es scheint) noch eine Schwester Thalassa (das Meer) genannt; auch hatte Ge von dem Äther einen Sohn, Nahmens Pontus. Dieser zeugte mit Thalassa den Nereus, den Vater der unter dem allgemeinen Nahmen der Nereiden bekannten Meergöttinnen. Oceanus zeugte mit seiner Schwester Tethys eine unzählige Menge von Töchtern, unter welchen hier nur Amphitrite, Doris, und Metis, zu bemerken sind. Die erste vermählte sich mit Neptun, die zweyte mit Nereus, und die dritte war Jupiters erste Gemahlin, und gewißermaßen die Mutter der Minerva. Der Titan Cöus zeugte mit seiner Schwester Phöbe die Latona, welche Jupitern zum Vater von Apollo und Dianen (Artemis) machte; – Hyperion mit seiner Schwester Theia den Helios (Sol), die Selene (Luna) und die Aurora. – Iapetus wurde durch Clymene, eine Tochter des Oceanus, Vater von Prometheus, dem Menschenschöpfer, und von Atlas, mit dessen Tochter Maja Jupiter in der Folge den Merkurius (Hermes) zeugte. – Kronos, oder Saturnus, wiewohl der jüngste unter den Titanen, fand Mittel, mit Hülfe seiner Brüder sich des Thrones zu bemächtigen. Er vermählte sich mit seiner Schwester Rhea, und Jupiter (Zeus), Neptun (Poseidon) und Pluto, nebst Juno (Here), Ceres (Demeter) und Vesta (Hestia) waren die Früchte dieser Ehe. – Alle zuvor benannten Kinder, Enkel und Urenkel des Uranos machten den Hof des Saturnus oder den alten Götterhof aus, und die verschiedenen Departements der Weltregierung waren unter einige derselben vertheilt. Aber Jupiter spielte mit seinem Vater Kronos die nehmliche Tragödie, welche dieser mit dem seinigen gespielt hatte; er stieß ihn vom Throne, bemächtigte sich der Regierung, machte große Veränderungen in derselben, und besetzte die Haupt-Departements theils mit seinen Brüdern, theils in der Folge mit seinen Söhnen und Töchtern, so*

dass nach und nach die alten Götter von ihren Ämtern verdrängt wurden, und z. B. Neptun an die Stelle des Pontus, Apollo an den Platz des Helios, Diana an die Stelle der Selene kam, die alten Titanen aber, die mit diesen Neuerungen nicht zufrieden waren, in den Tartarus verstoßen wurden. – Jupiter zeugte (ausser seinen schon benannten Kindern) mit seiner Schwester und Gemahlin Juno, den Mars (Ares) und Vulcan (Hephästos), mit der Ceres die Proserpina (Persephone), mit Dione die Venus, mit Mnemosyne die Musen, mit Themis die Horen, u. s. w. und mit einer Menge anderer Nymphen und Sterblichen eine unendliche Menge Halbgötter und Heroen, wovon einige, als Bacchus und Herkules in der Folge den Göttern vom ersten Range beygefügt wurden. Die zahllose Familie der Nymphen, deren hier noch erwähnt werden muß, theilte sich in zwey Hauptclassen: die Oreaden, Napäen, Dryaden und Hamadryaden, und die Nereiden und Najaden. [...] ... sind noch einige alte Götter zu bemerken, die nicht vom Titanischen Geschlechte, sondern Kinder der Nacht oder Finsterniß, und also gleichsam gebohrne Bewohner des Hades oder Todtenreichs sind, worin ihnen die vulgare Theologie der Griechen verschiedene Ämter und Verrichtungen angewiesen hat. Die vornehmsten derselben sind die Parzen, oder Schicksalsgöttinnen, Erinnyen oder Furien, per euphemiam Eumeniden genannt, Hekate, eine sehr geheimnisvolle Gottheit, über deren Abstammung und Natur ihre Verehrer selbst ungewiß waren, und Charon, der Fährmann der Todten über den Stygischen See. Über sie alle scheint Erebus, ein Sohn des Chaos (nach dem Hesiodus) geherrscht zu haben, bis nach der Entthronung Saturnus und bey der Theilung der Welt zwischen Jupitern und seinen Brüdern, der jüngste derselben, Pluto, die Regierung der unterirdischen Welt zu seinem Antheil empfing.«

Damit sind viele wichtigen Gottheiten in Kürze benannt; ausführlich wird die Götterwelt bei Schwab erläutert (s. auch Schneidewind, *Himmel und Hölle*).

Das römische Reich verdankte seinen Erfolg nicht zuletzt der Tatsache, dass es Kulte, Mythologien und Religionen der unterworfenen Völker und Kulturen in die eigenen meisterhaft assimilierte. Der riesige Einfluss der römischen Kultur bis heute lässt sich auch in Mythen und Motiven spüren; er endete ja keineswegs mit dem Untergang des weströmischen Reiches im 5./6. Jahrhundert, sondern wurde durch und seit der Renaissance gerade in der Kunst erheblich verstärkt.

Die meisten der römischen Gottheiten haben Entsprechungen in der Mythologie der Griechen; Lukian erläutert gleichzeitig beide und vermischt oft griechische und römische Namen. Die wichtigsten 12 Gottheiten wurden auch die Olympier genannt; es waren, ungefähr dem Range nach angeordnet: Zeus/Jupiter (Göttervater, Himmelsgott), Poseidon/Neptun (Gott des Meeres), Hera/Juno (Himmelsmutter, Gemahlin des Zeus, Hüterin von Herd, Ehe und Familie), Demeter/Ceres (Erd- und Fruchtbarkeitsgöttin), Apollon/Apollo (Sonnengott, Gott der Poesie und des Lichtes), dessen Zwillingsschwester Artemis/Diana (jungfräuliche Göttin der Jagd und des Mondes), (Pallas) Athene/Minerva (jungfräuliche Göttin der Weisheit, der Künste und Wissenschaften, des Handwerks und des Krieges, Ares/Mars (Gott des brutalen Krieges, Liebhaber der Aphrodite), Aphrodite/Venus (Göttin der Liebe und Schönheit, Gemahlin des Hephaistos), Hermes/Mercur(ius) (Gott der Diebe, des Handels und der Reisenden, Götterbote), Hephaistos/Vulcan(us) (hinkender Gott der Vulkane, des Feuers und der Schmiedekunst) und Hestia/Vesta (jungfräuliche Göttin des Herdfeuers und der Familieneintracht). Hestia zog sich aus dem Kreis der Olympier zurück, als Dionysos/Bacchus aufgenommen wurde, der Gott des Weines und der Ekstase.

Hades/Pluto fehlt, da er in der Unterwelt herrscht, der er seinen Namen gegeben hat; er war im Rang etwa seinem Bruder Poseidon gleichgestellt. Ursprünglich kannten die Griechen nicht die Vorstellung einer moralischen Unterscheidung der Toten; alle kamen über den Styx in den Hades, die Schattenwelt, die beherrscht wurde vom gleichnamigen Gott und seiner Gemahlin Persephone (oder von Hekate), die von zahlreichen Dienern unterstützt wurden, etwa den Totenrichtern Rhadamantys und Minos, von Thanatos, dem Tod, und Hypnos, dem Schlaf. Später kamen allerdings bei den Griechen als besonders schlimme, tiefe »Hölle« für besonders schwere Sünden der Tartaros hinzu und als Land der Seligen das Elysium, das dann von Rhadamantys beherrscht wurde.

Ab dem siebten vorchristlichen Jahrhundert breiteten sich im ganzen Römischen Reich Mysterien-Religionen und -Kulte aus. Bei diesen stand vor allem die Feier von Mysterien (auch Orgia genannt) im Mittelpunkt, weniger ethische oder theologische Fragen. Im Nachspielen des Sterbens und Wiederauferstehens der Gottheit fand die Hoffnung auf Wiederauferstehung, manchmal auch Unsterblichkeit, ihren Ausdruck. Unter Leitung eines Priesters, Hierophant genannt, erhielten die in die Mysterien Eingeweihten, sogenannte Mysten, durch (oft blutige und schmerzhafte) Initiationen und die Mysterienfeiern geheime Kräfte und wurden zugleich entsühnt; auch die Vorstellung einer ganz reellen Wiedergeburt war zu finden, besonders bei den Anhängern von Kybele und Dionysos. Oft waren die in Fruchtbarkeits- und Vegetationskulten wurzelnden Mysterien dem Rhythmus der Jahreszeiten angepasst; sie konnten in orgiastischen und ekstatischen Feiern gipfeln. Am bekanntesten waren in der Antike die Kulte zu Ehren von Demeter und Persephone (meist einfach nur das »Mädchen«, Kore, genannt) im griechischen Eleusis (ca. 20 km von Athen), von Isis, Horus und Osiris in Ägypten und, vor allem in Griechenland und Rom, von Dionysos/Bacchus (mit Kostümierung der Männer als Satyrn und der Frauen als Mänaden, Besessenheit, Ekstase, Tanz und Rausch) und Kybele. Diese war eine vorgriechische, ursprünglich aus Phrygien stammende Naturgottheit, lateinisch auch Cybele oder »Magna mater« (große Mutter) genannt, sie wird manchmal auch mit der indischen Kali/Durga/Ganga gleichgesetzt. Ihre Anhänger, die Korybanten oder Kureten, lebten Wahnsinn und Ekstase in wilden Festen aus bis hin zur eigenen öffentlichen Verletzung, ja Entmannung; ihre Priester, die Galloi oder Galli, griechisch Agyrtai, waren kastriert. Der Kult geht auf den Mythos zurück, dass aus Zeus' einst im Schlaf verspritztem Samen ein Zwitterwesen entstanden sei, das wegen seines furchterregenden Äußeren und seines Verhaltens von anderen Göttern kastriert worden sei. Das kastrierte Wesen wurde zur Großen Mutter Kybele, die abgetrennten Genitalien zu deren Geliebtem Attis. Als Attis eine andere heiraten will, schlägt Kybele die Hochzeitsgesellschaft mit Wahnsinn. Attis verliert den Verstand und entmannt sich unter einer Pinie, wodurch er verblutet. Die Pinie war bei den Kybelefestspielen im März jeden Jahres denn auch der heilige Baum.

Ab dem 1. Jahrhundert verbreitete sich vor allem bei Legionären der Kult des Sonnen- und Soldatengottes Mithras sehr stark. Schon im 14. Jahrhundert v. Chr. wurde er als »Schwurgott« der Hethiter erwähnt, in Indien als Gott der Moral, im Iran als Gott der Männerbünde. Frauen waren von seinen Mysterien ausgeschlossen, bei denen die Opferung eines Stieres im Mittelpunkt stand. Der Mithraskult, eine typische Mysterienreligion, in die man über mindestens sieben Einweihungsgrade (laut Hederich sogar 80 Grade!) durch schwere, oft blutige und schmerzhafte Initiationen eingeführt wurde und der sowohl Reinkarnation wie Wiedergeburt lehrte, war bis ins 5. Jahrhundert weit verbreitet und eine ernsthafte Konkurrenz für das Christentum, auf dessen theologische Ausprägungen er einen erheblichen Einfluss hatte: Wie schon zuvor Marduk nahm Mithras in mancher Hinsicht Motive der Christus-Geschichte vorweg.

Im Mittelpunkt vieler Mysterienkulte stand das Taurobolium, die Taufe mit Stierblut, so in den Kulten der Kybele und des Mithras, oder manchmal auch das Criobolium, die Taufe mit Widderblut. Eine anschauliche Beschreibung stammt aus dem 18. Jahrhundert:

> *In den spätern Zeiten brachte man ihr ein ganz besonderes Opfer, bey dem die gottesdienstlichen Gebräuche und Cärimonien von andern Opfern sehr abgiengen. Man nannet es Taurobolium und war solches eine Art Bluttaufe oder geistliche Wiedergeburt. Derjenige, der sie empfieng, stieg in dem größten Anputze in eine Grube, welche mit einem Fußboden voller Löcher und Spalten bedecket wurde. Auf demselben stach man einen Stier ab, und ließ das Blut hinunter in die Grube fließen, welches der darin stehende sorgfältige in seinem ganzen Gesichte und auf allen Theilen seines Leibes und seiner Kleider aufzufangen suchte, und die Merkmale davon so lange trug, als es anging. Antonin der Fromme soll es zuerst eingeführet haben, und es wurde zur Versühnung der Sünden, für die Gesundheit des Landesherrn oder anderer und vornehmlich zur Weihung eines hohen Priesters der Cybele.«* (Hederich)

Eine Inschrift auf einem römischen Altar aus dem Jahr 376 n. Chr. bestätigt den Wiedergeburtsgedanken, denn der Getaufte wird bezeichnet als »in aeternum renatus«: wiedergeboren in Ewigkeit. Mary Stewart hat das Ritual in ihrem ersten Artus-Roman ausführlich geschildert.

Kelten

Unter dem Begriff Kelten (griechisch *Keltoi*, lateinisch *Celtae*) verbirgt sich nicht ein Volk oder Volkstum, sondern er ist Sammelname für viele verschiedene, oft rivalisierende Stämme, die sich über viele Länder ausbreiteten. Erstmals tritt das Keltentum im 8. vorchristlichen Jahrhundert an Oberrhein und Oberdonau als Erbe der illyrischen Hallstattkultur auf. Als Träger der La-Tène-Kultur verbreiteten sich die Kelten ab dem 7. Jahrhundert über Gallien, die Iberische Halbinsel, England und Schottland (5. Jahrhundert), Oberitalien (387 v. Chr. zerstörte ihr Führer Brennus Rom und prägte dabei den berühmten Ausspruch »Vae victis!«: »Wehe den Besiegten!«), Griechenland (279 v. Chr. plünderten sie das Orakel von Delphi, wurden aber wieder vertrieben) bis nach Kleinasien, wo sie als Galater im 3. Jahrhundert v. Chr., zur Zeit der größten keltischen Expansion, den äußersten Vorposten bildeten. Da die jeweils herrschende kleine keltische Oberschicht immer ziemlich schnell mit den Beherrschten verschmolz, ist es schwer, eigenständige keltische kulturelle Elemente nachzuweisen. Noch schwieriger ist dies in Bezug auf Religion und Mythologie.

Es ist darüber auch nicht allzu viel bekannt. Selbst wenn verschiedene Stämme Gottheiten gleichen Namens anbeteten, ist damit nicht unbedingt eine gleichartige mythologische Vorstellung verbunden. Hinzu kommt, dass die geheimen Lehren ihrer Priester, der Druiden, mündlich überliefert wurden. Niemand kann sich heute ernsthaft auf ursprünglich keltische oder Druidenlehren berufen, zumindest muss klar sein, dass dies alles viel später, teilweise von Feinden, aufgezeichnet wurde. Die meisten Aufzeichnungen entstammen Klöstern in Wales und Irland und wurden also aus christlicher Sicht erstellt; dort gab es bis ins 8. Jahrhundert eine keltische christliche Kirche mit einer von Rom völlig unabhängigen Tradition. Im Zusammenhang mit ähnlichen Problemen bei der religiösen Überlieferung der Germanen konstatiert der Brockhaus eine »Unfestigkeit der religiösen Vorstellungen«. Im Mittelpunkt der keltischen Religion stand wohl zumindest zeitweise eine Reinkarnationslehre; es war aber auch die Auffassung verbreitet, dass sich das Leben der Toten in einem jenseitigen Paradies oder

Totenreich (Avalon) fortsetze, das sich teilweise in der Anderswelt wieder findet. Keltische Hauptgötter waren Lug (Hermes/Merkur), Grannus, Belenus (Apollon), Esus, Teutates (Mars) und der Donnergott Taranis (Jupiter/Zeus). In den Mythen und Legenden um den Gral hat die keltische Mythologie bis heute einen wesentlichen Einfluss, ebenso in vielen Vorstellungen von einer Anderswelt.

Heute gibt es keltisch sprechende Volksgruppen in Irland, Schottland, Wales und der Bretagne. Der bekannteste aller Kelten ist allerdings vielsprachig und in fast allen Ländern zu finden: der kleine pfiffige Asterix.

Germanen

Auch der Begriff Germanen bezeichnet nicht ein klar umrissenes Volk oder einen Stamm; er ist ein Sammelname für verschiedene Völker und Stämme in Mitteleuropa und im südlichen Skandinavien, die zur indogermanischen Sprachgruppe gehören und sich von dieser durch die so genannte erste germanische Lautverschiebung abheben. Entstehung und Ausbreitung gelten als ungeklärt bzw. weitgehend umstritten; die Römer und Gallier (Kelten) bezeichneten als Germani ursprünglich sämtliche rechtsrheinischen Völker. Einige vermuten, dass der entscheidende Impuls und das gemeinsame verbindende Element für die Herausbildung gemeinsamer kultureller Eigenschaften die Abgrenzung zur La-Tène-Kultur der Kelten war.

Germanen hatten eine Stammeskultur, doch war der Stamm nicht allzu fest gefügt. Wenn Tacitus vom Bemühen der Germanen schreibt, ihren Stamm rein zu halten, muss dies relativiert werden:

> *Der germanische Stammesbegriff war nicht an die Reinheit des Blutes gebunden, auch wenn die Abstammung von einem Urstamm bei den Germanen eine große mythologische Rolle spielen konnte. Die Grundeinheit der Sippe behielt sicher ihre Bedeutung im Großverband eines Stammes, der Stamm selbst aber zeigte sich der Einverleibung neuer Sippen und Kleinstämme gegenüber aufgeschlossen. Im Laufe der germanischen Geschichte änderten einige Stammesverbände mehrmals ihre Gestalt oder verschwanden ganz. Der mächtige Bund der Sueben zerfiel in Splittergruppen, während die zu Caesars Zeiten mächtigen Usipeter, Sugambrer und Tenkterer ab dem 3. Jahrhundert zu den Franken verschmolzen. Die Semnonen und Juthbungen wurden im 4. Jahrhundert zu Alemannen. Die germanische Stammesgesellschaft war eine offene und mobile Gesellschaft. Das Mittel dieser Machterweiterung war nach anfänglicher Unterwerfung die Eingliederung aufgrund der Bejahung derselben gesellschaftlichen Werte.«* (Spitra, S. 45)

Spätestens ab dem 4. Jahrhundert n. Chr. kann man die Germanen in vier Großstämme einordnen: die Alemannen, Franken, Goten und Sachsen.

Über die Riten und Mythen der Germanen ist wenig bekannt; der Streit, inwieweit die uns bekannten Mythen der Germanen eine Religion beschreiben oder wie eine solche ausgesehen haben könnte, beschäftigt die Wissenschaft seit Jahren und muss als unentschieden gelten, es bleibt bei der vom Brockhaus konstatierten *»Unfestigkeit der religiösen Vorstellungen«*. Unser Wissen beziehen wir aus verschiedenen Quellen: römischen Texten, überlieferten Zaubersprüchen aus Deutschland und England, kirchlicher Literatur und den vom 9. bis 13. Jahrhundert verfassten nordischen Texten. Viele dieser Quellen entstammen entweder dem nichtskandinavischen Europa und sind somit durch die Sicht des fremden Beobachters gefärbt, der evt. sogar den Germanen feindlich gesonnen war. Da konnte es, wie bei Cäsars Berichten über den Gallischen Krieg bei den Kelten, schon mal zu einer »PR-Aktion« kommen.[2]

Viele Texte, auf die wir uns beziehen, wurden aber erst zu einer Zeit niedergeschrieben, als Skandinavien bereits christianisiert war. Es ist zwar anzunehmen, dass gerade die nordischen Quellen den heidnischen Ursprüngen noch sehr verbunden sind, trotzdem muss man auch hier mit großen Einschränkungen in Bezug auf ihre Treue zu den germanischen Ursprüngen rechnen. Schließlich entstammen Schriften wie die Edda dem Mittelalter, also einer Zeit, in der die Stammes- und Sippenstrukturen, die die Gesellschaft der Germanen ursprünglich geprägt hatten, schon lange im Absterben begriffen waren. Aus der Gesellschaft freier Männer (Sklaven zählten nicht), die sich mehr oder weniger freiwillig einem König unterordneten, wurden festere Gebilde. Der Stammes- und Sippenverband wurde zugunsten größerer Zusammenschlüsse aufgegeben, die Gründung von »Nationalstaaten« stand kurz bevor. Eine solche Veränderung der Gesellschaftsform musste sich auch auf die Religion und die Mythologie auswirken, war möglicherweise mit ein Grund für die Akzeptanz der christlichen Religion in den herrschenden Sippen.

Zudem schildern die Quellen nur einen kurzen Zeitraum. Die germanische Religion war zum Zeitpunkt ihres Untergangs im 11./12. Jahrhundert jedoch schon mehr als zweitausend Jahre alt. Es muss in dieser großen Zeitspanne große Veränderungen gegeben haben. Vielleicht hat die Düsternis der germanischen Mythologie ihre Ursache in den kargen Lebensumständen der Wikinger oder im Niedergang ihrer Religion, vielleicht spiegelt Ragnarök, die Götterdämmerung, auch die Konfrontation mit Römern, Hunnen und später mit dem Christentum wieder. Möglicherweise gab es in der früheren germanischen Mythologie auch Helles, Schönes und Frohes ...

Die Quellen sind also, wie in der Einführung erläutert, keine gesicherte Erkenntnis, sondern Momentaufnahmen, Querschnitte zu einem willkürlichen Zeitpunkt. Außerdem sind sie, wie die gerne zitierten eddischen und skaldischen Lieder oder die Sagas, oft genug auch noch künstlerisch bearbeitet oder verfremdet: künstlerische Produkte, nicht selten mit propagandistischer Absicht, keine wissenschaftlichen Beschreibungen. Bei den beiden Eddas, die den meisten populären Darstellungen nordischer Mythologie als Grundlage dienen, handelt es sich auf jeden Fall nicht um religiöse Dichtung: Alle Versuche, in der »Lieder-Edda« kultische Bräuche nachzuweisen, gelten als missglückt. Der Kultpoesie stehen alle Edda-Gedichte fern: »*Von dem, was den eigentlichen Kern aller Religionen bildet: dem Verhältnis der Götter zu den Menschen, finden wir in den Edda-Liedern nichts ... So ist die Edda alles andere als ein Glaubensbuch*«, konstatiert das RGG (Galling, Eintrag von 1960).

Auch bei der »Prosa-« oder »Snorra-Edda« handelt es sich nicht um eine religiöse Dichtung, sondern eine Mythologie. Snorri wollte den jungen Skalden das für ihre Kunst notwendige Rüstzeug vermitteln. Er selbst war Christ und hatte an den Mythen einerseits ein nationales, andererseits ein wissenschaftliches, auf keinen Fall jedoch ein religiöses Interesse, so dass in dieser Hinsicht mit dem

---

2   »*Julius Cäsar hatte während seiner Tätigkeit als hochrangiger Militär gute Gründe dafür zu sorgen, dass in Rom keiner den Feind unterschätzte. Seine Legionen brauchten Geld und, um den zunehmend länglichen Feldzug in Gallien zu rechtfertigen, auch einen Gegner, der die Menschen in der Heimat das Fürchten lehrte. So stellt die Arte-Dokumentation ›Die Germanen‹ zuerst einmal eine frühe PR-Aktion vor: Die Stämme, zu denen auch die Germanen gehörten, wurden kurzerhand zu einem mächtigen, feindlichen Volk im Norden zusammengefasst und damit zur politisch einsetzbaren ›germanischen Gefahr‹.*« Judith von Sternburg am 21. Juli 2007 in der Frankfurter Rundschau zur ARTE-Dokumentation »Die Germanen« (21. und 28. Juli 2007).

RGG der Schluss zu ziehen ist, dass »*uns auch die Snorra-Edda keinen Einblick in die eigentliche Religion der Nordleute*« erlaubt. Die Voluspá, eine der wichtigsten Quellen zum Ragnarök, der so genannten »Götterdämmerung«, entstammt wahrscheinlich ebenfalls aus einer Zeit, in der das nordische Heidentum durch die Christianisierung verdrängt wurde. Aber selbst wenn man die Situation anders bewerten sollte, bleibt das Problem, dass diese Schriften nur aussagekräftig sind für den Raum und die Zeit, in der sie entstanden, also für Island und Skandinavien zu einer Zeit, in der diese christianisiert waren, dass also alle Mythen entsprechend verändert dargestellt wurden.

In der Schöpfungsgeschichte der Germanen steht am Anfang Ginnungagap, das gähnende, lautlose Nichts. Daraus schafft Allvaters Geist das Sein: im Süden Muspelheim, das Land der Glut und des Feuers, im Norden Niflheim, das Land der Kälte und Finsternis. Funken aus Muspelheim bringen das Eis zum Schmelzen. Der Riese Ymir taut daraus hervor und danach Audhumbla, eine riesige Kuh, von deren Milch er sich nährt. Eines Tages, als Ymir schläft, entwachsen seinen Achselhöhlen zwei Riesenwesen, Mann und Frau, denen die Frost- und Reif-Riesen entstammen. Audhumbla leckt aus dem Eis einen Mann namens Buri, der aus eigener Kraft seinen Sohn Börs erschafft. Aus dessen Ehe mit der Riesin Bestla entstehen die ersten Asen Odin, Wili und We. Diese erschlagen Ymir, und in dessen Blut ertrinken alle Riesen bis auf Bergelmir und dessen Frau, die Ahnen aller späteren Riesen. Aus dem Leib Ymirs schaffen die Asen die Erde: aus dem Blut die Gewässer, aus dem Fleisch die Erde, aus Knochen und Zähnen Berge und Felsen, aus dem Schädel die Wölbung des Himmels, aus seinem Hirn die Wolken, aus den Haaren die Bäume, aus den Augenbrauen den Wall Midgard, eines der neun Reiche der Welt, die Welt der Menschen. Aus Funken aus Muspelheim schaffen die Asen die Sterne. Aus einer Esche hauen die Asen den ersten Menschen, einen Mann, aus einer Ulme dann ein Weib. Odin haucht ihnen Leben und Geist ein, Wili gibt ihnen Verstand und Gefühl und We Gesicht, Gehör und die Sprache. Allvater spielte bei den Germanen in der alltäglichen Religion wohl so wenig eine Rolle wie etwa Tolkiens Ilúvatar bei den Elben.

Ihre Götter wohnen in Asgard, dem heiligen Land der Asen, in zwölf Schlössern. Der höchste Gott, Odin, auch als Wodan oder Wotan bekannt, lebt in Walhall, wo er die glorreich Gefallenen empfängt, die ihm die Walküren zuführen. Als Kriegs- und Totengott reitet er auf seinem achtbeinigem Pferd Sleipnir, begleitet von den zwei Wölfen Geri und Freki (»Gierig« und »Gefräßig«) und den beiden Raben Hugin und Munin (»Gedanke« und »Gedächtnis«). Er ist auch der Gott der Dichtkunst, der Magie und der Heilkunde. Ein Auge hat der graue Wanderer einst als Pfand für Weisheit gegeben, die Runen erfand er, nachdem er sich selbst verwundet und neun Tage und Nächte an die Weltesche gehängt hatte. Er trägt den goldenen Zwergen-Ring Draupnir, der alle neun Nächte acht goldene Ringe abtropfen lässt, und den nie fehlenden und immer zurückkehrenden Speer Gungnir. Der abgetrennte Kopf des Riesen Mimir kann ihm die Zukunft vorhersagen, von seinem Thron aus kann Odin alles sehen, was sich in den neun Welten ereignet. Sein Wunschmantel bringt ihn überall hin.

Odins bekanntester Sohn ist der Donnergott Thor/Donar. Schädliche Stürme und Gewitter, die die Ernte vernichten können, galten den Germanen als das Werk von Riesen. Thor als Gewittergott hingegen brachte den warmen Regen und zerschlug mit seinem Hammer Mjölnir/Mjölnar störende Steine und verwandelte felsigen Boden in fruchtbares Land. Als Gott des Fortschritts und des Wachstums war Thor sehr beliebt. Er war auch der Kraftprotz des germanischen Götterhimmels, der immer wieder seine Stärke unter Beweis stellen musste – sein Hammer, der immer trifft und stets zurückkehrt, wenn er geworfen wurde, ist eine furchtbare Waffe – und mehr als alles andere ein gutes Gelage liebte. Seit 1962 ist ihm eine recht erfolgreiche Comic-Reihe des Marvel-Verlags gewidmet, in der er in unserer Welt alleine wie auch zusammen mit anderen Superhelden (in der Reihe *Die Rächer/The Avengers*) Abenteuer erlebt.

Über den Kriegsgott Tyr/Thyr/Ziu wissen wir wenig, auch wenn er zu den drei Hauptgöttern gehörte. Er war Gott des Krieges, des Rechts und der Thingversammlung und wurde später oft mit Thor oder Odin vermengt. Sein Attribut war das Schwert. Die oberste Göttin ist Odins Gattin Frigga/Frigg oder Freya/Frija, die Beschützerin von Herd und Ehe und somit Hera ähnlich. Beim bäuerlichen Volk waren die Geschwister Freyr und Freyja wohl am beliebtesten, die für Fruchtbarkeit und Gesundheit verantwortlich waren, für Wohlstand, Glück, Sicherheit und Nachkommenschaft. Freyr spendete Licht und Erntesegen, seine Schwester Freyja auch den Liebessegen. Von den vielen anderen Göttinnen, die die Germanen laut der Edda und nordischen Sagas verehrten, wissen wir weder Namen noch Funktion.

Himmel und Erde werden verbunden vom Regenbogen, der Brücke Bifröst, bewacht von Heimdall. Sonnengott ist Baldur, der durch eine List von Odins Bruder Loki, Gott des Feuers, getötet wird. (Später wurde Loki oft mit dem Teufel gleichgesetzt.) Lokis Sprössling, der Fenriswolf, wurde von den Göttern mit Hilfe einer List gefesselt; hierbei verlor Odins Sohn Tyr seine Hand.

Auf dem Grunde des Meeres ruht und die ganze Erde mit ihrem Leib umschlingt die Midgardschlange Jörmungandr/Jormungand, altnordisch Miðgarðsormr; sie ist wie die Herrin des Totenreiches Hel und der Fenriswolf ein Kind von Loki. Dreimal kämpft Thor gegen sie, am Ende der Zeit, bei der »Götterdämmerung«, der Ragnarök, werden sie sich gegenseitig töten. Dann wird der Wolf sich losreißen und gemeinsam mit seiner Schwester, der Midgardschlange, und anderen Verbündeten, z.B. dem Höllenhund Garm, die Götter bekämpfen; er wird Sonne und Mond und sogar Odin verschlingen und anschließend von Widar/Vidar, einem weiteren Sohn Odins getötet werden. Widar, Gott des Waldes, der Rache und des Schweigens, ist einer der wenigen, die die Ragnarök überleben.

In der Mitte von Asgard, am Urdbrunnen, steht Yggdrasil, die immergrüne Weltesche, in deren Wurzeln das Totenreich Hel liegt, in das die nicht im Kampf Gefallenen kommen. Auf ihrer Spitze sitzt der goldene Hahn Vithofnir; sein Krähen wird die Götterdämmerung einleiten. Am Brunnen wohnen die Nornen Urd, Verdandi und Skuld, die die Zukunft kennen und bestimmen. Der meist als Drache beschriebene leichenfressende Nidhöggr (Neiddrache) nagt an der Wurzel von Yggdrasil wie auch viele andere Schlangen, darunter Grafvitnir und dessen Söhne Góinn und Móinn; sie alle leben in/an der Quelle Hvergelmir.

Wie die Vorstellung vom Weltenende war auch die Nachtod-Vorstellung der nordischen Völker martialisch: Die im Kampf Gefallenen, die Einherjer, erlebten in Walhall schöne Tage (ihren Einzug durch das Tor des Regenbogens zeigt der abgebildete Runenstein). Wer den »Strohtod« gestorben war, litt in der Hel; manche von diesen kamen als Wiedergänger zurück. Von moralischer Differenzierung, die sich im Leben nach dem Tode widerspiegelt, gab es wie bei den Griechen keine Spur.

Die nordischen Götter sind, anders als etwa die griechisch-römischen, sterblich. Und anders als in den meisten anderen großen Mythologien gibt es eine Beschreibung des Weltendes, des Weltuntergangs[3] Ragnarök. Dies ist altnordisch und bedeutet »Schicksal der Götter«, die Ragnarök wird ausführlich in der Voluspá beschrieben, der »Schau der Seherin« (Kummer, Nordal). In dem fälschlicherweise oft als »Jüngere Edda« bezeichneten Werk, der »prosaischen«, »Prosa-« oder »Snorra-Edda«, schreibt der Skalde Snorri, der das Werk um 1223 vollendete, von der »ragna rökr«, der »Götterdämmerung« (ein Fehler oder bewusste Interpretation?); dieser Ausdruck hat sich durchgesetzt.

In diesem letzten Krieg der Götter und Riesen geht die ganze Welt unter, die meisten sterben. Zunächst gibt es drei Jahre lang heftige Kämpfe und dann einen ebenso langen Winter. Dann fallen die Sterne vom Himmel, der Fenriswolf reißt sich los, die Midgardschlange kommt auf das Land und überflutet es. Dadurch kann der Riese Muspell sein Totenschiff Naglfar flott machen, das größte Schiff aller Zeiten, komplett hergestellt aus Finger- und Zehennägeln der Toten. Je nach Quelle führt damit der Riese Hrymir oder der verstoßene Ase Loki die Feinde der Götter zum Angriff. Durch das Feuer des Fenriswolfs und das Gift der Midgardschlange entzünden sich Luft und Meer. Der Angriff der Riesen unter Leitung des Feuerriesen Surtr bringt die Brücke Bifröst zum Einsturz. Heimdall weckt mit seinem Hornruf alle Götter, die gemeinsam mit den Einherjer, den im Kampf gefallenen Toten aus Walhall, in die Schlacht ziehen.

Der Hund Garm, der Wächter der Unterwelt, und Tyr erschlagen sich gegenseitig, ebenso Loki und Heimdall. Thor tötet die Midgardschlange, stirbt aber an ihrem Gift. Der Fenriswolf verschlingt Odin und wird danach von Widar getötet. Surtr erschlägt Freyr und wirft Feuer über die ganze Welt; es kommt zum Weltenbrand. Durch das neu entstehende Gleichgewicht kann der Allvater eine neue Welt schaffen. Alle versammeln und einigen sich auf neue, »ewige« Regeln. Als letzter stirbt Nidhöggr, der Leichenfresser. Die der Voluspá zufolge entstehende neue Welt wird vom aus der Hel zurück gekehrten Baldur und dessen blindem Bruder Hödür beherrscht; ein neues Goldenes Zeitalter für Götter und Menschen beginnt.

In den Eddas wimmelt es von Riesen, Zwergen, Alben und Trollen; noch mehr als die Sagas sind die Eddas wesentliche Quellen vieler Fantasy-Geschichten, so bei Poul Anderson und bei Tolkien. Auch im Alltag werden wir andauernd mit der nordischen Götterwelt konfrontiert. Die sieben Wochentage stammen, wie erwähnt, von den Babyloniern; über die Römer gelangten sie zu den Germanen und wurden von diesen nach deren eigenen Göttern benannt: der Dienstag nach Tyr/Ziu (Tuesday), der Donnerstag nach Donar/Thor (Thursday) der Freitag nach Frija (Friday). Wodan (Odin) verbirgt sich im Niederländischen Woensdag und im Englischen Wednesday.

In den letzten Jahrzehnten wird aus der nordischen Mythologie zunehmend (wieder?) eine Religion; immer mehr Menschen bekennen sich zu einer der verschiedenen Formen der Verehrung alter Gottheiten. Dabei gehen die Bezeichnungen wild durcheinander. Da wird von Neuheidentum und Neopaganismus gesprochen, manchmal auch von Wotanismus und von Druidentum. Da es kaum möglich ist, sich auf echte Quellen zu beziehen, ist das meiste (Neu-)Erfindung oder Interpretation. Das neue keltische Heidentum kommt als Religion und Kult daher wie auch als Weltanschauung und ist meist in Ordensgemeinschaften organisiert. Auf germanische Wurzeln beruft sich die Asatru, was »den Asen treu« oder »auf die Götter vertrauend« bedeuten soll. 1972 begründete Sveinbjörn Bein-

---

3   Die Offenbarung des Johannes eignet sich nicht als Gegenbeispiel; sie ist kein Mythos, sondern das religiöse Werk eines einzelnen Autors.

teinsson (1924–1993) die »Asatrufelagid«, die in Island seit 1973 offiziell als Religionsgemeinschaft anerkannt ist und inzwischen weltweit viele Ableger hat. Da aus den dargelegten Gründen auch bei den nordischen Mythen keine genaue Rekonstruktion des Pantheon möglich ist, wird meist eine an wissenschaftlichen Quellen orientierte spirituelle Rückbindung versucht und ist Asatru häufig mehr eine Naturphilosophie mit germanischem Hintergrund als eine Religion im strengen Sinne.

Diese Entwicklung und die allgemeine Rückbesinnung auf angebliche »eigene Wurzeln« mag mit dafür verantwortlich sein, dass in den letzten Jahrzehnten in der phantastischen Literatur mehr Bezüge zu keltischen und nordischen Mythen auftauchen als zu den klassischen griechisch-römischen.

Hinduismus und Buddhismus

Motive aus dem hinduistisch-buddhistischen Mythenkreis tauchen in den letzten Jahrzehnten immer häufiger in der phantastischen Literatur auf; besonders geschickt verarbeitet hat sie Roger Zelazny.

Der Hinduismus ist keine einheitliche Religion, sondern teilt sich auf in viele verschiedene Zweige. Der Name ist eine von den Europäern eingeführte Sammelbezeichnung für verschiedene polytheistische Religionen Indiens und kommt vom Namen des Indus-Stromes. Man schätzt, dass sich etwa 13 % der Weltbevölkerung zum Hinduismus bekennen, in Deutschland rechnet man mit knapp 100.000 Gläubigen (Hempelmann, S. 267).

Aufgrund der großen Unterschiede im hinduistischen Glauben – man kann eigentlich von drei verschiedenen Religionen sprechen mit vielen Varianten – gibt es zu vielen Glaubensinhalten keine einheitliche Haltung, auch keinen einheitlichen Götterhimmel. Einige Praktiken sind bei fast allen Hindus üblich: die Hochachtung vor den Priestern, die Verehrung der heiligen Kühe, das Verbot, Fleisch zu essen und das Kastensystem, das jeder Person ihren gesellschaftlichen wie religiösen Platz zuweist. Ein einheitliches Lehrgebäude gibt es im Hinduismus nicht; die wichtigsten heiligen Schriften sind die vier Veden (zwischen 1300 und 900 v. Chr.), die Brahmanas und die um 600 v. Chr. entstandenen *Upanishaden*, die zusammen den »Offenbarungskanon« Shruti bilden, sowie die zahlreichen Smriti-Schriften (das »Erinnerte«) wie die Sanskrit-Epen *Mahabharata* und *Ramayana* und die *Puranas*.

Das Universum sehen die Hindus als kosmisches »Ur-Ei«, als große, geschlossene Sphäre, die zahlreiche konzentrische Himmel, Höllen, Meere und Erdteile enthält und in deren Mittelpunkt sich Indien befindet. In manchen Vorstellungen schwimmt das Ei im »Ur-Ozean«, dem Milchmeer. In diesem ruht Vishnu mit seiner Gattin Lakshmi, getragen von dem tausendköpfigen Drachen (oder der Schlange) Ananta, männliche Verkörperung aller kosmischen Energien, wie auf der indischen Miniatur von etwa 1760 dargestellt. Ananta war übrig geblieben, nachdem Himmel, Erde und Unterwelt aus dem Urozean entstanden waren. Am Ende jedes Zeitalters wird er giftiges Feuer spucken und die Schöpfung durch Feuer und Flut vernichten. Ein neuer Zyklus beginnt, und zwar stets wieder mit einem goldenen Zeitalter; von da an werden die Verhältnisse bis zur neuerlichen Vernichtung immer schlechter.

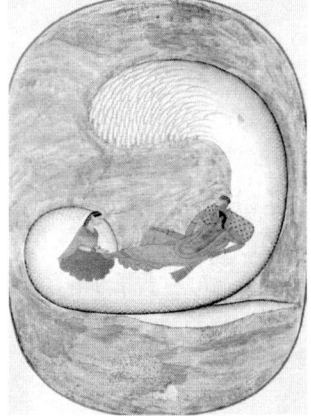

Die Seelen sind dem Samsara unterworfen, einer endlosen Kette von Leben und Wiedergeburten (Seelenwanderung). Je nach den guten oder bösen Taten, dem Karma, wird man als Mensch, Tier, Pflanze oder Mineral wieder geboren. Buße, Rituale und Askese können zur Erlösung aus dem ewigen Kreislauf führen, zur Moksha. Zwei Wege kann ein Hindu gehen: Er kann nach weltlicher Belohnung streben – Gesundheit, Wohlstand, Nachkommen und einer vorteilhaften Wiedergeburt – oder danach, aus dem Samsara erlöst zu werden. Den ersten Weg predigen der Tempelhinduismus und die Brahmanen, den zweiten die Entsagungskulte, die Sanyasi. Nach deren in den Upanishaden niedergelegten Philosophie genügt es, die Einheit der individuellen Seele, des Atman, mit der universellen Weltseele Brahman zu erkennen, um von einer Wiedergeburt erlöst zu sein. Zwischen beiden Wegen gibt es zahlreiche Mischformen, wie etwa der dritte im Bhagavadgita beschriebene Pfad der religiösen Vervollkommnung, der der leidenschaftlichen Hingabe an Gott. Dieser eine allumgreifende Gott wird auch Nirguna genannt, »ohne Eigenschaften«, aus ihm entstanden und ihm untergeordnet sind alle individuellen Hindugottheiten, die Saguna (»mit Eigenschaften«).

Von diesen verehren die meisten Hindus jeweils eine einzige Gottheit, am häufigsten Shiva, Vishnu und die Göttin Devi, seltener Brahma, Lakshmi oder Kali.

Shiva ist der Gott der Askese wie der Ekstase und gilt seinen Anhängern als allgewaltiger Herrscher der Welt. Shiva heißt »der Gnädige«, obwohl er oft auch »Zerstörer« genannt wird, andere seiner Namens sind Rudra (der Heulende), Mahadeva (der große Gott), Nataraja (Herr des Tanzes), Bharaiva (der Schreckliche) und Sundareshvara (der schöne Herr). Sein Lingam (Penis) ist das zentrale Heiligtum aller Shivatempel. Er erscheint auf Erden als Mensch, Tier oder Pflanze, dargestellt wird er oft reitend auf einem Zebu oder meditierend auf einem Tigerfell, mit einem dritten Auge auf seiner Stirn, manchmal fließt aus seinen Haaren der Ganges. Nach manchen Vorstellungen haust er mit seiner

Gattin Parvati (Kali) auf einem Berggipfel.

Vishnu, der Sonnengott, »der Alldurchdringende«, der Schöpfer des Universums, trennte einst den Himmel von der Erde und rettet regelmäßig die Welt. Er ist verheiratet mit der Glücksgöttin Lakshmi und der Erdgöttin Bhudevi und wird in zahlreichen Inkarnationen verehrt, u. a. als Fisch, Schildkröte, Eber, Zwerg, Rama, Buddha, Kalki und Krishna. Sein Reittier ist der links abgebildete halb mensch-, halb adlergestaltige Vogelgott Garuda, genannt der »Schlangen-Töter« oder »Naga-Vernichter/-Verzehrer«, Erzfeind aller Schlangen.

Lakshmi oder Shri, Hauptgattin von Vishnu, die sanfte Göttin des Glücks und der Fruchtbarkeit, soll vor Beginn der Schöpfung auf dem »Ur-Ozean«, dem Milchmeer, auf einer Lotosblüte getrieben sein; sie wird daher auch Padma (Lotos) genannt.

Als einer der drei Hauptgötter gilt Brahma, der allerdings kaum noch verehrt wird. Er hat sich zunächst selbst erschaffen und danach als Vatergott Prayapati das kosmische Ei. Nach anderen Vorstellungen wurde er geboren aus einer Lotosblume, die dem Nabel des Vishnu entsprang. Ihm entspricht als weibliche Kraft die Urgöttin Devi/Mahadevi (»Große Göttin«); manche sehen in allen anderen Göttinnen nur deren Inkarnationen. Sie tritt auch auf als Parvati, die Gattin Shivas, oder als Kali. Ohne sie, die Kraft, die aus dem Chaos Formen schafft, wären alle anderen Gottheiten nichts.

Kali (die Schwarze, die Dunkle) ist die indische (hinduistische wie auch buddhistische) Göttin des Todes, der Zeit und der Zerstörung, auch Durga (die Unergründliche) genannt. Der Name kommt vielleicht aus dem Sanskrit (weibliche Form von kala, Zeit). Sie ist eine Inkarnation der einen Muttergöttin Devi/Mahadevi, in anderen Inkarnationen auch Parvati (Göttin der Sexualität und Mütterlichkeit) oder Gauri (die goldene Himmelsjungfrau), und wird noch mit zahlreichen anderen Namen versehen. Nach ihr ist Kalkutta benannt (anglisiert aus Kali-Ghatt, Stufen der Kali). Kali wurde richtig bedeutsam erst seit dem 7. Jahrhundert mit dem Aufstieg des Tantrismus, einer religiösen Tradition sowohl des Hinduismus wie auch des Buddhismus. Ein eigener Kult umgibt die Partnerin Shivas seit dem 18. Jahrhundert. Kali hat langes, wirres Haar, ist mit Leichenteilen umgürtet, hat in der einen Hand ein blutiges Schwert und in der anderen einen abgeschlagenen Kopf. Ihre Zunge hängt zwischen verlängerten Eckzähnen hervor, ein Attribut, das sie wie die Tatsache, dass sie die von ihr Getöteten nicht nur zerstückelt, sondern (wie viele Kriegsgöttinnen) auch ihr Blut trinkt, in die Nähe der Vampire rückt. Ihr kann niemand widerstehen, selbst ihr Gemahl Shiva nicht, auf dessen Leichnam sie in manchen Darstellungen hockt, während sie seine Eingeweide verzehrt und mit ihm sexuell verkehrt.

In der Tradition des Tantrismus, der, wenn eine Göttin im Mittelpunkt steht, auch als Shaktismus bezeichnet wird (Shakti ist die schöpferische weibliche Macht), steht Kali für den weiblichen, den aktiven Pol, die naturhafte Unberechenbarkeit, der Schönes und Hässliches gleich viel gilt und die Leben nimmt, aber auch gibt. Daher gilt sie auch als Göttin der Freiheit, der Zuwendung und mütterlichen Liebe, als Lebensspenderin und »Schatzhaus des Mitleids«. In einigen Formen des Shaktismus wird sie als Urgrund, als die einzige Göttin und Ursprung aller anderen Götter gesehen. Der Shaktismus ist besonders in Kashmir und Bengalen verbreitet, wo Kali heute noch Ziegen geopfert werden, denn Blutopfer gehören zu ihrer Verehrung seit alters her. In Kalis Namen wurde auch viel menschliches Blut vergossen; die »Mördersekte« der Thags ermordete noch bis ins 20. Jahrhundert Reisende und brachte Kali Menschenopfer dar.

Darüber hinaus werden im Hinduismus noch zahlreiche kleinere lokale Gottheiten angebetet.

Bei den bei Hindus üblichen Leichenverbrennungen wird wenn möglich die Asche in den Ganges gestreut, der als heiliger Fluss gilt. Üblich sind jährliche Opferrituale für die Verstorbenen; den Pinda, eine Reiskugel mit Sesamkernen, opfert der älteste Sohn, damit der Geist des Vaters aus der Vorhölle des Limbus entlassen wird und wiedergeboren werden kann. Nach einigen Lehren gibt es außerdem bis zu 21 Höllen, in denen Sünder zunächst verweilen und so lange von Dämonen gepeinigt werden, bis ihre Sünden gesühnt sind und sie auf der Erde wiedergeboren werden können. Geister und dämonische Wesen spielen überhaupt im Hinduismus eine wichtige Rolle, es soll zahlreiche solcher bösen Wesen geben, die den Menschen Schaden zufügen und die Götter bekämpfen.

Der Buddhismus, begründet um 500 v. Chr. in Nordindien durch Siddharta Gautama (Buddha, das heißt »der Erwachte« oder »der Erleuchtete«) als Abspaltung vom Hinduismus, hat sich in den letzten Jahren immer weiter ausgebreitet. Er gliedert sich heute infolge der Spaltung seiner Anhängerschaft in zwei Hauptrichtungen: den Theravada-Buddhismus, die Lehre der Alten, und den Mahayana-Buddhismus, das »große Fahrzeug«, wobei der Theravada-Buddhismus von den Anhängern des Mahayana auch geringschätzig als Hinayana-Buddhismus oder »kleines Fahrzeug« bezeichnet wird. Derzeit sind etwa 6 % der Weltbevölkerung Buddhistinnen oder Buddhisten, in Deutschland gibt es ungefähr 250.000 (Hempelmann, S. 267). Besonders der tibetanische Buddhismus mit dem XIV. Dalai Lama (Tenzin Gyatso, geb. 1935, Friedensnobelpreis 1989) hat viel zu diesem Aufschwung beigetragen und bedient im Westen wohl aufs Beste die Suche nach Sinn und Spiritualität; er kommt außerdem dadurch, dass er keine klare theistische (Gottes-)Vorstellung hat, vielen Menschen entgegen. Gerade diese Richtung des Buddhismus ist aber auch nicht unumstritten und wird als »*atavistischer, fundamentalistischer und faschistischer Kulturentwurf*« (Trimondi) angegriffen, u. a. wegen der immanenten Frauenfeindlichkeit.

Der Buddhismus kennt wie der Hinduismus die Seelenwanderung; Ziel der Erlösung ist hier das Nirvana, das dem Himmel, den der Buddhismus nicht kennt, am nächsten kommt. Höllen hingegen hat der Buddhismus jede Menge: von 2 mal 9 bis zu 136, die je nach Strafart heiß oder kalt sind. Nach orthodoxer buddhistischen Lehre sind sie einer der drei Bereiche, in denen die Menschen mit schlechtem Karma wiedergeboren werden. Die anderen beiden sind die Regionen der hungrigen Geister und der andauernd Krieg führenden Dämonen. Ihre Qualen dienen dazu, die Seelen der Sünder zu reinigen, so dass sie auf höherer Ebene wiedergeboren werden können. In ostasiatischen Traditionen gibt es auch einen König oder mehrere Könige der Hölle, die über die Toten richten und sie zu angemessenen Strafen verurteilen.

Shintoismus

Das japanische shinto bedeutet »Weg der Götter«. Die nationale Religion der Japaner ist die einzige »lebende« Groß Religion, deren Obergottheit – Amaterasu – weiblich ist. Es ist eine polytheistische Religion mit einer Vielzahl von Göttern, Göttinnen und Geistern (Kami), der shintoistische Kult besteht in erster Linie in deren Verehrung und Besänftigung. Er stammt aus vorgeschichtlicher Zeit und erhielt seinen Namen im 6. Jahrhundert, um ihn von den aus China und Korea eindringenden Religionen wie Buddhismus oder Taoismus zu unterscheiden. Ab dem 8. Jahrhundert wurden Buddhismus und Shintoismus verwoben, im 13. Jahrhundert wurde die nationale Tradition neu belebt. Bis heute dient die Abstammung der Japaner von der Sonne Amaterasu der Kaiserfamilie als Legitimation, auch wenn der Shintoismus seit 1945 nicht mehr Staatsreligion ist.

Amaterasu, »die am Himmel Leuchtende« (mit vollem Namen Amaterasu-ō-mi-kami, die am Himmel Leuchtende große erhabene Gottheit) personifiziert die Sonne und das Licht. Es gibt zahlreiche Mythen über sie; nach dem zentralen Mythos überwarf sie sich mit ihrem Bruder Susanoo no Mikoto, dem Sturmgott, und verbarg sich aus Zorn in einer Höhle. Finsternis und Chaos herrschten, und alle 8 Millionen Göttinnen und Götter waren verzweifelt. Der Göttin der Lustbarkeit gelang es, sie mit einem Tanz hervorzulocken, und als man ihr einen Spiegel vorhielt, in dem sie sich zum ersten Mal selber sah, war sie versöhnt und erhellte wieder die Erde. Sie schickte ihren Enkel Ninigi aus, um Japan den Frieden zu bringen, und gab ihm die Hauptembleme des Shintoismus und japanischen Kroninsignien mit: die Halskette Yasakani no Magatama, den Spiegel Yata no kagami und das Schwert Kusanagi. Ninigi ist der Legende nach der Großvater des Kaisers Jimmu und damit Ahnherr aller Kaiser Japans. In zahlreichen Schreinen, versehen mit einem heiligen Spiegel, wird Amaterasu heute noch verehrt.

Anhang II: Literaturverzeichnis

Diese Liste ist als Einstieg gedacht, ich habe mich daher bis auf wenige Ausnahmen auf wichtige deutschsprachige Werke beschränkt. Viele der hier angegebenen Sachbücher haben selbst umfangreiche Bibliographien. Ich habe die mir jeweils zur Verfügung stehenden Auflagen angegeben (und auf die Angabe der Auflagennummer verzichtet). Dies bedeutet weder, dass dies jeweils die neueste Auflage ist, noch, dass diese Werke lieferbar sind.

In Deutschland lieferbare Werke findet man am schnellsten im Verzeichnis Lieferbarer Bücher (VLB) unter www.buchhandel.de, alle in Deutschland seit 1945 erschienenen Bücher samt Angabe von Verlag, Erscheinungsort und -jahr bei der Deutschen Nationalbibliothek (www.d-nb.de) unter http://dispatch.opac.d-nb.de/DB=4.1/HTML=Y/. Zahlreiche mittelalterliche und antike Schriften findet man im Internet digitalisiert unter http://handschriften-digital.uni-hd.de/, http://mdz1.bib-bvb.de/~mdz/ und http://www.hab.de/bibliothek/wdb/, eine Liste aller in Deutschland digitalisierten Inkunabeln (frühe Druckschriften) im Inkunabelkatalog deutscher Bibliotheken (INKA) unter http://www.inka.uni-tuebingen.de/. Für Bibelzitate habe ich die Einheitsübersetzung verwendet, man findet diese wie andere deutsche und anderssprachige Übersetzungen unter www.bibleserver.com.

Primärliteratur (zitiert oder erwähnt)

Ackermann, Erich (Hg.): *Die Märchen der Antike* – Köln 2007
ders. (Hg.): *Die sieben Schwäne. Märchen aus dem Mittelalter* – Frankfurt a. M. 1986
ders. (Hg.): *Märchen und Geschichten aus Urgroßmutters Schatztruhe* – Frankfurt a. M. 1992
ders. (Hg.): *Gruselmärchen* – Frankfurt a. M. 1996
ders. (Hg.): *Märchen von Riesen* – Frankfurt a. M. 1993
ders. (Hg.): *Märchen von Zwergen* – Frankfurt a. M. 1995
ders. (Hg.): *Märchen aus Frankreich* – Frankfurt a. M. 2000
ders. (Hg.): *Märchen aus Skandinavien* – Frankfurt a. M. 1996
ders. (Hg.): *Märchen und Geschichten zur Winterzeit* – Frankfurt a. M. 1992
Adams, Richard: *Unten am Fluss* – Weinheim 2006
ders.: *Die Hunde des schwarzen Todes* – Frankfurt a. M. 1994
ders.: *Der eiserne Wolf. Phantastische Märchen* – Köln 1983
Aichele, W. A., und M.: *Zigeunermärchen* – München 1962
Aitken, Hannah und Ruth Michaelis-Jena: *Märchen aus Schottland* – Reinbek bei Hamburg 1993
Alexander, Lloyd: *Die Chroniken von Prydain (Taran und das Zauberschwein/Das Buch der Drei – Taran und der Zauberkessel/Der schwarze Kessel – Taran und die Zauberkatze/Die Prinzessin von Llyr – Taran und der Zauberspiegel/Der Spiegel von Llunet – Taran und das Zauberschwert/Der Fürst des Todes)* – Rheda-Wiedenbrück 2006
Andersen, Hans Christian: *Andersens Märchen* – Bonn 2005
ders.: *Sämtliche Märchen. In 2 Bänden* – Düsseldorf 2005
Anderson, Poul: *Die Tänzerin von Atlantis* – München 1974
ders.: *Das geborstene Schwert* – Bergisch Gladbach 1979
ders.: *Kinder des Wassermanns* – Rastatt 1981
ders.: *Das Tor der fliegenden Messer* – München 1986
ders.: *Das Schwert des Nordens* – Bergisch Gladbach 1987
ders.: »Verteile und herrsche« – In: *Dominic Landry. Krieger aus dem Nirgendwo* – Bergisch Gladbach 1987
Apollinaire, Guillaume: *Der verwesende Zauberer* – Berlin 1991
ders.: *Alkohol. Gedichte. franz.-deutsch* – Darmstadt 1980

Asimov, Isaac (Hg.): *Zauberwelt der Fantasy. Die schönsten Geschichten* – Bergisch Gladbach 1987
ders. (Hg.): *Märchenwelt der Fantasy. Die schönsten Geschichten* – Bergisch Gladbach 1987
ders. (Hg.): *Sagenwelt der Fantasy. Die schönsten Geschichten* – Bergisch Gladbach 1987
ders. (Hg.): *Isaac Asimov's Science-fiction-Magazin (1 bis 47)* – München 1979–1996
Asimov, Isaac und Alice Laurance (Hg.): *Spekulationen. Science Fiction Erzählungen* – München 1986
Asimov, Isaac, Kathleen Moloney und Shawna McCarthy (Hg.): *Die Wunder der Welt. Science Fiction und Fantasy Erzählungen* – München 1982
Asimov, Isaac, Martin Greenberg und Charles G. Waugh (Hg.): *Der letzte Mensch auf Erden. Die besten Erzählungen zu diesem Thema* – München 1984
dies. (Hg.): *Science Fiction Erzählungen des 19. Jahrhunderts* – München 1985
dies. (Hg.): *Fantasy Erzählungen des 19. Jahrhunderts* – München 1985
dies. (Hg.): *Drachenwelten. Die besten Drachengeschichten* – München 1985
Asimov, Isaac: *Issac Asimov's Zauberland* – Bergisch Gladbach 1997
Asprin, Robert: *Dämonenwelten-Serie (Ein Dämon zuviel und bisher weitere 14 Romane)* – Bergisch Gladbach 1979–2007

B

Baar, Adrian: *Erzählungen eines indischen Vampirs, nach der klass. altind. Textsamml. »Baital Pachisi«* – Frankfurt a. M. 1977
Baldus, Herbert (Hg.): *Die Jaguarzwillinge: Mythen und Heilbringergeschichten, Ursprungssagen und Märchen brasilianischer Indianer* – Eisenach/Kassel 1958
Barker, Clive: *Die Bücher des Blutes* I – VI. 2 Bd. – Erftstadt 2005
Bartos, Tibor: *Zigeunermärchen aus Ungarn* – Frankfurt a. M. 1976

Bassewitz, Gerdt von: *Peterchens Mondfahrt* – München 2007
Bauer, Stefan (Hg.): *Das Vermächtnis des Rings. Neue Geschichten J. R. R. Tolkien zu Ehren* – Bergisch Gladbach 2001
Beagle, Peter Soyer: *Das letzte Einhorn* – Stuttgart 1975
ders.: *Die Sonate des Einhorns* – München 1997
ders.: *Das indische Nashorn* – Stuttgart 1997
Bechstein, Ludwig: *Sämtliche Märchen* – Düsseldorf 2003
Beckett, Samuel: *Dante und der Hummer. Gesammelte Prosa* – Frankfurt a. M. 2000
Bengtsson, Frans G.: *Die Abenteuer des Röde Orm* – München 1997
Beowulf nach der Übersetzung von Petersen von 1901 mit einem Essay von John Ronald Reuel Tolkien von 1937 – Stuttgart 2001
Beowulf und das Finnsburg Bruchstück. Übertragen von Felix Genzmer – Stuttgart 1953
Beowulf. Band 1: Text. Band 2: Kommentar. Band 3: Glossar – Paderborn 1961/63
Beowulf. Ein altenglisches Heldenepos. Übertragen und herausgegeben von Martin Lehnert – Leipzig 1986
Bergengruen, Werner: *Der Basilisk und andere Spuknovellen* – Frankfurt a. M. 1998
Berger, Renate: *Maui überlistet den Feuergott. Mythen, Gesänge und Berichte der Maori* – Kassel 1978
Birkhan, Helmut (Hg.): *Keltische Erzählungen vom König Arthur* (Anthologie mehrerer inselkeltischer Werke) – Kettwig 1989
Borcherding, Gisela (Hg.): *Granatapfel und Flügelpferd. Märchen aus Afghanistan* – Kassel 1975
Brackert, Helmut: *Das große deutsche Marchenbuch* – Düsseldorf 2002
ders.: *Das Nibelungenlied* (2 Bände) – Frankfurt a. M. 2004/05
Bradley, Marion Zimmer: *Die Nebel von Avalon* – Frankfurt a. M. 1983
dies.: *Das Licht von Atlantis* – Bergisch Gladbach 1984
dies.: *Die Feuer von Troia* – Frankfurt a. M. 1988
dies.: *Darkover-Serie* (ca. 30 Bücher, 55 deutsche Ausgaben) – Rastatt, München, Gütersloh und Augsburg 1978 – 2002
Bradshaw, Gillian: *Die Artus-Trilogie (Der Falke des Lichts – Das Königreich des Sommers – Die Krone von Camelot)* – Düsseldorf 1984; München 1998
Brendel, Renate (Hg.): *Keltische Sagen aus dem alten Irland* – Wiesbaden 1985
dies.: *Keltische Sagen* – Frankfurt a. M. 1991
Buber, Martin (Hg.): *Die vier Zweige des Mabinogi: Ein keltisches Sagenbuch* – Frankfurt a. M. 1966
Bürger, Gottlieb August: *Wunderbare Reisen zu Wasser und Lande, Feldzüge und lustige Abenteuer des Freiherrn von Münchhausen* – Ditzingen 1986
auch als: *Die Abenteuer des Freiherrn von Münchhausen; modernisiert von Roland F. Lukner* – Föritz 2006
Byhan, Else (Hg.): *Wunderbaum und goldener Vogel. Slowenische Volksmärchen* – Eisenach/Kassel 1958

C

Card, Orson Scott: *Der Spender-Planet* – Bergisch Gladbach 1980
Carr, Terry und Martin Harry Greenberg (Hg.): *Traumreich der Magie. Höhepunkte der modernen Fantasy* – München 1985
Carroll, Lewis (d. i. Charles Lutwidge Dodgson):
Alices Abenteuer im Wunderland (1865) – Dietzingen 1999
ders.: *Durch den Spiegel und was Alice dort fand* (1871) – Ditzingen 2000

ders.: *Alice's Adventures in Wonderland and Through the Looking Glass* – Berlin 2007
Chambers, Edmund K.: *Arthur of Britain* (Anthologie von Auszügen aus mittelalterlichen Artus-Bearbeitungen) – London 1966
Chamisso, Adelbert von: *Peter Schlemihls wundersame Geschichte* – München 1999, Frankfurt a. M. 2003
Chant, Joy: *Roter Mond und Schwarzer Berg* – Stuttgart 2001
Charnas, Suzy McKee: *Der Vampir-Baldachin* – München 1984
Chrétien De Troyes (bzw. Schöpfung seiner Nachfolger, die das begonnene Werk vollendeten): *Erec und Enide.* Übersetzt von Albert Gier, zweisprachig – Stuttgart 1987
ders.: *Perceval oder die Geschichte vom Gral.* Übersetzt von Konrad Sandkühler – Stuttgart 1990
ders.: *Der Gralskönig.* Übersetzt von Konrad Sandkühler – Stuttgart 1983
ders.: *Gauwain sucht den Gral.* Übersetzt von Konrad Sandkühler – Stuttgart 1986
Clarke, Arthur C.: *2001: Odyssee im Weltraum. Der Roman zum Film und die dem Roman zugrundeliegende Kurzgeschichte »Der Wächter«* – München 2001
Cline, Leonard: *Die dunkle Kammer* – Leipzig 2001
Codex Manesse: Die große Heidelberger Liederhandschrift – herausgegeben von Friedrich Pfaff 1899-1909, für die zweite Ausgabe bearbeitet von Helmut Salowsky – Heidelberg 1995 auch: WWW-Projekt der Universitätsbibliothek Heidelberg [URL: http://digi.ub.uni-heidelberg.de/cpg848]
Colfer, Eoin: *Artemis Fowl-Reihe* (bisher 5 Bände von 6 Bänden: *Artemis Fowl. Die Verschwörung – Der Geheimcode – Die Rache – Die Akte – Die verlorene Kolonie*) – Berlin 2001 – 2007
Crowley, John: *Geschöpfe* – München 1980
Curtis, Vesta Sarkhosh: *Persische Mythen* Ditzingen 1994
Cyrano de Bergerac (Hercules Savinien de Cyrano): *Mondstaaten und Sonnenreiche* – München 1986
auch als: *Reise zum Mond und zur Sonne. Zwei kurze Romane* – Frankfurt a. M. 2005

D

Dahn, Felix und Therese: *Germanische Götter- und Heldensagen.* nach der Erstausgabe von 1885 – Wiesbaden 2004
Das Nibelungenlied. Übertragen, eingeleitet und erläutert von Felix Genzmer – Stuttgart 1965
Das Nibelungenlied (2 Bände). Übertragen von Helmut Brackert – Frankfurt a. M. 1970
Das Waltharilied und die Waldere-Bruchstücke. Übertragen, eingeleitet und erläutert von Felix Genzmer – Stuttgart 1982
De Maupassant, Guy: *Der Horla. Phantastische Geschichten* – Bergisch Gladbach 1994
Delaney, Samuel R.: *Geschichten aus Nimmerya* – Bergisch Gladbach 1981
ders.: *Das Land Nimmerya* – Bergisch Gladbach 1986
ders.: *Flucht aus Nimmerya* – Bergisch Gladbach 1988
Deutscher Minnesang 1150 – 1300. Einführg. u. Auswahl Friedrich Neumann. Übertragung Kurt Erich Meurer – Stuttgart 1978
Dick, Philip K.: *Minority report. Stories* – München 2002
ders.: *Das Orakel vom Berge* – München 2000
ders.: *Ubik* – München 2003
ders.: *Eine andere Welt* – München 2004
ders.: *Simulacra* – München 2005
ders. mit Roger Zelazny: *Der Gott des Zorns (Deus Irae)* – Bergisch Gladbach 1979

Dickson, Gordon R.: *Drachenritter-Saga* (*Die Nacht der Drachen – Der Drachen-Ritter – Der Drache an der Grenze – Der Drache im Krieg – Der Drache, der Graf und der Troll – Der Drache und der Dschinn – Der Drache und der Wurzelkönig – Der Drache und der Trollkönig*) – München 1908–1999
Die Edda – 1. Band: Heldendichtung. 2. Band: Götterdichtung und Spruchdichtung. Übertragen von Felix Genzmer – Jena 1934 (1912/1920) – Kreuzlingen/München 2006
Die Edda: Göttersagen, Heldensagen und Spruchweisheiten der Germanen. Übertragen von Karl Simrock – Berlin 1987
Die Edda. Götterlieder, Heldenlieder und Spruchweisheiten der Germanen. Herausgegeben von Manfred Stange – Augsburg 1995
Die Geschichte Thidreks von Bern. Übertragen von Fine Erichsen – Jena 1924
Die Geschichte vom Skalden Egil. Übertragen von Felix Niedner – Jena 1923
Die Geschichte vom weisen Njal. Übertragen von Andreas Heusler – Jena 1914
Die Geschichte von dem starken Grettir dem Geächteten. Übertragen von Paul Herrmann – Jena 1922
Die Geschichte von den Leuten aus dem Lachswassertal. Übertragen von Rudolf Meißner – Jena 1923
Die Götterlieder der älteren Edda. Übersetzt von Karl Simrock, bearbeitet und eingeleitet von Hans Kuhn – Stuttgart 1960
Die jüngere Edda. Übertragen von Gustav Neckel und Felix Niedner – Jena 1925
Die Nibelungen. In der Wiedergabe von Franz Keim – Frankfurt a. M. 1995
Die Saga von Gisli Sursson. Übertragen und erläutert von F. B. Seewald, Stuttgart 1992
Diederichs, Ulf (Hg.): *Germanische Götterlehre. Textauswahl der Lieder und der Snorra-Edda, mit mythologischem Wörterbuch* – Düsseldorf 1983
ders. (Hg.): *Thule. Isländische Sagas.* 4 Bände – Düsseldorf 1982/1993
ders. (Hg.): Die Helden von Thule. Isländische Sagas – München 1996
ders. (Hg.): *Der Märchenpalast* (3 Bände) – Augsburg 2002
ders. (Hg.): *Unter dem Märchenmond. Lieblingsmärchen aus aller Welt* – München 1996
ders. (Hg.): *Die schönsten Märchen vom Mond* – München 1998
ders. (Hg.): *Französische Märchen in zwei Bänden* – Düsseldorf 1989
ders. (Hg.): *Märchen aus Frankreich* – München 1989
Das Feuerpferd. Märchen aus der südlichen Sowjetunion – Düsseldorf 1982
ders. (Hg.): *Russische Volksmärchen* – München 2003
ders. (Hg.): *Indische Märchen und Götterlegenden* – München 2006
ders. (Hg.): *Schwarze Sonne Afrika. Mythen, Märchen und Magie* – Düsseldorf 1983
Donaldson, Stephen R.: *Die Chroniken von Thomas Covenant dem Zweifler* (1. Trilogie: *Lord Fouls Fluch/Der Fluch des Verächters – Die Macht des Steins/Der siebte Kreis des Wissens – Die letzte Walstatt*; 2006 einbändig als *Die Macht des Rings* – 2. Trilogie: *Das verwundete Land – Der einsame Baum – Der Bann des weißen Goldes/Der Ring der Kraft*; 2006 einbändig als *Der Bogen der Zeit* – 1. Band der abschließenden Tetralogie [bis 2013]: *Die Runen der Erde*, 2006) – München 1981–2006
ders.: *Tochter der Könige* – München 1985
ders.: *Der Spiegel ihrer Träume. Mordants Not 1* – München 1988/2000; *Einer reitet durch. Mordants Not 2* (2002 als *Die Magier von Mordant)* – München 1989/2002

Dorst, Tankred: *Merlin oder das wüste Land* – München 1981
Dostojewski, Fjodor Michailowitsch: *Der Doppelgänger. Ein Petersburger Poem* (»Dvojnik«) – Ditzingen 1987; München 1999; Frankfurt a. M. 2003
Doyle, Arthur Connan: *Die Vergessene Welt* – München 1977
Dschey Ar Tollkühn: *Der Herr der Augenringe. Die Parodie von H. N. Beard und D. C. Kenney* – München 1983
Dumas, Alexandre der Ältere: *Der Graf von Monte Christo* – Frankfurt a. M. 2004
Duncan, Dave: *Die Pandemia-Saga* (*Der Weg nach Kinvale – Die Insel der Elben – Das Meer der Leiden – Die Stadt der Götter*) – Bergisch Gladbach 1995/96
ders.: *Die zweiten Chroniken von Pandemia* (*Der Thron des Zauberers – In Acht und Bann – Das verlassene Schlachtfeld – Der lebende Gott*) – Bergisch Gladbach 1997/98
Dunsany, Lord (Edward John Moreton Drax Plunkett): *Die Königstochter aus Elfenland* – Stuttgart 1979

E

Eckardt, André (Hg.): *Unter dem Odongbaum. Koreanische Sagen, Märchen und Fabeln* – Kassel 1952
ders. (Hg.): *Die Ginsengwurzel: Koreanische Sagen, Volkserzählungen und Märchen* – Eisenach 1955
Edda. Die Lieder des Codex Regius nebst verwandten Denkmälern. Bearbeitet von Hans Kuhn
Bd. 1: *Text* – Heidelberg 1983
Bd. 2: *Kurzes Wörterbuch* – Heidelberg 1968
Eddison, E.R.: *Der Wurm Ouroboros* – Bergisch Gladbach 1993
Ende, Michael: *Jim Knopf und Lukas der Lokomotivführer* – Stuttgart 1960
ders.: *Jim Knopf und die wilde Dreizehn* – Stuttgart 1962
ders.: *Momo oder die seltsame Geschichte von den Zeit-Dieben und von dem Kind, das den Menschen die gestohlene Zeit zurückbrachte* – Stuttgart 1973
ders.: *Die unendliche Geschichte* – Stuttgart 1979
ders.: *Der satanarchäolügenialkohöllische Wunschpunsch* – Stuttgart 1979
Endore, Guy: *Der Werwolf von Paris* – München 1990
Erikson, Steven: *Das Spiel der Götter* (10 Bände, 7 erschienen, 6 in Deutsch, ab Band 2 geteilt: *Die Gärten des Mondes – Das Reich der Sieben Städte + Im Bann der Wüste – Die eisige Zeit + Der Tag des Sehers – Der Krieg der Schwestern + Das Haus der Ketten – Kinder des Schattens + Gezeiten der Nacht – Die Feuer der Rebellion + Die Knochenjäger*) – München seit 2000
Ewers, Hanns Heinz: *Alraune. Der Zauberlehrling oder die Teufelsjäger* (2 Romane) – Erftstadt 2005

F

Farmer, Philip José: *Der Flusswelt-Zyklus* (*Die Flusswelt der Zeit – Auf dem Zeitstrom – Das dunkle Muster – Das magische Labyrinth – Die Götter der Flusswelt*) – München 1979–1986
Fiechtner, Urs M. und Sergio Vesely: *Xipe totec: Legenden, Mythen, Märchen der Sonnenvölker Lateinamerikas* – Tübingen 1981
Fischer, Hans W.: *Germanisch-deutscher Sagenschatz* – Eltville am Rhein 1985
Foster, Alan Dean: *Die denkenden Wälder* – München 1979
ders.: *Der Bannsänger-Zyklus* (*Bannsänger – Die Stunde des Tors – Der Tag des Dissonan + Der Augenblick des Magiers – Die Pfade des Wanderers – Die Zeit der Heimkehr*) – München 1986–1988
Ford, Richard: *Das Vermächtnis der Eldron* – München 1983
Fouqué, Friedrich de La Motte: *Das Galgenmännlein* – Berlin/Weimar 1964

Freund, Peter: *Der Laura-Zyklus* (bisher: *Laura und das Geheimnis von Aventerra – Laura und das Orakel der Silbernen Sphinx – Laura und das Siegel der Sieben Monde – Laura und der Fluch der Drachenkönige – Laura und der Ring der Feuerschlange – Laura und das Labyrinth des Lichts*) – Bergisch Gladbach seit 2002

Friesner, Esther M.: *Druidenblut* – Bergisch Gladbach 2000

Früh, Sigrid (Hg.): *Das Zauberpferd: Märchen aus Siebenbürgen und den Karpaten* – Frankfurt a. M. 1984

dies. (Hg.): *Märchen von Drachen* – Frankfurt a. M. 1988

dies.: (Hg.): *Märchen von Schwanenfrauen und verzauberten Jünglingen* – Frankfurt a. M. 1988

Funke, Cornelia: *Drachenreiter* – Hamburg 1997

dies.: *Tintenherz-Trilogie* (*Tintenherz – Tintenblut – Tintentod*) – Hamburg 2003 – 2007

G

Gaiman, Neil: *Niemalsland* – München 1998

ders.: *American Gods* – München 2005

ders.: *Sternwanderer. Der Roman zum Film* – München 2005

Garrett, Randall: *Komplott der Zauberer* – Bergisch Gladbach 1981

ders.: *Mord und Magie* – Bergisch Gladbach 1982

ders.: *Des Königs Detektiv* – Bergisch Gladbach 1986

Gath, Goswin Peter: *Das Naturgeisterbuch. Gestalten und Sagen* – Köln 1941

Genzmer, Felix: *Germanische Schöpfungssagen* – Jena 1944

Geoffrey of Monmouth: *The History of the Kings of Britain*. engl. Übersetzung aus dem Lat. von Lewis Thorpe – London 1966

ders.: *Vita Merlini – Das Leben des Zauberers Merlin*. Übersetzung aus dem Lateinischen. von Inge Vielhauer – Amsterdam 1964

Gisli der Geächtete. Übertragen von Ludwig Meyn – Hamburg 1925

Glauser, Jürg und Gert Kreutzer (Hg.): *Isländische Märchensagas* – Darmstadt 1998

Goethe, Johann Wolfgang v.: *Reineke Fuchs* – Ditzingen 1986

ders.: *Faust I und Faust II und Urfaust* – Köln 2005

ders.: *Sämtliche Gedichte in einem Band* – Frankfurt a. M. 2007

ders.: *Goethe. Schiller. Balladen. Sämtliche Balladen und Romanzen. In zeitlicher Folge* – Frankfurt a. M. 1996

Godwin, Francis: *Der Mann im Mond oder Die Schilderung einer Reise dorthin* – Berlin 1963 – auch als: *Der Mann im Mond oder der Bericht einer Reise dorthin von Domingo Gonsales dem rasenden Botschafter* – Frankfurt a. M. 1986

Gottfried von Straßburg: *Tristan*. Übersetzt aus dem Mhdt. von X. von Ertzdorff, D. Scholz, C. Voelkel – München 1979

Grahame, Kenneth: *Der Wind in den Weiden oder Der Dachs läßt schön grüßen, möchte aber auf keinen Fall gestört werden* – München 1999

Greenberg, Martin H. (Hg.): *Die Erben des Rings. Fantastische Geschichten J. R. R. Tolkien zu Ehren* – Bergisch Gladbach 1996

Grabbe, Christian Dietrich: *Don Juan und Faust* – Stuttgart 1994

Greenberg, Martin und Charles G. Waugh, (Hg.): *Vampire – 16 x Grauen mit Frauen* – Bergisch Gladbach 1988

Grimm, Jacob und Wilhelm: *Deutsche Sagen* (1891) – Köln 2006

dies.: *Brüder Grimm: Kinder- und Hausmärchen. Gesamtausgabe in 3 Bänden mit Originalanmerkungen* – Dietzingen 2001 auch als: *Grimms Märchen. Kinder- und Hausmärchen. Gesamtausgabe mit Holzschnitten von Ludwig Richter* – Utting 2002

dies.: *Schneewittchen* – Gossau 1983

dies.: *Irische Elfenmärchen* – Frankfurt a. M. 1987

dies.: *Der Druide und die Mondkönigin. Irische Märchen und Sagen* – Düsseldorf 2000

Grundy, Stephen: *Rheingold* – Frankfurt a. M. 1992

ders.: *Wodans Fluch* – Frankfurt a. M. 1996

ders.: *Gilgamesch. Herr des Zweistromlandes* – Frankfurt a. M. 1999

Gunn, James E.: »Verbrennt die Hexer« – In: *Die große Uhr*. Hg. von Wolfgang Jeschke – München 1977

Gusinde, Martin (Hg.): *Nordwind, Südwind. Mythen und Märchen der Feuerlandindianer* – Kassel 1966

Guter, Josef (Hg. und Übers.): *Chinesische Märchen* – Frankfurt a. M. 1973

H

Haltrich, Josef (Hg.): *Sächsische Volksmärchen aus Siebenbürgen* – Bukarest 1974

Hambly, Barbara: *Morkeleb-Saga* (*Der schwarze Drache – Die dunkle Brut – Der Sternendrache – Der Drachentöter*) – Bergisch Gladbach 1978 – 2004

Hamilton, Laurell K.: *Anita-Blake-Serie* (bisher: *Bittersüße Tode – Blutroter Mond – Zirkus der Verdammten – Gierige Schatten – Bleiche Stille – Tanz der Toten – Dunkle Glut*; wird fortgesetzt) – Bergisch Gladbach seit 2003

Hammerschmitt, Marcus: *Der Glasmensch* – Frankfurt a. M. 1995

ders.: *Wind* – Frankfurt a. M. 1997

ders.: *Target* – Frankfurt a. M. 1998

ders.: *Der Opal* – Hamburg 2000

ders.: *Der Zensor* – Hamburg 2001

ders.: *PolyPlay* Hamburg 2002

Häny, Arthur (Hg.): *Deutsche Dichtermärchen von Goethe bis Kafka* – Zürich 1996

Hardebusch, Christoph: *Die Trolle* – München 2006

ders.: *Die Schlacht der Trolle* – München 2007

Härtel, Susanne: *Indianer-Lesebuch. Geschichten, Mythen, Märchen* – München 1995

Hartmann von Aue: *Erec*. Übersetzt. aus d. Mittelhochdeutschen von Thomas Cramer, zweisprachig – Frankfurt a. M. 1972

ders.: *Iwein*. Übersetzt von Thomas Cramer – Berlin 1968

Hauff, Wilhelm: *Sämtliche Märchen* – Düsseldorf 2005

Hecht, Gretel und Wolfgang: *Deutsche Heldensagen. Die Nibelungen und andere Sagen* – Wiesbaden 2004

Heine, Heinrich: *Deutschland. Ein Wintermärchen* – Frankfurt a. M. 2005

Heitz, Markus: *Zwergentrilogie* (*Die Zwerge – Der Krieg der Zwerge – Die Rache der Zwerge*) – München 2003 – 2005

ders.: *Die Mächte des Feuers* – München 2006

Hennen, Bernhard: *Die Elfen* – München 2004

ders.: *Elfenwinter* – München 2006

ders.: *Elfenlicht* – München 2006

Hermann, Paul: *Isländische Heldenromane* (Jena 1923) – München 1995

Hermanns, Matthias (Hg.): *Himmelsstier und Gletscherlöwe. Mythen, Sagen und Fabeln aus Tibet* – Eisenach/Kassel 1955

Hertel, Johannes: *Indische Märchen* – Frankfurt a. M. 1993

ders.: *Das Perlenmeer. Altindische Märchen, Fabeln, Legenden, Anekdoten und Schwänke* – Leipzig/Weimar 1979

Hesiod: *Theogonie. Griechisch/Deutsch* – Ditzingen 1999

Hesse, Hermann: *Spuk- und Hexengeschichten* – Frankfurt a. M. 1978

Hetmann, Frederik: *Die Göttin der Morgenröte. Schöpfungsmythen aus aller Welt* – Frankfurt a. M. 1986

ders. (Hg.): *Adam und Eva* – München 1997

ders. (Hg.): *Als der große Regen kam* – Weinheim 1995

ders. (Hg.): *Am Torffeuer im grünen Tal* – Frankfurt a. M. 1994
ders. (Hg.): *Büffelfrau und Wolfsmann* – Krummwisch 2001
ders. (Hg.): *Der Dornbusch in Donegal* – Krummwisch 2002
ders. (Hg.): *Der grüne Vogel* – Rheda-Wiedenbrück 2005
ders. (Hg.): *Der Mann, der ein Opossum aß* – Krummwisch 2003
ders. (Hg.): *Der Vogel mit den goldenen Federn* – München 1988
ders. (Hg.): *Die Fuchsfee* – Brensbach 1998
ders. (Hg.): *Die Reise in die Anderswelt. Feenmärchen und Feengeschichten aus Irland* – Krummwisch 2005
ders. (Hg.): *Die schönsten Märchen und Sagen aus Irland* – Frankfurt a. M. 1996
ders. (Hg.): *Die verbotene Quelle* – Krummwisch 2003
ders. (Hg.): *Eulenruf und Geistertanz* – Frankfurt a. M. 1987
ders. (Hg.): *Hinter der Schwarzdornhecke* – Krummwisch 2004
ders. (Hg.): *Indianer-Märchen* – Krummwisch 2007
ders. (Hg.): *Indianermärchen aus Kanada* – Frankfurt a. M. 1991
ders. (Hg.): *Indianermärchen aus Mexiko* – Frankfurt a. M. 1995
ders. (Hg.): *Indianermärchen aus Nordamerika* – Frankfurt a. M. 1994
ders. (Hg.): *Indianermärchen aus Südamerika* – Frankfurt a. M. 1997
ders. (Hg.): *Indianermärchen der Pueblo, Hopi und Navajo* – Frankfurt a. M. 1996
ders. (Hg.): *Indianermärchen der Sioux und Cheyenne* – Frankfurt a. M. 1992
ders. (Hg.): *Irische Zauberharfe* – München 1994
ders. (Hg.): *Irischer Zaubergarten* – Kreuzlingen 2004
ders. (Hg.): *Keltische Märchen* – Frankfurt a. M. 1995
ders. (Hg.): *Märchen aus Andalusien* – Frankfurt a. M. 1996
ders. (Hg.): *Märchen aus England* – Frankfurt a. M. 1998
ders. (Hg.): *Märchen aus Schottland* – Frankfurt a. M. 1996
ders. (Hg.): *Märchen aus Wales* – Reinbek bei Hamburg 1998
ders. (Hg.): *Märchen der Azteken, Maya und Tolteken* – Frankfurt a. M. 1996
ders. (Hg.): *Märchen der Prärieindianer* – Frankfurt a. M. 1996
ders. (Hg.): *Märchen des Schwarzen Amerika* – Frankfurt a. M. 1980
ders. (Hg.): *Märchen von Feen* – Frankfurt a. M. 1994
ders. (Hg.): *Mondhaus und Sonnenschloss* – Stuttgart 1989
ders. (Hg.): *Roter Drache, grünes Tal* – Frankfurt a. M. 1987
ders. (Hg.): *Schöne Märchen aus Litauen* – Hamburg 1995
ders. (Hg.): *Schöne Märchen aus Spanien* – Hamburg 1995
ders. (Hg.): *Spanische Märchen* – Krummwisch 2007
ders. (Hg.): *Von einem, der auszog …* – Krummwisch 2004
ders. (Hg.): *Wie Frauen die Welt erschufen* – Zürich 2001
ders. (Hg.): *Wo König Arthur schläft. Keltische Märchen* – Rheda-Wiedenbrück 2005
Heunemann, Annette (Hg.): *Der Schlangenkönig. Märchen aus Nepal* – Kassel 1980
Himmelheber, Hans (Hg.): *Der gefrorene Pfad. Mythen, Märchen und Legenden der Eskimo* – Kassel 1958
Hines, Jim C.: *Die Goblins* – Bergisch Gladbach 2007
ders.: *Die Rückkehr der Goblins* – Bergisch Gladbach 2007
Hobbit Presse (Hg.): *Aufbruch mit den Hobbits – Das Fantasy-Buch* – München/Stuttgart 1984
dies. (Hg.): *Der Zauberwald von Fangorn – Das zweite Fantasy-Buch* – München/Stuttgart 1985
dies. (Hg.): *Das HobbitBuch* – München/Stuttgart 1988
Hoffmann, Ernst Theodor Amadeus (E. T. A.): *Der goldene Topf* – München 1997; Frankfurt a. M. 2002
ders.: *Die Abenteuer der Silvester-Nacht* – Frankfurt a. M. 2003
ders.: *Die Elixiere des Teufels* – Düsseldorf 2003
ders.: *Prinzessin Brambilla* – Ditzingen 1986
ders.: *Lebensansichten des Katers Murr* – München 2006

Hoffmann, Markolf: *Das Zeitalter der Wandlung (Nebelriss – Flammenbucht – Schattenbruch – Splitternest)* – München 2004 – 2007
Hohlbein, Wolfgang: *Hagen von Tronje* – Wien 1986
ders.: *Die Töchter des Drachen* – Bergisch Gladbach 1987
ders.: *Der Thron der Libelle* – Bergisch Gladbach 1991
ders.: *Die Prophezeiung* – München 2003
ders.: *Anubis* – Bergisch Gladbach 2006
ders.: *Horus* – Bergisch Gladbach 2007
ders. u. Torsten Dewi: *Der Ring der Nibelungen* – München 2004
Homer: *Ilias*. Deutsch von Johann Heinrich Voß – München 2004
ders.: *Odyssee*. Deutsch v. Johann Heinrich Voß – München 2004
Horwood, William: *Der Stein von Duncton* – Stuttgart 1996
ders.: *Die Wölfe der Zeit* (2 Bände: *Die Reise ins Herzland – Der Kampf ums Herzland*) – München 2003/04
Howard, Robert E.: *Conan. Die Original-Erzählungen aus den Jahren 1932 und 1933* – München 2003
HR Giger (Hg.): *HR Giger's Vampirric* – Leipzig 2003
Huff, Tanya: *Blutreihe* (*Blutzoll – Blutspur – Blutlinien – Blutschuld*) – Mannheim 2000 – 2004

I

Ibsen, Henrik: *Peer Gynt. Schauspiel* – Frankfurt a. M. 2006
Irvine, Ian: *Die-Drei-Welten-Zyklus* (bisher 2 Tetralogien und eine geplante Trilogie, in Deutschland: *Der Spiegel der Erinnerung – Das magische Relikt – Der Turm von Katazza – Die Festung der Macht – Dunkler Mond*) – Bergisch Gladbach seit 2007

J

Jacoby, Edmund: *Sagen des Altertums. Das Hausbuch der griechischen Sagen* – Hildesheim 2008
Jeschke, Wolfgang (Hg.): *Heyne-Science-fiction-Magazin* (Nr. 1 bis 12) – München 1981 – 1985
Jeschke, Wolfgang u. a. (Hg.): *Titan. Klassische Science-fiction-Erzählungen* (Nr. 1 bis 23) – München 1976 – 1985
Jeschke, Wolfgang und Herbert W. Franke (Hg.): *Science-fiction-Story-Reader* (Nr. 1 bis 21) – München 1974 – 1984
Johnson, Uwe und Manfred Bierwisch: *Das Nibelungenlied* – Frankfurt a. M. 2006
Jordan, Franzis: *In den Tagen des Tammuz. Altbabylonische Mythen* – München 1950
Jordan, Michael: *Mythen der Welt* – Bern/München/Wien 1997

K

Kähler, Hans (Hg.): *Die Insel der schönen Si Melu. Indonesische Dämonengeschichten, Märchen u. Sagen aus Simalur* – Kassel 1952
Kalkasina, Efrossini: *Griechische Volksmärchen. Zweisprachige Ausgabe. Neugriechisch/deutsch* – München 1992
Karlinger, Felix: *Märchen von Zaubersteinen* – Frankfurt a. M. 1998
ders. (Hg.): *Geheimnisse des Wassers* – Frankfurt a. M. 1991
ders. (Hg.): *Inselmärchen des Mittelmeeres* – Düsseldorf 1962
ders. (Hg.): *Märchen griechischer Inseln und Märchen aus Malta* – Reinbek bei Hamburg 1993
ders. (Hg.): *Italienische Märchen* – Reinbek bei Hamburg 1992
ders. (Hg.): *Italienische Volksmärchen* – München 1993; 2005
ders. (Hg.): *Das Mädchen im Apfel. Italienische Volksmärchen* – München 1964
ders. (Hg.): *Das Feigenkörbchen: Volksmärchen aus Sardinien* – Kassel 1973
ders. (Hg.): *Märchen aus Frankreich* – Reinbek bei Hamburg 1992
ders. (Hg.): *Baskische Märchen* – München 1990
ders. (Hg.): *Provenzalische Märchen* – Reinbek bei Hamburg 1993
ders. (Hg.): *Spanische Märchen* – Reinbek bei Hamburg 1993
ders. (Hg.): *Märchen aus Portugal* – Frankfurt a. M. 1976

ders. (Hg.): *Märchen aus Mallorca* – Reinbek bei Hamburg 1994
ders. (Hg.): *Rumänische Volksmärchen* – Düsseldorf 1996
ders. (Hg.): *Legendenmärchen aus Europa* – Düsseldorf 1967
ders. (Hg.): *Märchen aus der Karibik* – Köln 1995
ders. (Hg.): *Märchen aus Südamerika* – Frankfurt a. M. 1992
ders. (Hg.): *Südamerikanische Märchen* – Frankfurt a. M. 1973
ders. (Hg.): *Südamerikanische Indianermärchen* – München 1992
ders. (Hg.): *Märchen der südamerikanischen Indianer* – Reinbek bei Hamburg 1994
ders. (Hg.): *Brasilianische Märchen* – Köln 1985
ders. (Hg.): *Märchen aus Mexiko* – Reinbek bei Hamburg 1996
ders. (Hg.): *Märchen aus Brasilien* – Reinbek bei Hamburg 1993
ders. (Hg.): *Märchen aus Argentinien und Paraguay* – Reinbek bei Hamburg 1997
Kath, Lydia: *Jomsburg – Eine Wikingergeschichte* – Berlin 1934
Kipling, Rudyard: *Das Dschungelbuch* – Frankfurt a. M. 2006
Klaar, Marianne (Hg.): *Christos und das verschenkte Brot. Neugriechische Volkslegenden und Legendenmärchen* – Kassel 1963
dies. (Hg.): *Tochter des Zitronenbaums. Märchen aus Rhodos* – Kassel 1970
Klein, Robert (Hg.): *Das weiße, das schwarze und das feuerrote Meer. Finnische Volksmärchen* – Kassel 1966
Klingenberg, Heinz: *Edda – Sammlung und Dichtung* – Basel/Stuttgart 1974
Kluge, Manfred (Hg.): *Nosferatu und andere Vampirgeschichten* – München 1979
ders (Hg.): *Das Buch Merlin. Merlinbearbeitungen aus dem Mittelalter bis zur Gegenwart* München 1988
ders. (Hg.): *Das Universum der Phantasie. Märchen für Erwachsene* – München 1985
Koch-Grünberg, Theodor (Hg.): *Geister am Roroíma. Indianer-Mythen, -Sagen und -Märchen aus Guayana* – Eisenach/Kassel 1956
Köhlmeier, Michael: *Die Nibelungen neu erzählt* – Stuttgart 1999; Audiobook Hamburg 2005
Kohl-Larsen, Ludwig (Hg.): *Das Zauberhorn. Märchen und Tiergeschichten der Tindiga* – Kassel 1956
ders. (Hg.): *Der Perlenbaum. Ostafrikanische Legenden, Sagen, Märchen und Diebsgeschichten* – Kassel 1966
ders. (Hg.): *Die Frau in der Kürbisflasche. Ostafrikanische Märchen der Burungi* – Kassel 1967
ders. (Hg.): *Fünf Mädchen auf seinem Rücken. Ostafrikanische Mythen und Märchen der Burungi* – Kassel 1969
ders. (Hg.): *Der Hasenschelm. Tiermärchen und Volkserzählungen aus Ostafrika* – Kassel 1976
ders. (Hg.): *Das Haus der Trolle: Märchen aus Lappland* – Kassel 1982
König Artus und seine Tafelrunde. Europäische Dichtung des Mittelalters. Sammlung der wichtigsten Artusdichtungen – Stuttgart 1982
Köpf, Gerhard (Hg.): *Das Buch der Drachen. Die schönsten Drachengeschichten für Kinder und Erwachsene* – Frankfurt a. M. 1987
Körber, Joachim (Hg.): *Ratten. Horror-Stories* – München 1993
ders.: *Rabenschwarze Träume. Phantastische Geschichten der modernen Weltliteratur* – München 1997
Kotzwinkle, William: *Dr. Ratte* – München 1984
Krahé, Hildegard: *Mondgesichter. Märchen, Mythen und Legenden von Sonne, Mond und Sternen* – Wien 1998
Krause, Arnulf: *Die Edda. Die Götter- und Heldenlieder der Älteren Edda* – Ditzingen 2004
Künnemann, Horst: *Die schönsten Märchen aus Tausendundeiner Nacht* – Oldenburg 2004

Kurtz, Katherine: *Die Deryni-Chroniken* (15 Romane seit 1970, mehrere Bücher mit Geschichten und Essays, ein Lexikon) – München, Stuttgart, Bergisch Gladbach 1978 – 2002

L

Laade, Wolfgang (Hg.): *Das Geisterkanu. Südseemythen und -märchen aus den Südseemythen* – Kassel 1974
Lackey, Mercedes: *The Bard's Tale. Festung aus Feuer und Eis* – Bergisch Gladbach 1995
dies.: *The Bard's Tale. Die Burg der Verräter* – Bergisch Gladbach 1995
dies.: *The Bard's Tale. Gefängnis der Seelen* – Bergisch Gladbach 1996
Lagerlöf, Selma: *Wunderbare Reise des kleinen Nils Holgersson mit den Wildgänsen* – München 2002
Lambertz, Maximilian (Hg.): *Die geflügelte Schwester. Albanische Volksmärchen* – Kassel 1952
Lang, Paul: *Am Sagenborn des Bayernlandes. Schöne Sagen von Zwergen, Drachen und Geistern* – Bamberg 1924
Langosch, Karl (Hg.): *König Artus und seine Tafelrunde* (Anthologie mehrerer mittelalterlicher Werke) – Stuttgart 1980
Lauria, Frank: *Dark City* – München 1998
Lawhead, Stephen: *Das Lied von Albion, Trilogie (Krieg im Paradies – Rückkehr der Helden – Der endlose Knoten)* – Moers 1994/95; Bergisch Gladbach 1997; Augsburg 2004
ders.: *Avalons Rückkehr* – Bergisch Gladbach 2003
Le Guin, Ursula: *Erdsee-Saga (Der Magier der Erdsee – Die Gräber von Atuan – Das ferne Ufer – Tehanu – Das Vermächtnis von Erdsee – Rückkehr nach Erdsee)* – München 1979 – 2003
dies.: *Winterplanet* – München 1991
dies.: *Das Wort für Welt ist Wald* – Berlin/Hamburg 1997
Lee, Tanith: *Sabella – der letzte Vampir* – Bergisch Gladbach 1982
dies.: *Das Lied des Exorzisten* – Bergisch Gladbach 1983
dies.: *Östlich von Mitternacht* – München 1984
dies.: *Rot wie Blut. Märchen der Schwestern Grimmig* – Bergisch Gladbach 1985
dies.: *Zyklus von der Flachen Erde (Herr der Nacht – Herr des Todes – Herr der Illusionen – Die Herrin des Deliriums – Nächtliche Zauber)* – München 1981 – 1989
dies.: *Das Blut der Rosen (Der Dunkle Engel – Der Gott des Waldes)* – München 1995
dies.: *Die Macht des Einhorns* (Trilogie) – München 2004
Lehnert, Martin (Hg.): *Beowulf* – Stuttgart 2004
Leiber, Fritz: *Die Spiegelwelt. SF-Stories* – München 1977
ders.: *Das grüne Millennium* – München 1979
ders.: *Wanderer im Universum* – München 1979
ders.: *Die besten Stories* – München/Rastatt 1980
ders.: *Schwerter im Nebel* – München 1986
ders.: *Schwerter von Lankhmar* – München 1986
ders.: »Raum-Zeit-Sprünge«. In: *Titan 2*, hg. von Frederik Pohl und Wolfgang Jeschke – München 1977
ders.: »Ritual des Abgangs«. In: *Der Tod des Dr. Island*, hg. von Wolfgang Jeschke – München 1979
Leroux: *Das Phantom der Oper* – München 1999
Lewis, Clive Staples: *Die Chroniken von Narnia (Das Wunder von Narnia – Der König von Narnia – Der Ritt nach Narnia – Prinz Kaspian von Narnia – Die Reise auf der »Morgenröte« – Der silberne Sessel – Der letzte Kampf)* – Moers 2005
ders.: *Die Perelandra-Trilogie (Jenseits des schweigenden Sterns – Perelandra – Die böse Macht)* – Moers 2006
Leyen, Friedrich v. der: *Die deutschen Heldensagen* – München 1912
Lindgren, Astrid: *Die Brüder Löwenherz* – Hamburg 1973

Littmann, Enno: *Die Erzählungen aus den Tausendundein Nächten* 6 Bände – Frankfurt a. M. 1989

Liungman, Waldemar (Hg.): *Weißbär am See: Schwedische Volksmärchen von Bohuslän bis Gotland* – Kassel 1965

Lodemann, Jürgen: *Siegfried. Ein Jugendbuch* – Frankfurt a. M. 1986

ders.: *Siegfried und Krimhild. Die Nibelungen* – München 2005

Loeb, Arno (Hg.): *Draculas Rückkehr* – Stuttgart/Wien/Bern 1996; München 1997

London, Jack: *Vor Adam* – Erkrath 2005 – auch als: *Bevor Adam kam. Ein prähistorischer Roman* – Bergisch Gladbach 1981

ders.: *Der Feind der Welt* – Bergisch Gladbach 1983

Lönnrot, Elias und Hans Fromm: *Kalevala* – Ditzingen 1985

Lönnrot, Elias: *Kalevala. Das Nationalepos der Finnen.* Mit 20 Holzschnitten von Osmo Niemi – Rostock 2001

Löpelmann, Martin: *Keltische Sagen aus Irland* – München 1988

ders.: *Keltische Sagen aus Irland* – Kreuzlingen/München 2004

Lovecraft, Howard Phillips: *Azathoth. Vermischte Schriften* – Frankfurt a. M. 1989

ders.: *Berge des Wahnsinns* – Frankfurt a. M. 1997

ders.: *Cthulhu, Geistergeschichten* – Frankfurt a. M. 2001

ders.: *Das Ding auf der Schwelle. Unheimliche Geschichten* – Frankfurt a. M. 1979

ders.: *Das Grauen im Museum und andere Erzählungen* – Frankfurt a. M. 1984

ders.: *Der Fall Charles Dexter Ward* – Frankfurt a. M. 1990

ders.: *Die Katzen von Ulthar. Und andere Erzählungen* – Frankfurt a. M. 1997

ders.: *Hüter der Pforten. Geschichten aus dem Cthulhu-Mythos* – Bergisch Gladbach 2005

ders.: *In der Gruft* – Frankfurt a. M. 1997

ders.: *Lovecraft Lesebuch* – Frankfurt a. M. 1987

ders.: *Schatten über Innsmouth* – Frankfurt a. M. 1990

ders.: *Stadt ohne Namen* – Frankfurt a. M. 1997

ders.: *The Best of H.P. Lovecraft* – Frankfurt a. M. 2002

ders.: *Vom Jenseits. Erzählungen* – Erftstadt 2005

Lukian und Christoph M. Wieland: *Der Lügenfreund. Satirische Gespräche und Geschichten* – Berlin 1998

Lukianenko, Sergej: *Wächter-Tetralogie (Wächter der Nacht – Wächter des Tages – Wächter des Zwielichts – Wächter der Ewigkeit)* – München 2005 – 2007

M

MacDonald, George: *Lilith* – Stuttgart 1996

Magellan, Magus (d. i. Bernhard Hennen, Thomas Finn, Hadmar von Wieser, Karl-Heinz Witzko): *Gezeitenwelt-Zyklus (Das Geheimnis der Gezeitenwelt – Der Wahrträumer,* Hennen – *Himmlisches Feuer,* Wieser – *Das Weltennetz,* Finn – *Die Purpurinseln,* Finn – *Das Traumbeben,* Witzko) – München 2002 – 2004

Maier, Bernhard (Hg.): *Das Sagenbuch der walisischen Kelten: Die Vier Zweige des Mabinogi (Pedair Cainc y Mabinogi),* erstmals aus dem Mittelkymrischen übersetzt – München 1999

Malory, Thomas: *König Artus. Übersetzung von Helmut Findeisen* – Frankfurt a. M. 1977

Märchen aus aller Welt. 19 Bände – München 1978 – 1980

Märchen aus 1001 Nacht. Die berühmten Geschichten aus dem Morgenland – Bindlach 2007

Martin, George R. R.: *Fiebertraum* – München 1991 auch als: *Dead man river* – Erkrath 2006

ders.: *Das Lied von Eis und Feuer* (bisher 8 von 14 Bänden, im Original 4 von 7) – München seit 1997

Matheson, Richard: *Ich bin Legende* – München 1982/2008

Maul, Stefan M. (Hg.): *Das Gilgamesch-Epos* – München 2005

McCaffrey, Anne: *Drachenreiter von Pern (Die Welt der Drachen – Die Suche der Drachen – Drachensinger – Drachentrommeln – Der weiße Drache – Moreta. Die Drachenherrin von Pern – Nerilkas Abenteuer – Drachendämmerung – Die Renegaten von Pern – Die Weyr von Pern – Die Delphine von Pern – Die Chroniken von Pern. Ankunft – Drachenauge – Drachenklänge – Der Himmel über Pern* – [mit Todd McCaffrey:] *Drachenwege* – [Todd McCaffrey:] *Drachenblut)* – München 1971 – 2004

McKiernan, Dennis L.: *Zwergenzorn* – München 2004

Meiser, Christian (Hg.): *Schöpfungsmythen* – München 1988

Meyrink, Gustav: *Der Golem* – Köln 2006

Miéville, China: *Spiegel* – Bellheim 2004

Mielke, Thomas R. P.: *Gilgamesch. König von Uruk* – München 1988

Michels, Tilde: *Kleiner König Kalle Wirsch* – München 2001 ergänzend: *Augsburger Puppenkiste. Kleiner König Kalle Wirsch.* DVD + Bastelbuch – 2005

Millar, Martin: *Die Elfen von New York* – München 1998

Milne, Alan Alexander: *Pu der Bär. Gesamtausgabe* – Hamburg 1999

Milton, John: *Das verlorene Paradies.* Übertragen und herausgegeben von Hans Heinrich Meier – Stuttgart 1968/1986

Mirrlees, Hope: *Flucht ins Feenland* (1926) – München 2003

Morris, William: *Die Quelle am Ende der Welt* – Bergisch Gladbach 1981

ders.: *Die Zauberin jenseits der Welt* – Bergisch Gladbach 1984

Mörschel, Thomas: *Die Historia vom Heiligen Gral* – Saarbrücken 1994

Mühlhausen, Ludwig (Hg.): *Die vier Zweige des Mabinogi = Pedeir ceinc y Mabinogi* (Halle 1925) – Tübingen 1988

ders.: *Diarmuid mit dem roten Bart. Irische Zaubermärchen* – Kassel 1976

Müller, Ulrich und V. Mertens (Hg): *Epische Stoffe des Mittelalters* – Stuttgart 1984

Müller-Lisowski, Käte (Hg.): *Irische Volksmärchen* – Augsburg 1998

Muschg, Adolf: *Der Rote Ritter. Eine Geschichte von Parzival* – Frankfurt a. M. 1996

N

Nagula, Michael (Hg.): *Feueratem. Das große Drachen-Lesebuch* Mit einem Nachwort von Andreas Gößling – München 2002

Nesbit, Edith: *Drachen, Katzen, Königskinder.* Hamburg 2006

Nevermann, Hans (Hg.): *Die Reiskugel: Sagen und Göttergeschichten, Märchen, Fabeln und Schwänke aus Vietnam* – Kassel 1952

ders. (Hg.): *Die Stadt der tausend Drachen. Götter- und Dämonengeschichten, Sagen und Volkserzählungen aus Kambodscha* – Eisenach/Kassel 1956

Newman, Kim: *Anno Dracula* – München 1998

Niven, Larry und Jerry Pournelle: *Das zweite Inferno* – Bergisch Gladbach 1979

Nix, Garth: *Das alte Königreich. Trilogie (Sabriel – Lirael – Abhorsen)* – Bergisch Gladbach 2004/2005

ders.: *Jenseits der Mauer. Geschichten aus dem Alten Königreich* – Bergisch Gladbach 2007

ders.: *Die Schlüssel zum Königreich.* Bisher 3 von 7 Bänden *(Schwarzer Montag – Grimmiger Dienstag – Kalter Mittwoch)* – Bergisch Gladbach seit 2006

Nordische Nibelungen. Die Sagas von den Völsungen, von Rangar Lodbrok u. Hrolf Kraki. Übertragen von Paul Herrmann – Köln 1985

Norman, John: *Gor – die Gegenerde* – München 1973

O

Offenbach, Jacques: *Orpheus in der Unterwelt* – Ditzingen 2001
Okonnek, Evelyne: *Die Tochter der Schlange* – Wien 2006
dies.: *Das Rätsel der Drachen* – Wien 2007
Ortutay, Gyula (Hg.): *Ungarische Volksmärchen* – Berlin 1980
Orwell, George: *Die Farm der Tiere* – Zürich 2005
ders.: *1984* – München 2007
Ott, Claudia: *Tausendundeine Nacht. Nach der ältesten arabischen Handschrift erstmals ins Deutsche übertragen* – München 2004
Ovid: *Werke in zwei Bänden.* Aus dem Lateinischen von R. Suchier – Berlin/Weimar 1973
ders.: *Metamorphosen* – Hollfeld 2006
Ozolins, Elza (Hg.): *Der verkaufte Traum. Märchen aus fernen Ländern* – Füssen 1971

P

Paasilinna, Arto: *Der Sohn des Donnergottes* – München 1999
Parkinson, Bob: »Die frühen imaginären Abenteuer von Gott« In: *Science-fiction-Story-Reader 12,* hg. von Herbert W. Franke – München 1979
Paxson, Diana L.: *Die Töchter der Nibelungen (Brunhilds Lied – Sigfrids Tod – Gudruns Rache)* – Augsburg 2003
dies.: *Artus-Tetralogie (Die Herrin der Insel – Die Herrin von Camelot – Die Herrin der Raben – Die Herrin vom See)* – Augsburg 2006
Pesch, Helmut W.: *Die Kinder der Nibelungen* – Wien 1992/Bergisch Gladbach 2002
ders.: *Die Kinder von Erin* – Wien 1999/Bergisch Gladbach 2003
ders.: *Die Kinder von Avalon* – Wien 2001/Berg. Gladbach 2003
Peterich, Eckhard und Pierre Grimal: *Götter und Helden. Die klassischen Mythen und Sagen der Germanen, Griechen und Römer* – München 2000
Petzoldt, Leander (Hg.): *Die freudlose Muse. Texte, Lieder und Bilder zum historischen Bänkelsang* – Stuttgart 1978
ders.: *Deutsche Schwänke* – Baltmannsweiler 2002
ders. (Hg.): *Volksmärchen. Mit Materialien* – Stuttgart 1982
ders. (Hg.): *Balkanmärchen* – Frankfurt a. M. 1995
ders. (Hg.): *Märchen aus Österreich* – Frankfurt a. M. 1995
ders. (Hg.): *Märchen aus Südtirol* – Bozen 1991
ders. (Hg.): *Märchen aus Tirol* – Frankfurt a. M. 1998
ders. (Hg.): *Märchen aus Ungarn* – Frankfurt a. M. 1995
ders. (Hg.): *Märchen von Tieren* – Frankfurt a. M. 1995
ders. (Hg.): *Musikmärchen* – Frankfurt a. M. 1994
ders. (Hg.): *Sagen von Zauberinnen, Kaisern und weltlichen Herren* – München 1992
ders. (Hg.): *Historische Sagen.* 2 Bände – Baltmannsweiler 2001
ders. (Hg.): *Deutsche Sagen* – Stuttgart 1995
ders. (Hg.): *Sagen aus Thüringen* – Reinbek bei Hamburg 1993
ders. (Hg.): *Schwäbische Sagen* – München 1993
ders. (Hg.): *Sagen rund um den Bodensee* – Karlsruhe 1991
ders. (Hg.): *Sagen aus dem Burgenland* – München 1994
ders. (Hg.): *Sagen aus der Steiermark* – München 1993
ders. (Hg.): *Sagen aus Kärnten* – München 1993
ders. (Hg.): *Sagen aus Niederösterreich* – München 1992
ders. (Hg.): *Sagen aus Oberösterreich* – München 1993
ders. (Hg.): *Sagen aus Salzburg* – München 1993
ders. (Hg.): *Sagen aus Tirol* – München 1992
ders. (Hg.): *Sagen aus Vorarlberg* – München 1994
ders. (Hg.): *Sagen aus Wien* – München 1993
ders. (Hg.): *Sagen aus Österreich* – Wiesbaden 2007
ders. (Hg.): *Sagen aus Südtirol* – München 1993
ders. (Hg.): *Sagen, Märchen und Schwänke aus Südtirol.* 2 Bände – Innsbruck 2000/2002

Pierce, Tamora: *Alanna-Tetralogie (Die schwarze Stadt – Im Bann der Göttin – Das zerbrochene Schwert – Das Juwel der Macht)* – Würzburg 1985 – 1987
dies.: *Dhana-Tetralogie (Dhana. Kampf um Tortall – Im Tal des Langen Sees – Der Kaiserliche Magier – Im Reich der Götter)* – Würzburg 1992 – 1996
Poe, Edgar Allen: *Das Beste von Edgar Allan Poe.* 3 Bände in Kassette – Klagenfurt 2000
ders.: *Faszination des Grauens. 11 Meisterz.* – München 1998
ders.: *Edgar Allan Poe* – Bonn 2004
ders.: *Meistererzählungen* – Zürich 1993
ders.: *Der Untergang des Hauses Usher. Meistererzählungen* – Frankfurt a. M. 1992
ders.: *Meistererzählungen/Six Great Stories* – München 2001
Praetorius, Johannes: *Bekannte und unbekannte Historien von Rübezahl.* Unveränderter reprografischer Nachdruck der Ausgabe Leipzig 1920 (1662) – Darmstadt 1990
ders.: *Hexen-, Zauber- und Spukgeschichten aus dem Blocksberg.* Mit Holzschnitten des 15. – 17. Jhdt. – Frankfurt a. M. 1979
Pratchett, Terry: *Der Scheibenwelt-Zyklus (Die Farben der Magie u. v. a.)* – München seit 1985
Preußler, Otfried: *Krabat* – Würzburg 1971
Prestel, Irmgard: *Der unheimliche Grund. Von Rauhnacht, Hollenberg und anderem Spuk* – Freiburg/Br. 1937
Price, Byron (Hg.): *Das Beste von Dracula* – Bergisch Gladbach 1992

Q

Quensel, Paul (Hg.): *Thüringer Sagen* – München 1991

R

Ranke, Hermann: *Das Gilgamesch-Epos. Der älteste überlieferte Mythos der Geschichte* – Wiesbaden 2006
Recheis, Käthe: *Wolfsaga* – München 1997
Rice, Anne: *Memnoch der Teufel* – München 1998
dies.: *Die Mumie oder Ramses der Verdammte* – München 2005
Rinke, Moritz: *Die Nibelungen* – Reinbek bei Hamburg 2002
Robert De Boron: *Die Geschichte vom Heiligen Gral.* Übersetzt von Konrad Sandkühler – Stuttgart 1979
ders.: *Merlin. Der Künder des Grals.* Übersetzt von Konrad Sandkühler – Stuttgart 1980
Roberts, Keith: *Die folgenschwere Ermordung Ihrer Majestät Königin Elizabeth I.* – München 1981
Rohan, Michael Scott: *Pfortenwelt-Trilogie (Wolfsdämmerung – Hexendämmerung – Gralsdämmerung)* – München 1996
ders.: *Der Herr der Dämmerung* – München 1998
ders.: *Maxies Dämon* – Bergisch Gladbach 2001
Rohr, Wulfing von und Diana von Weltzen (Hg.): *Das große Lesebuch der Mystiker* – München 1993
Rottensteiner, Franz (Hg.): *Polaris: ein Science-fiction-Almanach* (Nr. 1 bis 10) – Frankfurt a. M. 1973 – 1986
ders. (Hg.): *Das große Buch der Märchen, Sagen und Gespenster* – Frankfurt a. M. 1984
ders. (Hg.): *Phantastische Träume* – Frankfurt a. M. 1989
Rowling, Joanne K.: *Harry Potter (Harry Potter und der Stein der Weisen – ... und die Kammer des Schreckens – ... und der Gefangene von Askaban – ... und der Feuerkelch – ... und der Orden des Phönix – ... und der Halbblutprinz – ... und die Heiligtümer des Todes)* – Hamburg 1998 – 2007
dies.: *Phantastische Tierwesen und wo sie zu finden sind* (angeblicher Autor: Newt Scamander) – Hamburg 2001
Rucker, Rudy: *Hohlwelt* – München 1997
Ruff, Matt: *Fool on the Hill* – München 1993

S

Salmonson, Jessica A. (Hg.): *Amazonen!* – Bergisch Gladbach 1981
dies. (Hg.): *Neue Amazonen-Geschichten* –
Bergisch Gladbach 1983

Sandkühler, Konrad: *Das Weltenpferd. Keltische Sagen aus England, Wales, Irland, Schottland und der Bretagne* – Stuttgart 1988

Sapkowski, Andrzej: *Geralt-Saga: Der letzte Wunsch – Das Schwert der Vorsehung* – München 1998

Saxo Grammaticus: Gesta Danorum. Mythen und Legenden des berühmten mittelalterl. Geschichtsschreibers. Übersetzt, nacherzählt, kommentiert von Hans-Jürgen Hube – Wiesbaden 2004

Schiller, Friedrich: *Die schönsten Gedichte und Balladen* – München/Zürich 2005
ders.: *Goethe. Schiller. Balladen. Sämtliche Balladen und Romanzen. In zeitlicher Folge* – Frankfurt a. M. 1996

Schirmer, Ruth: *Die Geschichte vom Schwanenritter* – München 1992

Schlegel, Dorothea: *Die Geschichte des Zauberers Merlin* – München 1988

Schlosser, Horst Dieter: *Althochdeutsche Literatur – mit Proben aus dem Niederdeutschen* – ausgewählte Texte mit Übertragungen, mit Glossar – Frankfurt a. M. 1989

Schmökel, Hartmut: *Das Gilgamesch-Epos* – München 1995

Schneidewind, Friedhelm: *... wie schmelzen deine Blätter* – Saarbrücken 1993
ders.: *Geworfen in die Ewigkeit* – Saarbrücken 1997
ders.: *Liebe und Tod. Lieder und Texte* – Saarbrücken 1998
ders. mit Frank Weinreich (Hg.): *Mittelerde ist unsere Welt. Wie es »wirklich« war* – Saarbrücken 2006

Schott, Albert: *Das Gilgamesch-Epos. Ergänzt und teilweise neu gestaltet von W. von Soden* – Stuttgart 1986

Schrott, Raoul: *Gilgamesh-Epos* – München/Wien 2001

Schulz, Albert (Hg.): *Die Sagen von Merlin. Hg. von San-Marte. Nachdruck der Ausgabe Halle 1853* – Hildesheim/New York 1979

Schulz, Berndt (Hg.): *Sagen aus Afrika* – Frankfurt a. M. 1978
ders. (Hg.): *Sagen aus Japan* – Frankfurt a. M. 1978
ders. (Hg.): *Sagen aus der Schweiz* – Frankfurt a. M. 1980
ders. (Hg.): *Sagen aus Frankreich* – Frankfurt a. M. 1978
ders. (Hg.): *Sagen aus Skandinavien* – Frankfurt a. M. 1981

Schwab, Gustav: *Der gehörnte Siegfried und weitere Erzählungen aus den alten Volksbüchern* – Zürich 1955
ders.: *Deutsche Volks- und Heldensagen* – Bayreuth 1976
ders.: *Sagen des klassischen Altertums.* 1838/40 – zahlreiche Ausgaben, u. a. Frankfurt a. M. 2001, Augsburg 2006, Bindlach 2006, Stuttgart 2007

Shakespeare, William: *Theatralische Werke* (in 1 Band). Zweite Zürcher Ausgabe, übersetzt von Christoph Martin Wieland, nach der Ausgabe von 1762 bis 1766 – München 2004

Shelley, Mary: *Frankenstein oder Der moderne Prometheus* – Ditzingen 1986; Frankfurt a. M. 2004, Stuttgart 2005

Simmons, Dan: *Die Feuer von Eden* – München 1997
ders.: *Kraft des Bösen* – München 1993/1997
ders.: *Sommer der Nacht* – München 1992/2006
ders.: *Im Auge des Winters* – München 2006
ders.: *Kinder der Nacht* – München 1993/2007
ders.: *Ilium* – München 2006
ders.: *Olympos* – München 2006

Simon, Erik (Hg.): *Tolkiens Geschöpfe. Von Orks, Zwergen, Drachen und anderen phantastischen Wesen* – München 2004

Sir Gawain und der Grüne Ritter: übersetzt von Hans J. Schütz nach der mittelenglischen Ausgabe von Norman Davis, Oxford 1967 – Stuttgart 2004

Snorri Sturluson: *Gylfaginning. Texte – Übersetzung – Kommentar von Gottfried Lorenz* – 1984
ders.: *Snorris Königsbuch* (3 Bände). Übertragen von Felix Niedner – Jena 1922/23

Stallman, Robert: *Werwelt* – München 1986

Stamer, Barbara: *Märchen von Nixen und Wasserfrauen* – Frankfurt a. M. 1987
dies.: *Märchen von Schicksal und Weissagung* – Frankfurt a. M. 1990

Steinbeck, John: *König Artus und die Heldentaten der Ritter seiner Tafelrunde* – München 2000

Sterath-Bolz, Ulrike (Hg.): *Isländische Vorzeitsagas* – München 1997

Stevenson, Robert L.: *Dr. Jekyll und Mr. Hyde* – Würzburg 2007
ders.: *Der Flaschenteufel und andere Geschichten* – Zürich 1990

Stewart, Mary: *Merlin-Saga (Der Erbe,* Hamburg 1981 – *Flammender Kristall,* Wien/München/Zürich 1982 – *Merlins Abschied,* Hamburg 1984 – *Tag des Unheils,* München/Hamburg 1985 – *Der Prinz und die Pilgerin,* München 1997)

Stoddard, James: *Das hohe Haus* – Bergisch Gladbach 1999
ders.: *Rückkehr nach Abendsee* – Bergisch Gladbach 2001

Stoker, Bram (Abraham): *Dracula* (1897) – Bergisch Gladbach 2005
ders.: *Im Schatten der Vampire (Die sieben Finger des Todes,* 1904 – *Das Geheimnis des schwimmenden Sarges,* 1909 – *Das Schloss der Schlange,* 1911) – Bergisch-Gladbach 1993
ders.: *Im Haus des Grafen Dracula. Geschichten* – München 1974

Straus, Oscar: *Die lustigen Nibelungen.* Operette – Berlin 1934

Stroud, Jonathan: *Bartimäus-Trilogie (Das Amulett von Samarkand – Das Auge des Golem – Die Pforte des Magiers)* – München 2004–2006

Sturgeon, Theodore: »*Das Rätsel Ragnaröks*« – In: *Ashtaru der Schreckliche.* Hg. von Erhard Ringer – München 1982

Sturm, Dieter; Völker, Klaus: *Von denen Vampiren oder Menschensaugern* – München 1967; Frankfurt a. M. 1994; Erftstadt 2006

Swann, Thomas Burnett: *Der letzte Minotaur* – Rastatt/Baden 1977
ders.: *Die Stunde des Minotauren* – Rastatt/Baden 1978
ders.: *Der grüne Phönix* – München 1978
ders.: *Der goldene Riese* – München 1978
ders.: *Die Bienenkönigin* – München 1978
ders.: *Der Feuervogel* – Rastatt/Baden 1979
ders.: *Die heimlichen Götter* – München 1980
ders.: *Zauberwälder* – München 1987

Swift, Jonathan: *Gullivers Reisen* – Frankfurt a. M. 1974

T

Tauer, Felix: *Neue Erzählungen aus den Tausendundein Nächten. Geschichten der Wortley-Montague-Handschrift der Oxforder Bodleian Library.* 2 Bände – Frankfurt a. M. 1989

Tetzner, Reiner: *Germanische Götter- und Heldensagen* – Stuttgart 1997
ders.: *Germanische Heldensagen* – Stuttgart 2003
ders.: *Griechische Götter- und Heldensagen* – Stuttgart 2003

Thurneysen, Rudolf: *Der Streit um das Heldenstück. Keltische Sagen aus dem alten Irland.* Leipzig/Weimar 1987; Frankfurt a. M./Leipzig 1991

Tolkien, John Ronald Reuel: *Der Hobbit* – Stuttgart 1998
ders.: *Der Herr der Ringe* – Stuttgart 2002
ders.: *Farmer Giles of Ham – Bauer Giles von Ham.* Zweisprachige Ausgabe – München 1990
ders.: *Fabelhafte Geschichten (Bauer Giles von Ham, Der Schmied von Großholzingen, Blatt von Tüftler)* – Stuttgart, 1988
ders.: *Die Abenteuer des Tom Bombadil und andere Gedichte aus dem Roten Buch* – Stuttgart 1984

ders.: *Die Briefe vom Weihnachtsmann* – Stuttgart 1977
ders.: *Das Silmarillion*. Hg. von Christopher Tolkien unter
Assistenz von Guy Gavriel Kay – Stuttgart 1978
ders.: *Nachrichten aus Mittelerde*.
Hg. von Christopher Tolkien – Stuttgart 1983
ders.: *Das Buch der Verschollenen Geschichten*.
2 Bände. Hg. von Christopher Tolkien – Stuttgart 2000
ders.: *Roverandom*. Hg. von Christina Scull
und Wayne G. Hammond – Stuttgart 1999
ders.: *Die Kinder Hurins*.
Hg. von Christopher Tolkien – Stuttgart 2007
Tolkien, John Ronald Reuel und Georg Paysen Petersen: *Beowulf*
(nach der Übersetzung von Petersen von 1901 mit einem Essay
von Tolkien von 1937) – Stuttgart 2001
Tvrdíková, Michaela (Hg.): *Die Braut des Mondes und andere
Märchen von den Frauen* – Hanau 1986
Twain, Mark: *Ein Yankee aus Connecticut an König Artus Hof* –
München 2004 – auch als: *Mark Twains Abenteuer:
Ein Yankee am Hofe des Königs Artus*. Anhang mit Nachwort,
Zeittafel und Bibliographie – Frankfurt a. M. 1977

U

Uther, Hans-Jörg: *Knaurs Sagenschatz.
Die großen deutschen Sagen* – Erftstadt 2004
ders.: *Märchenschatz. Das große Buch
der deutschen Märchen* – München 2004
ders.: *Märchen vor Grimm* – München 1990
ders.: *Märchen in unserer Zeit* – München 1990
ders.: *Märchen vom Glück* – München 2004
ders.: *Märchen vom Essen und Trinken* – Frankfurt a. M. 1993
ders.: *Die schönsten Märchen aus 1001 Nacht* – Kreuzlingen 2002
ders.: *Die schönsten Märchen vom Heilen* München 1998
ders.: *Die schönsten Märchen von Brüdern und Schwestern* –
Kreuzlingen 2000
ders.: *Die schönsten Märchen von Himmel und Hölle* –
München 1999
ders.: *Die schönsten Märchen von Müttern und Töchtern* –
München 1999
ders.: *Die schönsten Märchen von Riesen und Zwergen* –
München 2002
ders.: *Die schönsten Märchen von Sonne, Mond und Sternen* –
München 2000
ders.: *Die schönsten Märchen von unermesslichen Schätzen und
großen Reichtümern* – München 2002
ders.: *Die schönsten Märchen von Vätern und Söhnen* –
München 2002
ders.: *Die schönsten Pferdemärchen* – München 2002

V

Vekerdi, József (Hg.): *Ilona Tausendschön.
Zigeunermärchen und -schwänke aus Ungarn* – Kassel 1980
Vercors (d. i. Jean Bruller): *Das Geheimnis der Tropis* –
München 1976
Verne, Jules: *Reise zum Mittelpunkt der Erde* (1864) –
Düsseldorf 2005
ders.: *Von der Erde zum Mond* (1865) – Düsseldorf 2006
ders.: *Reise um den Mond* (1870) – Düsseldorf 2007
ders.: *20000 Meilen unter dem Meer* – Düsseldorf 2007
Völker, Klaus: *Von Werwölfen und anderen Tiermenschen.
Dichtungen und Dokumente* – München 1972
ders.: *Werwölfe und andere Tiermenschen* –
Frankfurt a. M. 1977
Vorisková, Marie: *Singende Geigen. Zigeunermärchen* –
Hanau 1983

W

Wägner, Wilhelm: *Deutsche Heldensagen* (1878) – Eggolsheim 2003
Waltharilied und die Waldere-Bruchstücke. Übertragen,
eingeleitet und erläutert von Felix Genzmer – Stuttgart 1982
Walton, Evangeline: *Die vier Zweige des Mabinogi* – Stuttgart 2001
Webb, Catherine: *Lucifer. Träger des Lichts* – Bergisch Gladbach 2007
dies.: *Satan. Retter der Welt* – Bergisch Gladbach 2007
Weinreich, Frank: *SENSATION! Französischer Archäologe weist
nach: J.R.R. Tolkien hat den »Herrn der Ringe« nicht erfunden!* –
2002: WWW-Dokument, zit. am 13.08.2007
[URL: www.polyoinos.de/tolk_stuff/tolk_story.htm]
ders. mit Friedhelm Schneidewind: *Mittelerde ist unsere Welt
Wie es »wirklich« war* – Saarbrücken 2006
White, Terence Hanbury: *Der König auf Camelot (Das Schwert im
Stein – Die Königin von Luft und Dunkelheit – Der mißratene
Ritter – Die Kerze im Wind)* – einbändig, Stuttgart 2006
ders.: *Das Buch Merlin* – Stuttgart 1998
Wilde, Oscar: *Das Bildnis des Dorian Gray* – Düsseldorf 2007
ders.: *Das Gespenst von Canterville* – Ditzingen 2007
ders.: *Die Oscar Wilde Box (Das Gespenst von Canterville –
Die schönsten Märchen – Meistererzählungen – Lord Arthur
Saviles Verbrechen)* – Berlin 2007
Wilhelm, Richard: *Chinesische Märchen* – München 1958
Williams, Tad: *Osten-Ard-Tetralogie (Der Drachenbeinthron –
Der Abschiedsstein – Die Nornenkönigin – Der Engelsturm)* –
Frankfurt a. M. 1991 – 1993
ders.: *Otherland (Die Stadt der goldenen Schatten – Fluss aus
blauem Feuer – Berg aus schwarzem Glas – Meer des silbernen
Lichts)* – Stuttgart 1998 – 2002
ders.: *Der Blumenkrieg* – Stuttgart 2004
Winheller, Charlotte, Manfrede Kluge, Ronald M. Hahn u. a. (Hg.):
Die besten Stories aus The magazine of fantasy and science fiction
(Nr. 1 bis 101) – München 1963 – 2000
Wolfram von Eschenbach: *Parzival*. Übersetz. a. d. Mittelhochdt.
von Wolfgang Spiewok – Stuttgart 1981
ders.: *Titurel*. herausgegeben von Albert Leitzmann – Halle 1902
ders.: *Willehalm*. Text von Werner Schröder, neu bearbeitet und
übersetzt vom Dieter Kartschoke, zweisprachig – Berlin 1989
Wyndham, John: *Die Triffids* – Frankfurt a. M. 2006

Y

Young, Ella: *Keltische Heldensagen* – Stuttgart 1996

Z

Zelazny, Roger: *Die Insel der Toten* – München 1973
ders.: *Der Tod in Italbar* – München 1975
ders.: *Herr des Lichts* – München 1976
ders.: *Amber-Zyklus (Corwin von Amber – Die Gewehre von
Avalon – Im Zeichen des Einhorns – Die Hand Oberons –
Die Burgen des Chaos – 2. Zyklus: Die Trümpfe des jüngsten
Gerichts – Das Blut von Amber – Zeichen des Chaos – Ritter
der Schatten – Prinz des Chaos)* – München 1977 – 1995
ders.: *Die Türen seines Gesichts* – München 2000
ders.: *Götter aus Licht und Dunkelheit* – Bergisch Gladbach 1981
ders.: *Jack aus den Schatten* – München 1982
ders. mit Philip K. Dick: *Der Gott des Zorns (Deus Irae)* –
Bergisch Gladbach 1979
ders. mit Robert Sheckley: *Bringt mir den Kopf des
Märchenprinzen* – Bergisch Gladbach 1996
ders. mit Robert Sheckley: *Wer immer sterbend sich bemüht* –
Bergisch Gladbach 1996
ders. mit Robert Sheckley: *Ein Schauspiel, teuflisch bös
und unmoralisch* – Bergisch Gladbach 1998

Weiterführende Literatur

Aichelin, Helmut: *Das Wiedererwachen des Mythos. Was ist neu an der »Neuen Religiosität«*. EZW-Information 56, Evangelische Zentralstelle für Weltanschauungsfragen – Stuttgart 1974 (als Datei: www.ekd.de/ezw/dateien/EZWINF56.pdf)

Albus, Michael: *Wohnungen der Götter. Heilige Berge* – Stuttgart/Zürich 2002

Aldiss, Brian W.: *Der Millionen-Jahre-Traum. Die Geschichte der Science Fiction* – Bergisch Gladbach, 1980

Alexander, Heine (Hg.): *Germanen und Germanien in römischen Quellen* – 1991

Alpers, Hans Joachim, Werner Fuchs und Ronald M. Hahn: *Lexikon der Fantasyliteratur* – Wuppertal 2005
dies.: *Lexikon der Horrorliteratur* – Wuppertal 1999
dies.: *Lexikon der Science-Fiction-Literatur* – München 1990
dies.: *Reclams Science Fiction Führer* – Stuttgart 1982

Alpers, Hans Joachim, Werner Fuchs, Ronald M. Hahn und Wolfgang Jeschke: *Lexikon der Science Fiction Literatur in zwei Bänden* – München 1980 – überarbeitet, ein Band – München 1988

Anderson, Poul: »Pfusch und Schlamperei in der Fantasy«; »Fantasy im Zeitalter der Wissenschaft« – In: *Das Tor der fliegenden Messer* – München 1986

Andresen, C.: *Geschichte des Christentums* – Stuttgart/Berlin/Köln/Mainz 1975

Angenendt, Michael: *Geschichte der Religiosität im Mittelalter* – Darmstadt 1997

Appenzeller, Tim: *Zwerge* – Amsterdam 1985

Arendt, Anja: *Die Geschichte der Elfen & Elben* – Königswinter 2004

Ariès, Philippe: *Geschichte des Todes* – München/Wien 1980

Armstrong, Karen: *Nah ist und schwer zu fassen der Gott. 3000 Jahre Glaubensgeschichte* – München 1993
dies.: *Eine kurze Geschichte des Mythos* – Berlin 2005

Arnold, Heinz Ludwig und Heinrich Detering (Hg.): *Grundzüge der Literaturwissenschaft* – München 1997

Arrowsmith, Nancy: *Die Welt der Naturgeister* – Frankfurt a. M. 1984

Ashe, Geoffrey: *König Arthur* – Düsseldorf/Wien 1986
ders.: *Kelten, Druiden und König Arthur. Mythologie der britischen Inseln* – Solothurn/Düsseldorf 1992

Asimov, Isaac: *Issac Asimov's Zauberland* – Bergisch Gladbach 1997

Asmussen, J. Peter u. a. (Hg.): *Handbuch der Religionsgeschichte* (3 Bände) – Göttingen 1971-1975

Assmann, Jan (Hg.): *Ma'at. Gerechtigkeit und Unsterblichkeit im alten Ägypten* – München 1990

Auer, Johann: *Eschatologie, Tod und ewiges Leben* – Regensburg 1990

Auhofer, Herbert: *Aberglaube und Hexenwahn* – Freiburg 1960

Aurnhammer, Achim (Hg.): *Mythos Ikarus. Texte von Ovid bis Wolf Biermann* – Leipzig 1998
ders. (Hg.): *Mythos Pygmalion. Texte von Ovid bis John Updike* – Leipzig 2003

Axelrod, Gerald und Iris Guggenberger: *Wo die Zeit keine Macht hat. Feen, Hexen und Druiden in der Sagenwelt Irlands* – München 2003

B

Baaren, Theodorus Petrus van: *Menschen wie wir. Religion und Kult der schriftlosen Völker* – Gütersloh 1964

Baetke, Walter: *Art und Glaube der Germanen* – Hamburg 1938
ders.: *Zur Religion der Skalden* – Firenze 1956

Baier, E.; Heer, B.: *Der Horrorfilm* – Frankfurt a. M. 1979

Bandini, Ditte und Giovanni: *Kleines Lexikon des Aberglaubens* – München 1999

Barber, Elizabeth Wayland and Paul T.: *When They Severed Earth from Sky. How the Human Mind Shapes Myth*. Princeton/Oxford 2005

Barner, Wilfried, Anke Detken und Jörg Wesche: *Texte zur modernen Mythentheorie* – Ditzingen 2003

Barthen, Roland: *Mythen des Alltags* – Frankfurt a. M. 1964

Bauer, Wolfgang, Irmtraud Dümotz und Sergius Golowin: *Lexikon der Symbole* – Wiesbaden 2004

Baumann, Hans D.: *Horror. Die Lust am Grauen* – Weinheim/Basel 1989

Baumann, Max Peter: *Kosmos der Anden. Weltbild und Symbolik indianischer Tradition in Südamerika* – München 1994

Baumer, Franz: *König Artus und sein Zauberreich. Eine Reise zu den Ursprüngen* – München 1993

Bausinger, Hermann: *Volkskunde* – Berlin 1972

Bechert, Heinz und Richard Gombrich (Hg.): *Der Buddhismus. Geschichte und Gegenwart* – München 1989

Bechtold-Stäubli, Hanns (Hg.): *Handbuch des deutschen Aberglaubens* (10 Bände) – Berlin 1927-42

Becker-Huberti, Manfred: *Lexikon der Bräuche und Feste* – Freiburg/Basel/Wien 2000

Beit, Hedwig von: *Das Märchen* – Bern 1965
dies.: *Symbolik des Märchens* – Bern 1971

Bellinger, Gerhard J.: *Knaurs Lexikon der Mythologie* – München 1989/Augsburg 2001
ders.: *Im Himmel wie auf Erden. Sexualität in den Religionen der Welt* – München 1993

Bemmann, Klaus: *Der Glaube der Ahnen* – Essen 1990

Benecke, Mark: *Mordspuren* – Bergisch Gladbach 2007

Benedict, Ruth: *Urformen der Kultur* – Hamburg 1955

Berg, Walter Bruno: *Lateinamerika. Literatur, Geschichte, Kultur* – Darmstadt 1995

Berndt, Helmut: *Die Nibelungen. Auf den Spuren eines sagenhaften Volkes* – Bergisch Gladbach 1987
ders.: *Unterwegs zu den großen Sagen* – Düsseldorf 1996

Bertau, Karl: *Deutsche Literatur im europäischen Mittelalter* – München 1972/73

Bertholet, Alfred: *Wörterbuch der Religionen* – Stuttgart 1976

Bettelheim, Bruno: *Kinder brauchen Märchen* – München 1980

Betz, Werner: *Die altgermanische Religion* – Berlin 1962

Bidlo, Oliver D.: *Mythos Mittelerde: Über Hobbits, Helden und Geschichte in Tolkiens Welt* – Norderstedt 2002
ders.: *Sehnsucht nach Mittelerde* – Norderstedt 2003

Biedermann, Hans: *Handlexikon der Magischen Künste von der Spätantike bis ins 19. Jahrhundert*. 2 Bände – Graz 1986
ders.: *Wunderwesen – Wunderwelten* – Graz 1980
ders.: *Dämonen, Geister, dunkle Götter. Lexikon der furcht-erregenden mythischen Gestalten* – Bindlach 1989/1999
ders.: *Lexikon der Symbole* – München 1989/Augsburg 2000
ders.: *Lexikon der Magischen Künste* – Wiesbaden 1998

Blumenberg, Hans: *Arbeit am Mythos* – Frankfurt a. M. 1979

Bonacker, Maren und Stefanie Kreuzer (Hg.): *Von Mittelerde bis in die Weiten des Alls: Fantasy und Science Fiction in Literatur und Film*. Schriftenreihe und Materialien der Phantastischen Bibliothek Wetzlar, Band 94 – Wetzlar 2006

Bonin, Felix von: *Kleines Handlexikon der Märchensymbolik* – Stuttgart 2001

Boor, Helmut de: *Die höfische Literatur* – München 1974

Borges, Jorge Luis (mit Margarita Guerrero): *Einhorn, Sphinx und Salamander. Das Buch der imaginären Wesen* – München 1993

Borghart, Kees H. R.: *Das Nibelungenlied. Die Spuren mündlichen Ursprungs in schriftlicher Überlieferung* – Amsterdam 1977

Borrmann, Norbert: *Lexikon der Monster, Geister und Dämonen. Die Geschöpfe der Nacht aus Mythos, Sage, Literatur und Film. Das etwas andere Who is Who* – Berlin 2000
ders.: *Orte des Schreckens. Warum das Grauen überall nistet* – Baden 2004

Bosold, Georg: *Griechische Sagengestalten mit den Quellen bei Hesiod, Homer und Apollodor* – Potsdam 2007
ders.: *Griechische Götter und Sagengestalten systematisch* – Potsdam 2007

Botermann, Helga: *Wie aus Galliern Römer wurden. Leben im Römischen Reich* – Stuttgart 2005

Botheroyd, S. und P.: *Lexikon der keltischen Mythologie* – München 1992

Bouchard, Giorgio: *Christentum* – Bern/München/Wien 1998

Braun, Hans Jürg: Das Jenseits. Die Vorstellungen der Menschheit über das Leben nach dem Tod – Frankfurt a. M. 1999
ders.: *Das Leben nach dem Tod. Jenseitsvorstellungen der Menschheit* – 2000

Breuers, Dieter: *In drei Teufels Namen. Die etwas andere Geschichte der Hexen und ihrer Verfolgung* – Bergisch Gladbach, 2007

Brinkmann, Bernhard: *Kleines Katholisches Kirchenlexikon* – Leipzig 1958

Brodersen, Kai und Bernhard Zimmermann (Hg.): *Metzler-Lexikon Antike* – Stuttgart/Weimar 2006

Broere, Theo und Frank Giesenberg: *Irland. Das Reich der Feen* – München 2003

Brogsitter, Karl Otto: *Artusepik* – Stuttgart 1965

Brunner-Traut, Emma (Hg.): *Die fünf großen Weltreligionen* – Freiburg 1974

Brunner-Ungricht, Gabriela: *Die Mensch-Tier-Verwandlung. Eine Motivgeschichte unter besonderer Berücksichtigung des deutschen Märchens in der ersten Hälfte des 19. Jahrhunderts* – Bern/Berlin/Frankfurt a. M./New York/Paris/Wien 1998

Bührer, Emil M. (Hg.): *Mythen der Welt* – Luzern/Frankfurt a. M. 1976

Burkert, Walter: *Griechische Religion der archaischen und klassischen Epoche* – Stuttgart/Berlin/Köln/Mainz 1977
ders.: *Antike Mysterien. Funktionen und Gehalt* – München 1994

Butzer, Günter und Joachim Jacob (Hg.): *Metzler Lexikon literarischer Symbole* – Stuttgart 2007

C

Cain, Hans-Ulrich und Sabine Rieckhoff: *Fromm, fremd, barbarisch. Die Religion der Kelten* – Mainz 2002

Campbell, Joseph: *Der Heros in tausend Gestalten* – Frankfurt a. M. 1953/1999
ders.: *Mythen der Menschheit* – München 1993
ders.: *Die Kraft der Mythen* – Düsseldorf 2007

Cancik, H. u. a. (Hg.): *Handbuch religionswissenschaftlicher Grundbegriffe* (2 Bände) – Stuttgart/Berlin/Köln/Mainz 1988/90

Capelle, Thorsten: *Die Wikinger. Kultur und Kunstgeschichte* – Darmstadt 1988

Carpenter, Humphrey: *J. R. R. Tolkien: Eine Biographie* – Stuttgart 1979

Cavendish, Richard; Lind, Trevor (Hg.): *Mythologie der Weltreligionen* – München 1985

Cavin, Albert: *Der Konfuzianismus. Die großen Religionen der Welt, Band 8* – Genf 1985

Chant, Joy: *Könige der Nebelinsel* – Bergisch Gladbach 1984

Cherry, John (Hg.): *Fabeltiere. Von Drachen, Einhörnern und anderen mythischen Wesen* – Stuttgart 1997

Clarke, Arthur C.: *Profile der Zukunft. Über die Grenzen des Möglichen* – München 1984

Clarke, Peter B. (Hg.): *Atlas der Weltreligionen. Entstehung · Glaubensinhalte · Entwicklung* – Wien/Gütersloh/Stuttgart 1993

Clayton, Peter A.: *Die Pharaonen. Herrscher und Dynastien im alten Ägypten* – Düsseldorf 1995

Clemen, Carl (Hg.): *Die Religionen der Erde* (4 Bd.) – München 1966

Coenen, Dorothea; Holzapfel, Otto: *Germanische und keltische Mythologie* – Freiburg/Br. 1982

Conrad, H.: *Die literarische Angst. Das Schreckliche in Schauerromantik und Detektivgeschichten* – Düsseldorf 1974

Conze, Edward: *Der Buddhismus* – Stuttgart/Berlin u. a. 1977

Cooper, Jean C.: *Illustriertes Lexikon der traditionellen Symbole* – Wiesbaden 1986

Cunliffe, Barry: *Die Kelten und ihre Geschichte* – Bergisch Gladbach 1980

D

Dahlheim, Werner: *Die Antike. Griechenland und Rom* – Paderborn 1994

Dammann, Ernst: *Die Religionen Afrikas* – Stuttgart 1963

Darga, Martina: *Taoismus* – Kreuzlingen/München 2001

Davis, Kenneth C.: *Woher kommt der Mann im Mond?* – Bergisch Gladbach 2003
ders.: *Wo hat Prometheus das Feuer versteckt? Alles, was Sie über die Mythen der Welt wissen sollten* – Bergisch Gladbach 2003

Derolez, René L. M.: *Götter und Mythen der Germanen. Einsiedeln/Zürich/Köln 1963

Diederichs, Ulf (Hg.): *Who's who im Märchen* – Düsseldorf 2006

DiNola, Alfonso: *Der Teufel* – München 1993

Döbler, Hannsferdinand: *Die Germanen* – Gütersloh 1975

Doel, Fran und Terry Lloyd Geoff: *König Artus und seine Welt* – Essen 2003

Donovan, Frank: *Zauberglaube und Hexenkult* – London 1973

Doucet, F. W.: *Geschichte der Geheimwissenschaften* – München 1980

E

Ebeling, E.: *Tod und Leben nach den Vorstellungen der Babylonier* – Berlin/Leipzig 1931

Eco, Umberto: *Kunst und Schönheit im Mittelalter* – Wien 1991

Egler, Aulo: *Germanen. Vom ersten Jahrhundert bis zu Karl dem Großen* – Augsburg 1989

Egli, Hans: *Das Schlangensymbol. Geschichte, Märchen, Mythos* – Olten 1982

Eliade, Mircea und Ioan P. Couliano: *Handbuch der Religionen* – Zürich/Frankfurt a. M. 1997

Eliade, Mircea: Mythen. *Träume und Mysterien* – Salzburg 1961
ders.: *Geschichte der religiösen Ideen* – Freiburg/Basel/Wien 1978–1983
ders.: *Die Religionen und das Heilige. Elemente der Religionsgeschichte* – Frankfurt a. M. 1986
ders.: *Das Heilige und das Profane. Vom Wesen des Religiösen* – Frankfurt a. M. 1990
ders.: *Ewige Bilder und Sinnbilder. Über die magisch-religiöse Symbolik* – Frankfurt a. M. 1998

Elias, Norbert: *Der Prozeß der Zivilisation* – Frankfurt a. M. 1977

Emrich, Wilhelm: *Hebbels Nibelungen.*
  Götzen und Götter der Moderne – Mainz 1974

Ennemoser, Josef: *Geschichte der Magie*
  Neudruck der Ausgabe von 1844 – Wiesbaden 1966

Essl, Monika: *Die Rezeption des Artusstoffes in der englischen
  und amerikanischen Literatur des 20. Jahrhunderts bei
  Thomas Berger, Marion Zimmer Bradley, E. A. Robinson,
  Mary Stewart und T. H. White* – Salzburg 1995

Evans, Christopher: *Kulte des Irrationalen. Sekten, Schwindler,
  Seelenfänger* – Reinbek bei Hamburg 1979

Every, George: *Das Christentum und seine Legenden* –
  Klagenfurt 1990

Evola, Julius: *Das Mysterium des Grals* – Schwarzenburg 1987

F

Fahlbusch, E. (Hg.): *Taschenlexikon Religion und Theologie* –
  Göttingen 1983

Falke, Matthias (Hg.): *Mythos Kassandra. Texte von Aischylos
  bis Christa Wolf* – Stuttgart 2006

Faure, Bernard: *Buddhismus* – Bern/München/Wien 1998

  ders: *Der Tod in den asiatischen Religionen* –
  Bergisch Gladbach 1999

Feige, Marcel: *Das neue Lexikon der Fantasy. Xena, Conan,
  Artus & der kleine Hobbit – Mythen, Legenden und Sagen
  der Fantasy* – Berlin 2003

Fischer, Hans W.: *Götter und Helden. Germanisch-deutscher
  Sagenschatz aus einem Jahrtausend* – Berlin 1935

Fornet-Ponse, Thomas, u. a. (Hg.): *Tolkiens kleinere Werke.*
  Hither Shore 4. Jahrbuch der Deutschen Tolkien Gesellschaft
  e. V. (DTG). Düsseldorf 2008

Först, Dietmar: *Indianische Religiosität heute: Die Sioux* –
  Hannover 1995

Frank, I. W.: *Kirchengeschichte des Mittelalters* – Düsseldorf 1984

Frenzel, Elisabeth: Stoff- und Motivgeschichte – Berlin 1974

  dies.: *Stoff-, Motiv- und Symbolforschung* – Stuttgart 1978

  dies.: *Motive der Weltliteratur: ein Lexikon
  dichtungsgeschichtlicher Längsschnitte* – Stuttgart 1999

  dies.: *Stoffe der Weltliteratur: ein Lexikon
  dichtungsgeschichtlicher Längsschnitte* – Stuttgart 2005

Friedli, Richard. *Zwischen Himmel und Hölle – Die Reinkarnation.
  Ein religionswissenschaftliches Handbuch* – Freiburg 1986

Friedrich, Hans-Edwin: *Science Fiction in der deutschsprachigen
  Literatur. Ein Referat zur Forschung bis 1993* – Tübingen 1995

Frischauer, Paul: *Weltgeschichte der Erotik* (4 Bd.) – München 1995

Furch, Karoline: *Die Wiederkehr des Mythos. Zur Renaissance
  der Artus-Mythen in der modernen Fantasy-Literatur.*
  Erweiterte Magisterarbeit. Schriftenreihe und Materialien der
  Phantastischen Bibliothek Wetzlar Band 9 – Wetzlar 1998

G

Gadamer, Hans Georg und Paul Vogler (Hg.):
  Neue Anthropologie (7 Bände) – München/Stuttgart 1972-74

Gallé, Volker et. al. (Hg,): *Sagen- und Märchenmotive im
  Nibelungenlied. Wormser Symposium zum Nibelungenlied
  2001* – Worms 2006

Galling, Kurt (Hg.): *Die Religion in Geschichte und Gegenwart
  (RGG). Handwörterbuch für Theologie und Religionswissenschaft.* 6 Bände und 1 Registerband – Tübingen 1986

Gard, Richard A.: *Der Buddhismus.* Die großen Religionen der
  Welt, Band 2 – Genf 1985

Gasper H. u. a.: *Lexikon der Sekten, Sondergruppen und
  Weltanschauungen* – Freiburg/Basel/Wien 1990

Geary, Patrick J.: *Europäische Völker im frühen Mittelalter:
  Zur Legende vom Werden der Nationen* – Stuttgart 2002

Geldner, Karl F.: *Avesta, die heiligen Bücher der Parsen*
  (3 Bände) – Stuttgart 1886 – 1895

Gerhards, Windred: *Handbuch der phantastischen Fernsehserien* –
  Norderstedt 2001

Gesner, Conrad: *Historia animalium* (1551 – 87) – Hannover 1981

Giebel, Marion: *Das Geheimnis der Mysterien. Antike Kulte in
  Griechenland, Rom und Ägypten* – München 1990

Gierlichs, Joachim: *Drache – Phönix – Doppeladler.
  Fabelwesen in der islamischen Kunst* – Berlin 1993

Giesemann, Gerhard und Tatiana Stepnowska (Hg.):
  *Literaturwissenschaftliche und linguistische Forschungsaspekte
  der phantastischen Literatur* – Frankfurt a. M. u.a. 2002

Giesen, Rolf: *Der phantastische Film. Zur Soziologie von Horror,
  Science Fiction und Fantasy im Kino* (2 Bände) – Schondorf 1981

  ders.: *Lexikon des phantastischen Films* –
  Frankfurt a. M./Berlin/Wien 1984

  ders.: *Sagenhafte Welten. Der phantastische Film* – München 1990

Gilson, E.: *Der Geist der mittelalterlichen Philosophie* – Wien 1950

Glasenapp, Gabriele von und Gisela Wilkending (Hg.): *Geschichte
  und Geschichten. Die Kinder- und Jugendliteratur und das
  kulturelle und politische Gedächtnis* – Frankfurt a. M./Berlin/
  Bern/Bruxelles/New York/Oxford/Wien 2005

Glasenapp, Helmuth von: *Die Religionen Indiens* – Stuttgart 1956

  ders.: *Die fünf Weltreligionen* – München 1997

Glück, Helmut (Hg.): *Metzler-Lexikon Sprache* – Stuttgart 2005

Gmachl, Klaus: *Zauberlehrling, Alraune und Vampir. Die Frank
  Braun-Romane von Hanns Heinz Ewers* – Norderstedt 2005

Gnädinger, Louise (Hg.): *Deutsche Mystik.
  Lebenswelt und mystische Lehre* – Zürich 1989

Godwin, Malcolm: *Der heilige Gral. Ursprung, Geheimnis
  und Deutung einer Legende* – München 1994

Gold, Peter: *Wind des Lebens. Licht des Geistes. Das heilige Wissen
  der Navajo und der Tibeter* – München 1997

Goldammer, K.: *Die Formenwelt des Religiösen* – Stuttgart 1960

Golowin, Sergius: *Göttin Katze.
  Das magische Tier an unserer Seite* – München 1989

  ders.: *Drache, Einhorn, Oster-Hase und anderes Getier* –
  Basel 1994

Golowin, Sergius, Mircea Eliade und Joseph Campbell:
  Die großen Mythen der Menschheit – Freiburg/Basel/Wien 1998

Golther, Wolfgang: *Handbuch der germanischen Mythologie* –
  Reprint von 1908 – Stuttgart 1985
  auch als Nachdruck der Gesamtausgabe von 1895 – Essen 2004

Gölz, Friedrich: *Der primitive Mensch und seine Religion* –
  Gütersloh 1993

Gonzáles-Wippler, Migene: *Talismane und Amulette.
  Die magische Welt der Glücksbringer und Schutzsymbole* –
  Kreuzlingen/München 2001

Goodman. Felicitas D.: *Ekstase, Besessenheit, Dämonen* –
  Gütersloh 1997

Goodman-Thau, Eveline: *Vom Jenseits. Jüdisches Denken in
  der europäischen Geistesgeschichte* – Berlin 1997

Goodrich, Norma Lorre: *Die Ritter von Camelot. König Artus, der
  Gral und die Entschlüsselung einer Legende* – München 1994

Görden, Michael und Hans Christian Meiser: *Madonna trifft Herkules. Die alltägliche Macht der Mythen* – Frankfurt a. M. 1994

Gottschalk, Herbert: *Lexikon der Mythologie* – München 1993
ders.: *Sonnengötter und Vampire* – Berlin 1978
Green, Roger Lancelyn und Walter Hooper:
C. S. Lewis: A Biography – 1995
Grimal, Pierre (Hg): *Mythen der Völker* – Frankfurt a. M. 1967
Grimm, Jacob Ludwig Karl: *Deutsche Mythologie*
Nachdruck der 4. Auflage von 1875 – 1878 – Graz 1968
Grimm, Jacob und Wilhelm: *Deutsches Wörterbuch.* 33 Bände –
München 1999
Groebner, Valentin: *Das Mittelalter hört nicht auf.*
Über historisches Erzählen – München 2008
Grombach, Wilhelm: *Kultur und Religion der Germanen* –
Darmstadt 1978
Groneberg, Brigitte: *Die Götter des Zweistromlandes.*
Kulte, Mythen, Epen – Düsseldorf/Zürich 2004
Grotta-Kurska, Daniel: *Eine Biographie von J. R. R. Tolkien:*
Architekt von Mittelerde – Aalen 1979
Gruppe, Otto: *Geschichte der Klassischen Mythologie und*
Religionsgeschichte während des Mittelalters im Abendland und
während der Neuzeit – Leipzig 1921
Gulian, S. I.: *Mythos und Kultur. Zur Entwicklungsgeschichte*
des Denkens – Wien 1972
Gunturu, Vanamali: *Hinduismus* – München 2002
Guyonvarch, Christian-J. und Françoise Le Roux: *Die Druiden.*
Mythos, Magie und Wirklichkeit der Kelten – Engerda 1998

H

Haag, Herbert: *Teufelsglaube* – Tübingen 1974
Haas, Gerhard: *Aspekte der Kinder- und Jugendliteratur. Genres –*
Formen und Funktionen – Autoren – Frankfurt a. M./Berlin/
Bern/Bruxelles/New York/Oxford/Wien 2003
Haber, Karen (Hg.): *Tolkiens Zauber: Essays und Erinnerungen*
von Terry Pratchett, Ursula K. LeGuin, George R.R. Martin
und anderen, mit Illustrationen von John Howe – München 2002
Hahn, Ronald M. und Rolf Giesen:
Das neue Lexikon des Fantasy-Films – Berlin 2001
Hahn, S. Ronald M. und Volker Jansen: *Lexikon des Horrorfilms* –
Bergisch Gladbach 1989
dies.: *Lexikon des Science Fiction-Films* – München 1997
dies. mit Norbert Stresau: *Lexikon des Fantasy-Films* –
München 1986
Haining, Peter: *Hexen. Wahn und Wirklichkeit in*
Mittelalter und Gegenwart – Oldenburg 1977
Halbwachs, Maurice: *Das kollektive Gedächtnis* –
Frankfurt a. M. 1985
Hale, John: *Die Kultur der Renaissance in Europa* – München 1994
Hall, Angus: *Bestien, Scheusale und Monster* – Frankfurt a. M. 1979
Hansen, Walter: *Asgard. Entdeckungsfahrt in die*
germanische Götterwelt – Bergisch Gladbach 1985
Hartmann, Sieglinde (Hg.): *Artus-Mythen und Moderne:*
Aspekte der Rezeption in Literatur, Kunst, Musik und in den
Medien. Interdisz. Symp. der Phant. Bibli. Wetzlar und der
Oswald v. Wolkenstein Ges., Tagungsband 2001 – Wetzlar 2005
Hauck, Karl (Hg.): *Zur germanisch-deutschen Heldensage* –
Darmstadt 1961
Haussig, Hans Wilhelm (Hg.): *Wörterbuch der Mythologie. Abt. 1,*
Die alten Kulturvölker (7 Bände) – Stuttgart 1965 – 2004
Hederich, Benjamin: *Gründliches mythologisches Lexikon.* Reprogr.
Nachdruck der Ausgabe von 1770 – Darmstadt 1996
Heiler, Friedrich: *Die Religionen der Menschheit* – Stuttgart 1959
ders.: *Erscheinungsformen und Wesen der Religion* – Stuttgart 1961

Heinrich, Klaus: *Vernunft und Mythos. Ausgewählte Texte* –
Frankfurt a. M. 1983
Heinzle, Joachim: *Das Nibelungenlied. Eine Einführung* –
München 1987; Frankfurt a. M. 1996
ders.: *Die Nibelungen. Lied und Sage* – Darmstadt 2005
ders. (Hg.): *Geschichte der deutschen Literatur von den*
Anfängen bis zum Beginn der Neuzeit – Frankfurt a. M. 1988
ders. mit Anneliese Waldschmidt (Hg): *Die Nibelungen. Ein*
deutscher Wahn, ein deutscher Alptraum – Frankfurt a. M. 1991
Helms, Randel: *Tolkien und die Silmarille* – Passau 1983
Hempelmann, Reinhard: »Religions- und Weltanschauungs-
gemeinschaften in Deutschland. Eine Auswahl«. In:
Materialdienst der EZW 7/2005. Evangelische Zentralstelle
für Weltanschauungsfragen – Berlin 2005 (erhältlich als Datei:
www.ekd.de/download/EZW_MD_07-2005_265-269.pdf)
Hengel, M.: *Judentum und Hellenismus* – Tübingen 1969
Herm, Gerhard: *Die Kelten* – Düsseldorf/Wien 1975
Herriger, Catherine: *Die Kraft der Rituale. Macht und Magie*
unbewußter Botschaften im Alltag – München 1993
Herrmann, Paul: *Deutsche Mythologie* (1898) – Berlin 2007
ders.: *Nordische Mythologie* (1903) – Berlin 2007
Hertzberg, Arthur: *Der Judaismus.* Die großen Religionen der
Welt, Band 5 – Genf 1985
Herzog, Markwart (Hg.): *Sterben, Tod und Jenseitsglaube. Ende*
oder letzte Erfüllung des Lebens? – Stuttgart/Berlin/Köln 2000
Hetmann, Frederik: »Merlin. Porträt eines Zauberers«
in: *Das Buch Merlin* von T. H. White – Köln 1980
ders.: *Traumgesicht und Zauberspur. Märchenforschung*
– Märchenkunde – Märchendiskussion – Frankfurt a. M. 1988
ders.: *Märchen und Märchendeutung* – Krummwisch 1999
Heumann, Jürgen (Hg.): *Über Gott und die Welt. Religion, Sinn*
und Werte im Kinder- und Jugendbuch – Frankfurt a. M./
Berlin/Bruxelles/New York/Oxford/Wien 2005
Heusler, Andreas: *Nibelungensage und Nibelungenlied* –
Dortmund 1965 (1921)
Heydecker, Joe J.: *Die Schwestern der Venus.*
Die Frau in den Mythen und Religionen – München 1991
Hinz, W.: *Zarathustra* – Stuttgart 1961
Historisches Museum der Pfalz, Speyer (Hg.): *Attila und die*
Hunnen. Katalog zur Ausstellung – Stuttgart 2007
Hodel-Hoenes, Sigrid: *Leben und Tod im Alten Ägypten* –
Darmstadt 1991
Höfer, J. und K. Rahner (Hg.): *Lexikon für Theologie und Kirche* –
Freiburg 1957 ff
Hoffmann, Erich: *Die heiligen Könige bei den Angelsachsen und*
den germanischen Völkern – Neumünster 1975
Hoffmann, Werner: *Das Nibelungenlied* – Stuttgart 1987
Hofmann Murad: *Der Koran. Das heilige Buch des Islam.* Aus dem
Arabischen von Max Henning (1901) – München 1999
ders.: *Der Islam im 3. Jahrtausend. Eine Religion im Aufbruch* –
Kreuzlingen/München 2000
Holz, Georg: *Der Sagenkreis der Nibelungen* – Leipzig 1914
Hömke, Nicola und Manuel Baumbach: *Fremde Wirklichkeiten.*
Literarische Phantastik und antike Literatur – Heidelberg 2006
Honegger, Thomas, Andrew James Johnston, Friedhelm
Schneidewind und Frank Weinreich: *Eine Grammatik*
der Ethik. Die Aktualität der moralischen Dimension in
J. R. R. Tolkiens literarischem Werk – Saarbrücken 2005
Hoops, Johannes: *Kommentar zum Beowulf* – Heidelberg 1965
Hope, Murry: *Magie und Mythologie der Kelten* – München 1987

Hopf, Andreas und Angela: *Fabelwesen* – München 1980

Hornung, Erik: *Geist der Pharaonenzeit* – München 1989

Huizinga, Johann: *Herbst des Mittelalters* – Stuttgart 2006

Hultkrantz, Ake: *Schamanische Heilkunst und rituelles Drama der Indianer Nordamerikas* – München 1994

Hunfeld, F. und T. Dreger: *Jugend-Okkultismus. Zwischen Satanismus, Esoterik und Parapsychologie* – München 1993

I

Immermann, Karl: »Merlin, eine Mythe« – In: *Werke* – Wiesbaden 1977

Ines, Brian: *Jenseits. Der Tod und das Leben danach* – Bindlach 1999

J

Jacq, Christian: *Das verborgene Wissen der Magier. Geheimnisse und Mythen im Alten Ägypten* – München 1999 (Paris 1983)

Janzen, Wolfram: *Okkultismus. Erscheinungen. Übersinnliche Kräfte, Spiritismus* – Mainz/Stuttgart 1993

Jens, Hermann: *Mythologisches Lexikon* – München 1958/1981

Jens, Walter (Hg.): *Kindlers Neues Literatur-Lexikon* Studienausgabe – München 2003

Jensen, Ad. E.: Mythos und Kult bei Naturvölkern – München 1991

Jezler, Peter: *Himmel, Hölle, Fegefeuer. Das Jenseits im Mittelalter* – München 1994

Jordan, Michael: *Mythen der Welt* – Bern/München/Wien 1997

Jung, Carl Gustav: *Der Mensch und seine Symbole* – Olten 1968
ders.: *Psychiatrie und Okkultismus* – Olten 1972

Jung, Emma und Marie-Louise vom Franz: *Die Gralslegende in psychologischer Sicht* – Olten/Freiburg im Br. 1983

K

Kaiser, Gert: *Der Tod und die schönen Frauen. Ein elementares Motiv der europäischen Kultur* – Frankfurt a. M./New York 1995

Kaiser, Joachim: *Harenberg, das Buch der 1000 Bücher. Autoren, Geschichte, Inhalt und Wirkung* – Dortmund 2005

Kalweit, Holger: *Traumzeit und innerer Raum. Die Welt der Schamanen* – Bern/München/Wien 2000

Karlinger, Felix: *Wege der Märchenforschung* – Darmstadt 1985
ders.: *Geschichte des Märchens im deutschen Sprachraum* – Darmstadt 1988
ders.: *Menschen im Märchen. Studien zur Volkserzählung* – Wien 1994

Kees, H.: *Der Götterglaube im alten Ägypten* – Berlin 1977

Kempen, Bernhard: *Abenteuer in Gondwanaland und Neandertal. Prähistorische Motive in der Literatur und anderen Medien* – Meitingen 1984

Kennedy, Roger G.: *Die vergessenen Vorfahren. Die Wiederentdeckung der indianischen Hochkulturen Amerikas* – München 1996

Kerényi, Karl: *Die Mythologie der Griechen* – Zürich 1964
ders. (Hg.): *Die Eröffnung des Zugangs zum Mythos. Ein Lesebuch* – Darmstadt 1967

Khoury, Adel Theodor: *Lexikon religiöser Grundbegriffe. Judentum Christentum Islam* – Wiesbaden 2007

Khoury, Adel Theodor mit Ludwig Hagemann und Peter Heine: *Islam-Lexikon A – Z. Geschichten – Ideen – Gestalten* – Freiburg im Breisgau/Basel/Wien 2006

Kieckhefer, Richard: *Magie im Mittelalter* – München 1992

Kirchschlager, Michael: *Mörder, Räuber, Menschenfresser* – Leipzig 2005
ders.: *Kirchschlagers Criminal & Curiositäten-Cabinett 1 + 2* – Arnstadt/Leipzig 2006

ders.: *Historische Serienmörder* – Leipzig 2007
ders. u. Lothar Bechler: *Das sächsische Obscurum* – Arnstadt 2001
dies.: *Das sächsisch-anhaltische Obscurum* – Arnstadt 2003
dies.: *Das Obscurum* – Arnstadt 2005
dies.: *Das thüringische Obscurum* – Arnstadt 2007

Kirfel, Willibald: *Die Kosmographie der Inder* – Bonn/Leipzig 1920

Klaniczay, Gábor: *Heilige, Hexen, Vampire. Vom Nutzen des Übernatürlichen* – Berlin 1991

Klimkeit, Hans-Joachim (Hg.): *Tod und Jenseits im Glauben der Völker* – Wiesbaden 1993

Knappert, Jan: *Lexikon der indischen Mythologie* – München 1994
ders.: *Lexikon der afrikanischen Mythologie* – München 1995

Knobloch, Jörg (Hg.): *Praxis Lesen: z. B. Fantastische Geschichten* – Lichtenau 2002

Koch, Hans Jürgen: *Die deutsche Literatur in Text und Darstellung.* 17 Bände – Stuttgart 1976 – 2000

Krause, G. und G. Müller (Hg.): *Theologische Realenzyklopädie* – Berlin/New York 1977 – 2004

Kreutzer, Eberhard (Hg.): *Metzler-Lexikon englischsprachiger Autorinnen und Autoren* – Stuttgart/Weimar 2006

Krickeberg, Walter u. a.: *Die Religionen des alten Amerika* – Stuttgart 1961

Kriele, Alexa: *Von Naturgeistern lernen: Die Botschaften von Elfen, Feen und anderen guten Geistern* – München 2005

Krywalski, Diether: *Knaurs Lexikon der Weltliteratur. Autoren, Werke, Sachbegriffe* – Erftstadt 2003

Kuckenburg, Martin: *... und sprachen das erste Wort? Eine Kulturgeschichte der menschlichen Verständigung* – Düsseldorf 1996
ders.: *Wer sprach das erste Wort? Die Entwicklung von Sprache und Schrift* – Stuttgart 2004

Kühn, Dieter: *Der Parzival des Wolfram von Eschenbach* – Frankfurt a. M. 1986

Kulik, Nils: *Das Gute und das Böse in der phantastischen Kinder- und Jugendliteratur. Eine Untersuchung bezogen auf Werke von Joanne K. Rowling, J. R. R. Tolkien, Michael Ende, Astrid Lindgren, Wolfgang und Heike Hohlbein, Otfried Preußler und Frederik Hetmann* – Frankfurt a. M./Berlin/Bern/Bruxelles/New York/Oxford/Wien 2005

Kummer, Bernhard: *Die Lieder des Codex regius (Edda) und verwandte Denkmäler. Bd. 1: Mythische Dichtung: Die Schau der Seherin (Völuspá) – Bd. 2: Heldendichtung: Die Dichtung von Helgi und der Walküre* – Bremen 1959 (Bd. 2) u. 1961 (Bd. 1)

Künnemann, Horst: *Drachen, Schlangen, Ungeheuer: Gefundenes und Erdachtes zu rätselhaften Lebewesen* – Bayreuth 1970

Künzl, Ernst: *Die Germanen* – Stuttgart 2006

L

Landau, Marcus: *Hölle und Fegefeuer in Volksglaube, Dichtung und Kirchenlehre* (1909) – Reprint, Greiz 2000

Landesmuseum Württemberg Stuttgart (Hg.): *Ägyptische Mumien. Unsterblichkeit im Land der Pharaonen.* Katalog zur Ausstellung – Mainz 2007

Lange, Günter und Wilhelm Steffens (Hg.): *Literarische und didaktische Aspekte der phantastischen Kinder- und Jugendliteratur* – Würzburg 1993

Langosch, Karl: *Europäische Literatur des Mittelalters* – Düsseldorf 1966

Lawlor, Robert: *Am Anfang war der Traum. Die Kulturgeschichte der Aborigines* – München 1993

Le Blanc, Thomas: »Was ist eigentlich Fantasy?« – In: *Tolkien Times*, Oktober 2003: 6 – 7

Le Blanc, Thomas und Johannes Rüster (Hg.): *Glaubenswelten. Götter in Science Fiction und Fantasy.* Schriftenreihe Phantastische Bibliothek Wetzlar 88 – Wetzlar 2005

Le Blanc, Thomas und Bettina Twrsnick (Hg.): *Das Dritte Zeit-alter. J.R.R. Tolkiens »Herr der Ringe«.* Tagungsband 2005. Schriftenreihe Phantastische Bibliothek Wetzlar 92 – Wetzlar 2006

Le Guin, Ursula K.: *The Language of the Night. Essays on Fantasy and Science Fiction* – New York 1979

Leeuwe, G. van der: *Phänomenologie der Religion* – Tübingen 1970

Lehmann, Alfred: *Aberglaube und Zauberei von den ältesten Zeiten an bis zur Gegenwart* – Stuttgart 1925

Leis, Mario (Hg.): *Mythos Aphrodite. Texte von Hesiod bis Ernst Jandl* – Leipzig 2000

ders. (Hg.): *Mythos Herkules. Texte von Pindar bis Peter Weiss* – Leipzig 2005

Leroi-Gourhan, André: *Die Religionen der Vorgeschichte* – Frankfurt a. M. 1981

Lévi-Strauss, Claude: *Mythologica I-IV* – Frankfurt a. M. 1976

Lewis, Clive Staples: *Of Other Worlds. Essays and Stories* – San Diego u.a. 1975

Ley, Willy: *Drachen, Riesen. Seltsame Tiere von gestern und heute* – Stuttgart 1953

Leyen, Friedrich v. d.: *Die deutschen Heldensagen* – München 1912

ders.: *Deutsches Mittelalter* – Frankfurt a. M. 1980

Lievegoed, Bernhard C. J.: *Mysterienströmungen in Europa und die neuen Mysterien* – Stuttgart 1981

Linder, Leo: *Unter der Jaguarsonne. Begegnungen mit der Geschichte der Maya* – Düsseldorf 1995

Lindig, Wolfgang und Mark Münzel: *Die Indianer. Kulturen und Geschichte.* 2 Bände – München 1976

Lippert, Helga; Moroni, Claudia: *Terra X – Große Mythen.* München 2008

Loewenthal, Elena: *Judentum* – Bern/München/Wien 1998

Lommel, Herman: *Die Religion Zarathustras* (1930) – Hildesheim/New York 1971

Lovecraft, Howard Philipp: *Die Literatur der Angst. Zur Geschichte der Phantastik* – Frankfurt a. M. 1995

Lundwall, Sam J.: *Science Fiction: What It's All About* – New York 1971

Lurker, Manfred: *Lexikon der Götter und Dämonen* – Stuttgart 1984

ders.: *Wörterbuch der Symbolik* – Stuttgart 1985

Lütkehaus, Ludger (Hg.): *Mythos Medea. Texte von Euripides bis Christa Wolf* – Ditzingen 2007

M

Mackensen, Lutz: *Die Nibelungen. Sage, Geschichte, ihr Lied und sein Dichter* – Hamburg 1984

Magin, Ulrich: *Trolle, Yetis, Tatzelwürmer. Rätselhafte Erscheinungen in Mitteleuropa* – München 1993

Magnusson, Magnus: *Der Hammer des Nordens. Mythen, Sagas und Heldenlieder der Wikinger* – Freiburg/Br. 1978

ders.: *Die Wikinger. Geschichte und Legende* – Düsseldorf 2007

Mala, Matthias: *Magie* – München 2002

Malinowski, Bronislaw: *Magie, Wissenschaft und Religion* – Frankfurt a. M. 1973

Maringer, Johannes: *Vorgeschichtliche Religion* – Köln/Einsiedeln/Zürich 1956

Markale, Jean: *Die keltische Frau* – München 1985

dies.: *Die Druiden* – München 1989

Marzin, Florian F.: *Die phantastische Literatur. Eine Gattungsstudie* – Frankfurt a. M. u.a. 1982

Matthews, Jon und Caitlin: *Lexikon der keltischen Mythologie* – München 1994

dies.: *Das große Lexikon der keltischen Weisheit* – Kreuzlingen/München 1999

Matuschek, Stefan (Hg.): *Mythos Iphigenie. Texte von Aischylos bis Volker Braun* – Leipzig 2006

May, Karl: *Orient-Zyklus* (1892: *Durch die Wüste/Durch Wüste und Harem – Durchs wilde Kurdistan – Von Bagdad nach Stambul – In den Schluchten des Balkan – Durch das Land der Skipetaren – Der Schut*) – Bamberg 1951 – 1996

ders.: *Die Orient-Erzählungen. Ardistan und Dschinnistan* (1909). 2 Bände – Augsburg 2004

ders.: *Ardistan und Dschinnistan.* Herausgegeben von Hans Wollschläger. 2 Bände – Bamberg 2005/06

Mbiti, John S.: *Afrikanische Religion und Weltanschauung* – Berlin/New York 1974

McCall, Henrietta: *Mesopotamische Mythen* – Stuttgart 1993

McCoy, Edain: *Die keltische Zauberin. Mythen, Rituale, Symbole* – München 2000

Meissner, Bruno: *Babylonien und Assyrien* (2 Bände) – Heidelberg 1920/25

Menghin, Wilfried: *Kelten, Römer und Germanen. Archäologie und Geschichte* – München 1980

Messadie, Gerald: *Teufel, Satan, Luzifer. Universalgeschichte des Bösen* – München 1999

Meurer, Hans und Klaus Richarz: *Von Werwölfen und Vampiren. Tiere zwischen Mythos und Wirklichkeit* – Stuttgart 2005

Michaels, Axel: *Der Hinduismus. Geschichte und Gegenwart* – München 1998

Militz, Wolfgang: *Mythen der Völker* – Stuttgart 1986

Miller, George A.: *Wörter. Streifzüge durch die Psycholinguistik* – Heidelberg/Berlin/New York 1993

Minkwitz, J.: *Illustriertes Taschenwörterbuch der Mythologie aller Völker* – Leipzig 1870

Minois, Georges: *Die Hölle. Zur Geschichte einer Fiktion* – München 1994

Monaghan, Patricia: *Lexikon der Göttinnen* – Bern u. a. 1997

Morenz, Siegfried: *Ägyptische Religion* – Stuttgart 1977

Müller, Ernst (Hg.): *Der Sohar. Das Heilige Buch der Kabbala* (nach der Ausgabe Wien 1932) – Köln 1986

Müller, Ulrich und Werner Wunderlich (Hg.): *Dämonen Monster Fabelwesen* – St. Gallen 1999

Müller-Ebeling, Claudia und Christian Rätsch: *Zauberpflanze Alraune. Die magische Mandragora* – Solothurn 2004

N

Nack, Emil: *Germanien* – Wien 1977

Nagel, Bert: *Das Nibelungenlied. Stoff, Form, Ethos* – Frankfurt a. M. 1965

Nebel, Gerhard: *Die Not der Götter. Welt und Mythos der Germanen* – Hamburg 1957

Neckel, Gustav: *Walhall. Studien über germanischen Jenseitsglauben* – Dortmund 1913

Necknig, Andreas Thomas: *Wie Harry Potter, Peter Pan und Die Unendliche Geschichte auf die Leinwand gezaubert wurden. Literaturwissenschaftliche und didaktische Aspekte von Verfilmungen phantastischer Kinder- und Jugendliteratur* – Frankfurt a. M. u.a. 2007

Nordal, Sigurður (Hg.): *Völuspá* – Darmstadt 1980

O

Ohff, Heinz: *Artus. Biografie einer Legende* – München 1993

Oldenberg, Hermann: *Die Religion des Veda* (1917) – Darmstadt 1977

Oennington, Margot: *Memento mori. Eine Kulturgeschichte des Todes* – Stuttgart 2001

Oswald, A. Erich und Richard Beitl: *Wörterbuch der deutschen Volkskunde* (1936) – Stuttgart 1996

Oswald, Harold: *Das Leben nach dem Tod in den Weltreligionen* – Freiburg 1998

Ott, Inge: *Kalevala. Neu erzählt* – Stuttgart 1989

Oxenstierna, Eric Graf von: *Die Nordgermanen* – Stuttgart 1957

ders.: *Die Wikinger und Nordgermanen* – Wiesbaden 2003

P

Paglia, Carmille: *Die Masken der Sexualität* – München 1992

Pennick, Nigel: *Das Runenorakel* – München 1990

Pesch, Helmut W. (Hg.): *J.R.R. Tolkien – der Mythenschöpfer* – Meitingen 1984

ders.: *Fantasy. Theorie und Geschichte einer literarischen Gattung*. Dissertation 1981 – Passau 2001

Peterich, Eckhard und Pierre Grimal: *Götter und Helden. Die Mythologie der Griechen, Römer und Germanen* – Düsseldorf/Zürich 2000

Petzold, Dieter: *J. R. R. Tolkien: Fantasy Literatur als Wunscherfüllung und Weltdeutung* – Heidelberg 1980

ders.: *J.R.R. Tolkien. Leben und Werk* – Eggingen 2005

Petzoldt, Leander: *Der Tote als Gast. Volkssage und Exempel* – Mainz 1964

ders.: *Magie und Religion* – Darmstadt 1978

ders.: *Dämonenfurcht und Gottvertrauen* – Darmstadt 1989

ders.: *Märchen, Mythos, Sage. Beiträge zur Literatur und Volksdichtung* – Marburg 1989

ders.: *Kleines Lexikon der Dämonen und der Elementargeister* – München 1995

ders.: *Einführung in die Sagenforschung* – Konstanz 2002

ders.: *Tradition im Wandel. Studien zur Volkskultur und Volksdichtung* – Frankfurt a. M. u.a. 2002

ders. (Hg.): *Vergleichende Sagenforschung* – Darmstadt 1969

ders. (Hg.): *Studien zur Volkserzählung* – Frankfurt a. M. u.a. 1987

ders. (Hg.): *Der Dämon und sein Bild* – Frankfurt a. M. u.a. 1989

ders. (Hg.): *Das Bild der Welt in der Volkserzählung* – Frankfurt a. M. u.a. 1993

ders. (Hg.): *Studien zur Stoff- und Motivgeschichte der Volkserzählung* – Frankfurt a. M. u.a. 1997

ders. (Hg.): *Beiträge zur Rezeptions- und Wirkungsgeschichte der Volkserzählung* – Frankfurt a. M. u.a. 2005

Pfeil, Hans: *Das platonische Menschenbild* – Aschaffenburg 1963

Phillips, Graham und Martin Keatman: *Artus. Die Wahrheit über den legendären König der Kelten* – München 1995

Der Physiologus: Tiere und ihre Symbolik – Köln 2005

Piccard, G.: *Wasserzeichen Fabeltiere. Greif, Drache, Einhorn* – Stuttgart 1980

Pobee, John Samuel: *Grundlinien einer afrikanischen Theologie* – Göttingen 1981

Pöhlmann, Matthias (Hg.): *Odins Erben. Neugermanisches Heidentum: Analysen und Kritik* – Evangelische Zentralstelle für Weltanschauungsfragen (EZW) – Berlin 2006

Poyntner, Erich: *Anderswelt. Zur Struktur der Phantastik in der russischen Literatur des 20. Jahrhunderts* – Frankfurt a. M./Berlin/Bern/Bruxelles/New York/Oxford/Wien 2007

Prescott, William Hickling: *Die Welt der Azteken* – Bern 1970

Prinz, Friedrich: *Deutschlands Frühgeschichte. Römer, Kelten und Germanen* – Stuttgart 2003

Probst, Ernst: *Monstern auf der Spur. Wie die Sagen über Drachen, Riesen und Einhörner entstanden* – Mainz-Kostheim 2001

R

Ranke-Graves, Robert von: *Griechische Mythologie. Quellen und Deutung* – Reinbek bei Hamburg 2001

Reed, A. W.: *Am Anfang war die Traumzeit. Die Legenden und Mythen der Aboriginals* – Köln 1981

Regler-Bellinger, Brigitte: *Kleines Lexikon der Göttinnen* – 1988

dies.: *Die Himmelsherrin bin ich. Gebete und Hymnen an Göttinnen* – Bonn 1993

Religion in Geschichte und Gegenwart (RGG4). Handwörterbuch für Theologie und Religionswissenschaft (8 Textbände und 1 Registerband) – Tübingen 1998 – 2005

Renger, Almut-Barbara (Hg.): *Mythos Narziß. Texte von Ovid bis Jacques Lacan* – Leipzig 1999

dies. (Hg.): *Mythos Pandora. Texte von Hesiod bis Sloterdijk* – Leipzig 2002

dies. (Hg.): *Mythos Europa. Texte von Ovid bis Heiner Müller* – Leipzig 2003

Renon, Louis: *Der Hinduismus*. Die großen Religionen der Welt, Band 3 – Genf 1985

Rickhoff, Sabine und Jörg Biel: *Die Kelten in Deutschland* – Stuttgart 2002

Riedl, Rupert: *Biologie der Erkenntnis. Die stammesgeschichtlichen Grundlagen der Vernunft* – Berlin/Hamburg 1980

Riedl-Dorn, Christa: *Wissenschaft und Fabelwesen. Ein kritischer Versuch über Conrad Gessner und Ulisse Aldrovandi* – Wien/Köln 1989

Ringgren, Helmer: *Israelitische Religion* – Stuttgart 1963

ders.: *Die Religionen des Alten Orients* – Göttingen 1979

Rochedieu, Edmond: *Von der Antike bis zum Mittelalter*. Die großen Religionen der Welt, Band 1 – Genf 1985

ders.: *Der Schintoismus*. Die großen Religionen der Welt, Band 9 – Genf 1985

Röder, Brigitte, Juliane Hummel und Brigitta Kunz: *Göttinnendämmerung. Das Matriarchat aus archäologischer Sicht* – München 1996

Roeder, Günther: *Kulte, Orakel und Naturverehrung im alten Ägypten* – Zürich/Stuttgart 1960

Roper, Lyndal: *Hexenwahn. Geschichte einer Verfolgung* – München 2007

Rosenberg, Alfons: *Engel und Dämonen. Gestaltwandel eines Urbildes* – München 1992

Rosenbohm, Alexandra (Hg.): *Schamanen. Zwischen Mythos und Moderne* – Leipzig 1999

Roskoff, Gustav: *Geschichte des Teufels* (Leipzig 1869) – Köln 2003

Roßbach, Nikola (Hg.): *Mythos Ödipus. Texte von Homer bis Pasolini* – Leipzig 2005

Ruckaberle, Axel (Hg.): *Metzler-Lexikon Weltliteratur. 1000 Autoren von der Antike bis zur Gegenwart*. 3 Bände – Stuttgart/Weimar 2006

Ruh, Kurt: *Geschichte der abendländischen Mystik*. 2 Bände – Stuttgart 1993

Rullkötter, Bernd: *Die wissenschaftliche Phantastik der Sowjetunion. Eine vergleichende Untersuchung der spekulativen Literatur in Ost und West* – Frankfurt a. M./Berlin/Bern/Bruxelles/New York/Oxford/Wien 1974

S

Salewski, Michael: *Zeitgeist und Zeitmaschine –
Science Fiction und Geschichte* – München 1986
Sandkühler, Hans Jörg (Hg.): *Enzyklopädie Philosophie.* 2 Bände –
Hamburg 1999
Scardigii, Piergiuseppe: *Die Goten. Sprache und Kultur* –
München 1973
Scherf, Walter: *Das Märchen-Lexikon.* 2 Bände – München 1995
Schlingloff, Dieter: *Die Religion des Buddhismus.* 2 Bände –
Berlin 1962/63
Schmidt, Siegrid: »Die Nibelungen in der Jugend- und
Unterhaltungsliteratur zwischen 1945 und 1980.«
In: *Mittelalter-Rezeption. Ein Symposion.*
Hg. von Peter Wapnewski – Stuttgart 1986
dies.: »Nordische Götter in der deutschen Nibelungen-
Tradition in Deutschland im 19. Jahrhundert« – In: *Jahrbuch
der Oswald von Wolkenstein Gesellschaft*, Band 16. Hg. von
Sieglinde Hartmann und Ulrich Müller – Frankfurt a. M. 2007
Schmitt, Franz Anselm: *Stoff- und Motivgeschichte der deutschen
Literatur. Eine Bibliographie* – Berlin/New York 1976
Schneider, Ulrich: *Einführung in den Buddhismus* –
Darmstadt 1980
Schneidewind, Friedhelm: »Vom Dunkel ins Licht –
Elben, Fantasy und nordische Mythologie« –
In: *... wie schmelzen deine Blätter* – Saarbrücken 1993
ders.: »... denn wer die Mythen beherrscht« –
In: *Siegfried & Co. – Die Modernität des germanischen
Mythos* – Hg. von Thomas Mörschel – Saarbrücken 1995
ders.: *Das kleine Vampyr-ABC* – Saarbrücken 1997
ders.: *Das Lexikon rund ums Blut* – Berlin 1999
ders.: *Das Lexikon von Himmel und Hölle* – Berlin 2000
ders.: *Das ABC rund um Harry Potter* – Berlin 2000
ders.: *Das große Tolkien-Lexikon* – Berlin 2002
ders.: »Einfach in sie eintreten! Biologie, Genetik und
Evolution in Mittelerde« – In: *Das Dritte Zeitalter.*
Tagungsband 2005. Hg. von Thomas Le Blanc und Bettina
Twrsnick. Schriftenreihe Phant. Bibliothek 92 – Wetzlar 2006
ders.: »Wo und wann ist Mittelerde« – In: *Mittelerde ist
unsere Welt. Wie es »wirklich« war.* Hg. von Friedhelm
Schneidewind und Frank Weinreich – Saarbrücken 2006
ders.: »Langlebigkeit, Unsterblichkeit und Wiedergeburt
in Tolkiens Werk und Welt« sowie »Erbgedächtnis und
angeborene Sprache« – beide in: *Die Entstehung einer
Mythologie – History of Middle-earth.* Hg. von Thomas Fornet-
Ponse u. a., Hither Shore, Band 3 – Düsseldorf 2007
ders.: *Drachen. Das Schmökerlexikon* – Saarbrücken 2007
ders.: »Farmer Giles of Ham: eine prototypische
Drachengeschichte in humorvoller Tradition« sowie
»Zwischen Genie und Wahnsinn: Gedanken eines Künstlers
über Muschelklang und Elbenstern« – beide in: *Tolkiens
kleinere Werke.* Hg. von Thomas Fornet-Ponse u. a.,
Hither Shore, Band 4 – Düsseldorf 2008
Schön, Wolf (Hg.): *Die schöne Mutter der Kultur.
Unsere Grundlagen im antiken Welt* – Stuttgart 1996
Schröder, Christel Matthias (Hg.), fortgeführt von Peter Antes: *Die
Religionen der Menschheit* – bisher 30 Bd. – Stuttgart seit 1960
Schuhmann, Ruth: *Die wunderbare Welt der Elfen und Feen* –
München 2003
Schumacher, Hans (Hg.): *Phantasie und Phantastik. Neuere Studien
zum Kunstmärchen und zur phantastischen Erzählung* –
Frankfurt a. M. u. a. 1993
Schulz, Hermann: *Stammesreligionen* – Stuttgart/Berlin/Köln 1993

Schupp, Franz: *Mythos und Religion* – Düsseldorf 1976
Schweikle, Günther und Irmgard: *Metzler Lexikon Literatur.
Begriffe und Definitionen* – Stuttgart/Weimar 2006
See, Klaus von: *Germanische Heldensage.
Stoffe, Probleme, Methoden* – Wiesbaden 1981
ders.: *Kommentar zu den Liedern der Edda* (Band 2 bis 5) –
Heidelberg 1997 – 2006
Seesslen, Georg und Claudius Weil: *Kino des Phantastischen.
Geschichte und Mythologie des Horror-Films* –
Reinbek bei Hamburg 1980
dies.: *Kino des Utopischen. Geschichte und Mythologie des
Science-fiction-Films* – Reinbek bei Hamburg 1980
Seidel, Katrin: *Die Kerze: Motivgeschichte und Ikonologie* –
Hildesheim/Zürich/New York/Olms 1996
Seidensticker, Bernd (Hg.): *Mythos Sisyphos. Texte von Homer
bis Günter Kunert* – Leipzig 2001
Selz, Gebhard J.: *Sumerer und Akkader. Geschichte – Gesellschaft –
Kultur.* – München 2005
Shippey, Tom A.: *J.R.R. Tolkien. Autor des Jahrhunderts* –
Stuttgart 2002
Sills-Fuchs, Martha: *Wiederkehr der Kelten* – München 1983
Simek, Rudolph: *Lexikon der germanischen Mythologie* –
Stuttgart 1984
ders.: *Lexikon der altnordischen Literatur* – Stuttgart 1987
ders.: *Mittelerde – Tolkien und die germanische Mythologie* –
München 2005
Spindler, Konrad: *Die frühen Kelten* – Stuttgart 1983
Spitra, Helfried und Uwe Kersken (Hg.): *Die Germanen.
Neues, Interessantes & Überraschendes von den Stämmen des
Nordens* – Bergisch Gladbach 2007
Spreckelsen, Tilman: *Gralswunder und Drachentraum.
Ein Streifzug durch die Artuswelt* – Frankfurt a. M. 2007
Stamer, Barbara und Vera Zingsem: *Schlangenfrau und
Chaos-Drache in Märchen, Mythos und Kunst. Schlangen-
und Drachensymbolik in Kulturvergleich* – Stuttgart 2001
Stephenson, Gunther: *Leben und Tod in den Religionen.
Symbol und Wirklichkeit* – Darmstadt 1997
Stiegler, Christian: *Vergessene Bestie. Der Werwolf in der
deutschen Literatur* – Stuttgart 2007
Storch, Wolfgang (Hg.): *Mythos Prometheus. Texte von Hesiod
bis René Char* – Leipzig 1995
ders. (Hg.): *Mythos Orpheus. Texte von Vergil bis
Ingeborg Bachmann* – Leipzig 1997
Streicher, Sonnfried: *Fabelwesen des Meeres* – Rostock 1996
Stresau, Norbert: *Enzyklopädie des phantastischen Films* –
Meitingen 2001
Sturm, Dieter und Klaus Völker: *Von denen Vampiren oder
Menschensaugern* – München 1967; Erftstadt 2006
Suvin, Darko: *Poetik des Science Fiction. Zur Theorie und
Geschichte einer literarischen Gattung* – Frankfurt a. M. 1979

T

Tacitus: *Germania.* lateinisch/deutsch – Ditzingen 1972
Tetzner, Reiner: *Kultur und Mythos* – Leipzig 1997
ders.: *Glaube und Mythos* – Leipzig 1998
ders.: *Frauen im Mythos* – Leipzig 1999
Thiel, Josef Franz: *Ahnen. Geister. Höchste Wesen* – St. Augustin 1977
Time-Life-Redaktion (Hrsg.): *Verzauberte Welten* (19 Bände:
*Drachen – Fabeltiere – Feen und Elfen – Gespenster – Göttinnen
und Götter – Gruselgeschichten – Heldensagen – Liebesglück und
Liebesleid – Mythen der Urzeit – Nachtgeschöpfe – Rächer und*

Retter – Riesen und Ungeheuer – Die Ritter der Tafelrunde –
Triumph der Gerechtigkeit – Verwunschene Reiche –
Wassergeister – Das Weihnachtsbuch – Zauberbann
und Zaubersprüche – Zwerge) – Amsterdam 1984 – 1987
dies.: *Mystische Stätten* – Amsterdam 1988

Todorow, Tzvetan: *Einführung in die fantastische Literatur* –
München 1972

Tolkien, John Ronald Reuel: »Über Märchen« – In: *Gute*
Drachen sind rar. Drei Aufsätze – Stuttgart 1983: 51 – 140

Tölle, Marianne (Hg.): *Mythen der Menschheit* (20 Bände:
Auf dem Pfad der Erleuchtung – Der Geist des Jaguars –
Die Götter des Olymps – Die Macht des Totems – Geister der
Schneefelder – Götter und Helden des Nordens – Göttermacht
und Opferrituale – Im Banne des Baals – Im Land des Drachen
– Im Reich des Sonnengottes – Minne und Schwert – Reise in
die Anderswelt – Reise in die Traumzeit – Söhne der Sonne –
Stimmen der Ahnen – Triumph des Helden – Wald der Vampire
– Weiser Herr des Himmels – Wiedergeburt und Nirwana) –
Amsterdam 1997 – 2000

Tolstoy, Nikolay: *Auf der Suche nach Merlin* – München 1987

Töteberg, Michael (Hg.): *Metzler-Film-Lexikon* –
Stuttgart/Weimar 2005

Trebeß, Achim (Hg.): *Metzler-Lexikon Ästhetik* –
Stuttgart/Weimar 2006

Tripp, Edward: *Reclams Lexikon der antiken Mythologie* –
Stuttgart 1975

Tschirner, Susanne: *Der Fantasy-Bildungsroman* – Meitingen 1989

Tuchman, Barbara: *Der ferne Spiegel. Das dramatische*
14. Jahrhundert – München 1985

U

Uhlig, Helmut: *Die große Göttin lebt. Eine Weltreligion*
des Weiblichen – Bergisch Gladbach 1992

V

Vaillant, Bernhard: *Westliche Einweihungslehren.*
Die Lehren der abendländischen Weisheit – München 1986

Verhagen, Britta: *Götter, Kulte und Bräuche der Nordgermanen* –
Tübingen 1983

Völker, Klaus: *Von Werwölfen und anderen Tiermenschen.*
Dichtungen und Dokumente – München 1972
ders.: *Werwölfe und andere Tiermenschen* – Frankfurt a. M. 1977

Vollmer, Wilhelm: *Dr. Vollmer's Wörterbuch der Mythologie aller*
Völker (Stuttgart 1874) – Reprint, Wiesbaden 1988

Vorgrimler, Herbert: *Wiederkehr der Engel?*
Ein altes Thema neu durchdacht – Kevelaer 1994

Vulpius, Christian August: *Handwörterbuch der Mythologie der*
deutschen, verwandten, benachbarten und nordischen Völker
(Leipzig 1926) – Reprint, Wiesbaden 1987

W

Walker, Barbara G.: *Das geheime Wissen der Frauen* –
Frankfurt a. M. 1993

Walther, Lutz und Martina Hayo (Hg.): *Mythos Antigone.*
Texte von Sophokles bis Hochhuth – Leipzig 2004

Weber, Hartwig: *Religion. Lexikon der Grundbegriffe in Christen-*
tum und anderen Religionen – Reinbek bei Hamburg 1992

Wehr, Christian: *Lexikon des Aberglaubens* – München 1992

Wehr, Gerhard: *Judentum* – Kreuzlingen/München 2001
ders.: *Kabbala* – Kreuzlingen/München 2002
ders.: *Die sieben Weltreligionen* – Kreuzlingen/München 2002

Wehrberger, Kurt: *Der Löwenmensch. Geschichte – Magie – Mythos*
– Ulm 2005

Weinreich, Frank: *Fantasy. Einführung* – Essen 2007
ders.: »Zur Metaphysik der Zweitschöpfung. Die Ontologie
von Mythopoeia« – In: *Tolkiens kleinere Werke*. Hg. von
Thomas Fornet-Ponse u. a., Hither Shore 4 – Düsseldorf 2008

Widengren, Geo: *Religionsphänomenologie* – Berlin 1969

Wieczorek, Alfried, Michael Tellenbach und Wilfried Rosendahl
(Hg.): *Mumien, Der Traum vom ewigen Leben* – Mainz 2007

Wilhelm, Grönbech: *Kultur und Religion der Germanen.*
2 Bände – Darmstadt 1987

Williams, John Alden: *Der Islam. Die großen Religionen der*
Welt, Band 4 – Genf 1985

Wilpert, Gero von: *Sachwörterbuch der Literatur* – Stuttgart 1989

Wilson, Colin: *Kultstätten der Menschheit. Ein Atlas zu den heiligen*
Orten und mythischen Plätzen unserer Erde – München 2006

Wilson, David M. (Hg.): *Kulturen im Norden. Die Welt der*
Germanen, Kelten und Slawen 400-1000 nach Christus –
München 1980

Wissenschaftliche Buchgesellschaft: *Die Schöpfungsmythen* –
Darmstadt 1996

Witte, Karsten (Hg.): *Theorie des Kinos* – Frankfurt a. M. 1972

Wolff, Moritz: *Muhammedanische Eschatologie arabisch/deutsch*
(Leipzig 1872) – Hildesheim/Zürich/New York 2004

Wolfram, Herwig: *Das Reich und die Germanen zwischen*
Antike und Mittelalter – Berlin 1990

Wulf, Mauric De: *Geschichte der mittelalterlichen Philosophie* –
Tübingen 1913

Wunderlich, Werner (Hg.): *Mythos Sirenen. Texte von Homer*
bis Dieter Wellershoff – Ditzingen 2007

Wünsch, Thomas: »Religion und Magie in Ostmitteleuropa:
Spätmittelalter und frühe Neuzeit. Ein Tagungsresümee« –
In: *zeitenblicke* 5 (2006), Nr. 1 [04.04.2006] –
WWW-Dokument, zit. am 13.08.2007 [URL:
www.zeitenblicke.de/2006/1/Wuensch/dippArticle.pdf]

Z

Zacharias, Gerhard Paulus: *Der dunkle Gott. Die Überwindung der*
Spaltung von Gut und Böse. Satanskult und Schwarze Messe –
Wiesbaden/München 1982

Zachrau, Thekla: *Mythos und Phantastik. Funktion und Struktur*
der Cthulhu-Mythologie in den Phantastischen Erzählungen
H. P. Lovecrafts – Frankfurt a. M./Berlin/Bern/Bruxelles/
New York/Oxford/Wien 1986

Zander, Helmut: *Geschichte der Seelenwanderung in Europa* –
Darmstadt 1999

Zedler, Johann Heinrich (Verleger): *Grosses vollständiges*
UNIVERSAL LEXICON Aller Wissenschafften und Künste,
Welche bishero durch menschlichen Verstand und Witz
erfunden und verbessert worden ... – WWW-Projekt der
Bayerischen Staatsbibliothek und der Herzog August
Bibliothek Wolfenbüttel [URL: http://www.zedler-lexikon.de]

Zimmer, Paul Edwin: »Die Frau aus dem Elfenhügel« – In:
Tolkiens Geschöpfe. Hg. von Erik Simon – München 2004

Zimmermann, Bernhard (Hg.): *Mythos Odysseus. Texte von Homer*
bis Günter Kunert – Leipzig 2004

Zingerle, Arnold und Carlo Mongardini (Hg.):
Magie und Moderne – Berlin 1987

Zingsem, Vera: *Göttinnen großer Kulturen* – München 1999
dies.: *Lilith, Adams erste Frau* – Tübingen 1999

Zotz, Volker: *Buddha* – Reinbek bei Hamburg 1996

Register

178

Ausgewählte Veröffentlichungen aus dem Oldib Verlag

Einführungen

Frank Weinreich: **Fantasy**. Einführung.
Patrick Peters: **Edda**. Einführung.
Tanja Bidlo: **Theaterpädagogik**. Einführung.
Anja Stürzer: **Shakespeare**. Einführung.
Oliver Bidlo: **Vilém Flusser**. Einführung.
Alexander Berens: **Europa**. Einführung.

Thepakos[+]

Interdisziplinäre Zeitschrift
für Theater und Theaterpädagogik

Nähere Informationen, weitere Bücher
und Bestellmöglichkeiten finden Sie unter
www.oldib-verlag.de
oder schreiben Sie einfach an:
info@oldib-verlag.de